エリア・スタディーズ 146

# ニカラグアを知るための55章

田中 高（編著）

明石書店

# はじめに

ニカラグアは魔術的な魅力を持つ国である。1972年の大地震で壊滅した首都マナグアの旧市街は、廃墟となった当時の姿を今も曝け出している。1979年の革命直後に訪れたある評論家は、「まるで被爆後の広島市街のようだ」と述べている。ニカラグア人は壊滅した街をそのまま残して、幹線道であるマサヤ街道沿いに徐々にスポットを移した。今では高級ホテルやショッピングモールが建ち並ぶ、近代的な街に変貌しつつある。だが、高層建築が目にとまる近隣諸国の首都に比べると、いかにも人間くさい、庶民的な風景である。ニカラグアの持つ魅力の一つは、大都市にありがちな無機質で人間を寄せ付けない、見えない壁が、ここにはないことである。

ニカラグアは中米諸国のなかではもっとも面積が広く、太平洋とカリブ海の両岸に長い海岸線を有している。このため、スペインとカリブ海のアフロアメリカン文化が混淆することになった。ニカラグア湖は、淡水サメが生息することで知られる。現在、両大洋横断運河の建設が進められようとしていて、完成すれば国際的な物流に大きな影響を与えるだろう。地震と火山の国としても知られ、いくつかは活火山で、観光客のツアーコースにもなっている。詩聖ルベン・ダリオの母国でもある。

ニカラグアが国際的な注目を集めたのは、隣国キューバで革命政権が発足して以来20年ぶりに、武装闘争による社会主義政権が誕生したことだった。冷戦時代、米国レーガン政権はサンディニスタ（FSLN）政府を敵視し、後にイラン・コントラ事件のきっかけとなる、政府転覆の秘密作戦を展開した。革命政府は識字運動、女性の地位向上、貧困対策などで成果を生んだものの、１９８０年代後半には、内戦と経済政策の失敗からハイパーインフレに見舞われ、90年の大統領選挙でオルテガ大統領は落選。親米派のチャモロ政権が発足した。その直後から日本を始めとする西側先進国は援助を強化した。

２００６年の大統領選挙でオルテガは16年ぶりの奇跡的な政権復帰を果たし、２０１６年の大統領選挙にも出馬予定で、４期目の大統領就任が実現すると、在任期間は計20年間となる。民主的な選挙の手続きで選出された点を考慮すると、ラテンアメリカの政治史上稀（まれ）に見る長期政権になるだろう。透明性に疑問も出されてはいるが、高い支持率を維持していることは、各種世論調査が裏付けている。ニカラグアの魔術的な魅力の根底にあるのは、ニカラグア人そのものではないだろうか。例えば、オルテガ大統領とＦＳＬＮの政治手腕を眺めると、魔術的な人心掌握術のあることを想起させる。本書を通して読者に、ユニークな国民性の一端を感じ取っていただければ、編者の存外の喜びである。

本書は２００４年に刊行された『エルサルバドル、ホンジュラス、ニカラグアを知るための45章』のニカラグアの部分を大幅に充実・拡充したもので、最新のデータを盛り込んだ。明石書店編集部の兼子千亜紀さんには企画・編集のみならず、執筆者の紹介もして頂いた。荻野悦子さんに校正をご協力願った。ここに記して感謝申し上げたい。

２０１６年６月

田中　高

ニカラグアを知るための55章

目次

CONTENTS



## Ⅲ　変貌を遂げる政治と経済

## Ⅳ　人びとの暮らしと社会の姿

# V　豊かな芸術の世界

CONTENTS



## Ⅵ　復興と成長に向けた国際社会と日本の協力



※本文中、特に出所の記載のない写真は、一部の例外を除いて基本的に執筆者の撮影・提供による。

## ◉ニカラグア共和国

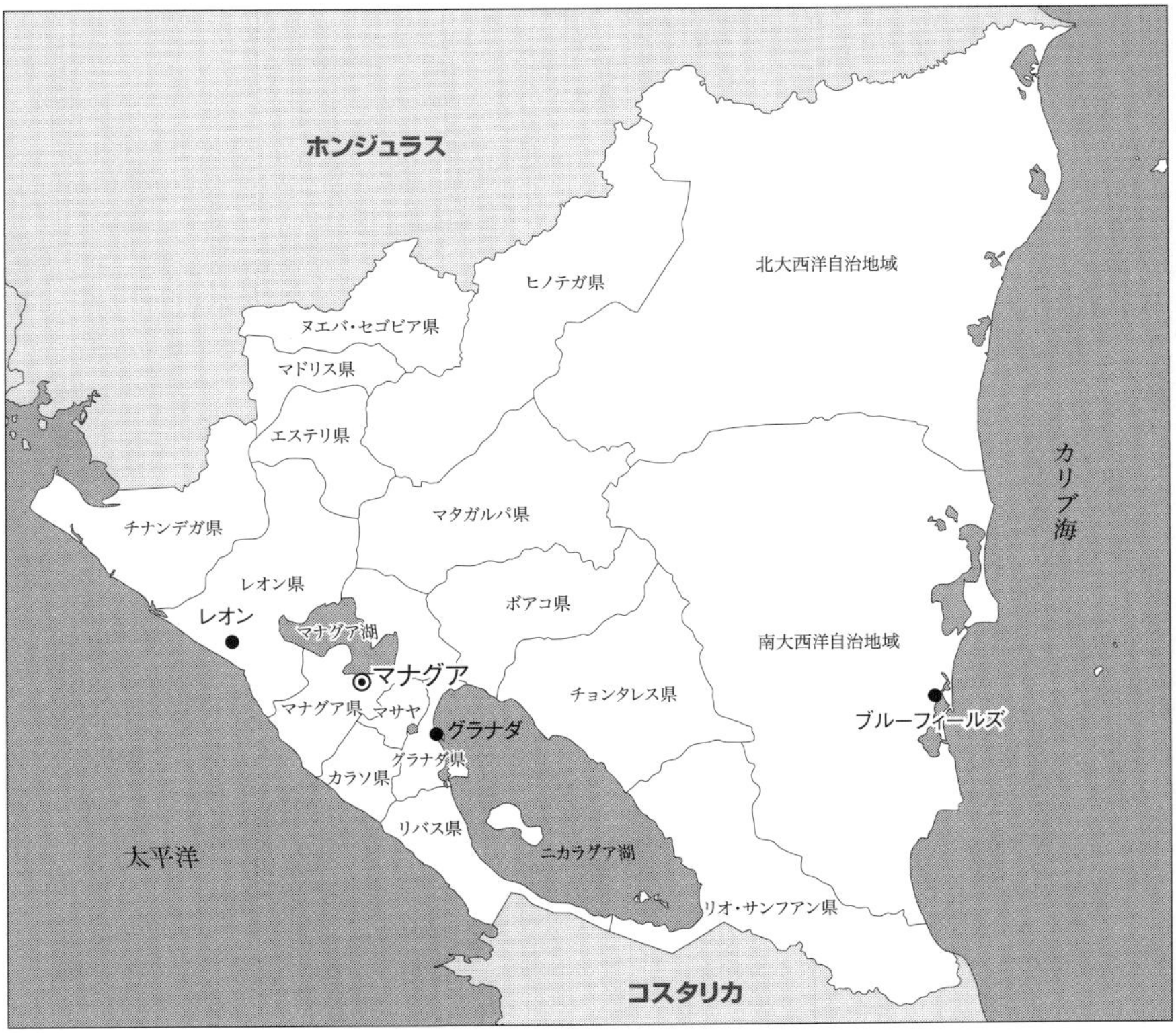
ホンジュラス
北大西洋自治地域
ヒノテガ県
ヌエバ・セゴビア県
マドリス県
エステリ県
カリブ海
チナンデガ県
マタガルパ県
レオン県
ボアコ県
レオン
マナグア湖
南大西洋自治地域
マナグア
チョンタレス県
マナグア県
マサヤ
グラナダ
ブルーフィールズ
グラナダ県
カラソ県
リバス県
太平洋
ニカラグア湖
リオ・サンフアン県
コスタリカ

# ニカラグア共和国
*República de Nicaragua*

| | |
|---|---|
| 独立年月日 | 1821年9月15日 |
| 国　祭　日 | 9月15日（独立記念日） |
| 首　　　都 | マナグア（Managua）<br>人口　約146万人<br>日本との時差　−15時間 |
| 人　　　口 | 617万人（2014年　世界銀行） |
| 人種構成 | スペイン系・先住民族混血　70%<br>ヨーロッパ系　17%<br>アフリカ系　9%<br>先住民　4% |
| 面　　　積 | 12万9574平方キロ |
| 気　　　候 | 高温多湿<br>5月～10月雨期<br>11月～4月乾期 |
| 宗　　　教 | カトリック、プロテスタント等 |
| 主要言語 | スペイン語 |
| 主要産業 | 農牧業（コーヒー、砂糖、バナナ、肉牛） |
| 政　　　体 | 共和制 |
| 元　　　首 | ダニエル・オルテガ・サアベドラ大統領　2012年1月就任（任期5年） |
| 国　　　会 | 一院制（92名） |
| 日本との外交関係樹立 | 開始　1935年2月20日／再開　1952年11月4日 |

（出典）外務省ホームページ（www.mofa.go.jp）などより作成

I

# 歴史と自然環境

# 1

## 人と自然

### ★町の案内と知られざる観光スポット★

ニカラグアは北米と南米を結ぶ中米地峡の中心にある熱帯の国である。北緯10・45～15・50度で、緯度はフィリピンあたりに相当し、西経は83・11～87・42度である。日本の面積の3分の1の約12万9541平方キロであるが、中米では一番大きな国である。太平洋（海岸352キロ）と大西洋（海岸541キロ）の両大洋に面し、太平洋岸は北西から南東にかけて大小33の火山をもつ火山脈が走り、琵琶湖の13倍の広さをもつニカラグア湖やマナグア湖など多くの湖がある。高温多湿で河川の多い熱帯雨林気候の大西洋地域、涼しい北部山岳地帯、肥沃な平原地帯の中央部、熱帯サバンナ気候の太平洋岸などの地域により、変化に富む地形、気候を有し、風光明媚な国である。

火山灰性の国土は豊かな資源にも恵まれている。大西洋岸地域はマングローブ、マホガニー、松林、ローズウッド、ゴム、黒檀などの広大な未開発の森林が広がり、人口も過少である。北部地域は山岳地帯であり、松林、コーヒー、葉タバコなど、肥沃な中部地域は豆、米、トウモロコシ、バナナなどの農業栽培、肉牛、牛乳などの牧畜がさかんである。人口も多い太平洋岸は、砂糖キビ、コーヒー、トウモロコシ、フリホル豆、ソルガムなどの栽培がさかんである。また、落花生や胡麻、メロン、レモン、チレ、ショウガ、マンゴ、ピタヤ、ユカ、カカオ、パームヤシ、ジャガイモ、バニラ、薬草など非伝統的産品の生産もさかんである。グルメ・コーヒー、葉巻、胡麻はきわめて上質のものがとれ、世界の市場で珍重されている。

また熱帯の動植物群がある。ピューマ、サル、アルマジロ、ガロボ（イグワナ）、ワニ、ワシ、シカ、イノシシ、ヘビ、ウミガメ、サソリ、昆虫類、オウム、インコ、サギなどである。また伊勢エビ、車エビ、ロブスター、タイ、スズキ、マハタ、ツナ、ニベ、サメなど、太平洋と大西洋を挟んだ両大洋の水産資源も豊富である。南部のサンファン川流域には、インディオマイス自然保護区もあり、手つかずの熱帯雨林や植物群がある。鉱物資源もあり、金、銀、石膏、石灰、大理石などを産出している。

灼熱の太陽の国ニカラグアの自然環境は、時として地震や津波、ハリケーンや大雨、干ばつなどの過酷な自然の一面を有するものの、碧い水をなみなみとたたえた湖や富士山のような秀麗な火山、豊饒な大地、手つかずの広大な熱帯雨林など美しい豊かな自然は、日本など先進工業国の喧騒に疲れた人びとの気持ちを十分癒してくれるものである。

なお全国は15県、南北大西洋自治地域、１５３市で構成され、総人口は約６２０万人である。マナグア、レオン、グラナダ、マサヤなどの規模の大きな都市は太平洋岸地域に集中し、大西洋岸地域は人口過少である。人口密度は一平方キロあたり47人、人口増加率は年間１・５％である。国民の半数が24歳以下の若い国である。人口構成は、スペイン人と先住民の混血が70％、ヨーロッパ系の白人17％、アフリカ系９％、先住民４％となっている。国の言語はスペイン語だが、大西洋岸では先住民のミスキート、ラマ、スモ、ガリフナ、クリオーリョなどがそれぞれの独自の言語を話している。

気候の特徴

熱帯性気候で、激しいにわか雨の降る緑豊かな雨期（5月〜10月）と草木も枯れる乾期（11〜4月）がある。北部山岳地帯を除き、一般に高温多湿である。降雨量は、南東部で３０００ミリ以上、大西洋岸側で２５００〜３０００ミリ、山岳地帯で５００〜１０００ミリである。特に海抜80メートルにある首都マナグアは最高気温38・4度（4月）、最低気温26・6度（12月）、年平均気温27・7度、平均湿度72％、最低降雨量０ミリ（3月）、最高降雨量３３０・２ミリ（9月）、年平均降雨量89・２ミリで、年中「真夏の東京」の気候である。夏の装いとともに徒歩での外出には帽子が必携である。

町と観光の案内

日本の観光ガイドブックには、ニカラグアには、これといった観光名所が少ないと記載されたりするが、実は、意外にも知られざる魅力的な観光名所が随所に存在する。

まずは首都マナグアである。湖岸の人口１４６万人都市（１８５７年に首都に制定された）は、かつては１９５０年代から60年代にかけて中米一の繁栄を誇る町であった。しかし１９７２年12月23日のマグニチュード６・25の大地震により、完全に破壊され、その後の革命や内戦などにより長らく首都の再建復興がなされなかったこともあり、都心は不思議な景観を呈している。商店街や繁華街はなく、四方がひろびろと見渡せる一面の緑地のなかに政府機関の建物がぽつぽつとあり、中心部のロータリーには、チャベス前ベネズエラ大統領の巨大な肖像画や、ボリバル大通りの両側に街路樹のように林立する〝生命の木〟と呼ばれる奇妙な形の黄色い大きな街灯が目立つのみである。世界にも希な都心なき首都である。

市街の北側に広がるマナグア湖

マナグア湖畔には、富士山を思わせるモモトンボ火山が雄姿を見せている。湖畔には展望台やレストラン、遊歩道やマナグア地震前の旧マナグアの町並みを再現したジオラマなどがあり、市民の憩いの場となっている。その湖畔にひときわ目立つ白亜の建造物、ラテンアメリカ屈指の国立ルベン・ダリオ劇場（1213席で演劇、舞踏、コンサート、展示会などを開催）がある。劇場ではボリショイ・バレエや日本の音楽のコンサートなど、世界各国の音楽イベントが開かれる。また都心の共和国広場には、壮麗な文化宮殿（かつての国会議事堂で1978年、エデンパストーラ率いるサンディニスタ民族解放戦線のゲリラが急襲し、2000人以上を人質に、ソモサ政権に政治犯釈放、身代金を要求した場所）、地震で崩壊した旧大聖堂、黄色の大統領府が向かい合っている。

20世紀末に建てられた大聖堂

また、白いピラミッド型のクラウン・プラザ・ホテルのある小高い丘の上には、革命の英雄サンディーノの黒いシルエットがそそり立っている。かつてソモサ独裁政権の大統領官邸跡で現在ティスカパ公園となっている。首都の郊外には、20世紀末に建築された幾つものドーム状の屋根をもつ大聖堂が偉容を見せている。また市内を縦断するマサヤ街道沿いには、アメリカ・スタイルの大型ショッピングセンターやホテル、映画館、レストラン、ニカラグア有数の大企業カサ・ペラ社の巨大なオフィスビルなどが点在している。さらにその周辺には、平屋の住宅街が延々と広がっている。

市内にはアメリカ大リーグ時代に15人目の完全試合を成し遂げたニカラグア人の英雄的なピッチャーのデニス・マルティネスの名前を冠した野球場がある。日本のアマチュア野球チームも訪問試合をしたことのある野球場である。また6000年前の人類の数十歩の足跡が化石化したものを展示するアカウアリンカ博物館もある。色とりどりの民芸品を並べたウエンベス市場や庶民の台所であるマジョレオ市場、巨大なオリエンタル市場なども見所である。

レオンは、マナグアの北129キロにある旧都（1611〜1857年）で、ニカラグア最古のレオン国立自治大学（1804年創設）や中米最大の大聖堂などコロニアル風の古い建物が建ち並ぶ学術都市である。大聖堂内にはイスパニア文学世界最大の巨星、詩人ルベン・ダリオ（第39章参照）が眠り、市内にはダリオの育った旧家の博物館などもある。市の郊外には、ユネスコの世界文化遺産に指定されている旧レオン跡（レオン・ビエッホ、1524〜1610年）がある。

マサヤは伝統工芸品の町として有名である。市内の民芸品市場には陶芸、皮革製品、木工品など民芸品があふれている。噴煙をあげるマサヤ火山には、火口まで車で行け、見学できる。アポヨ湖を見渡せるすばらしい眺望のカタリーナ展望台もある。なおマサヤはサンディニスタ革命の民衆蜂起の地である。

グラナダは、琵琶湖の13倍の面積をもつニカラグア湖畔にあるコロニアル様式の美しい古都で、かつてニカラグア湖を通じ欧米との交易で栄えた町である。中央広場を中心に大聖堂や市庁舎、ホテル、博物館などがある。市内のサンフランシスコ修道院には、サパテラ島で発掘されたジャガーやワニといった動物をかぶった人物石像が展示されている。湖は、サンフアン川を通じ大西洋とつながっており、淡水サメのいることで有名である。遊覧船でニカラグア湖内にある大小さまざまな島めぐりもできる。500の島々のうち、ソレンティナメ島では、漁民の描く細密素朴画が有名である。またオメテペ島には、美しい火山がある。

オルテガ大統領が発表したニカラグア運河建設計画は、このニカラグア湖を通り太平洋と大西洋を

お祭りのお面と衣装

つなぐ壮大な計画である。

太平洋岸には、高級保養地モンテリマール、庶民的な保養地ポチョミルやウミガメの産卵の見られるエル・ココやラ・フロールがある。また、南部のサンファン川沿いには植民地時代の要塞のあるカスティージョやインディオマイス自然保護区がある。その他中央部から南北大西洋自治地域にかけては、先住民の残したピラミッド的建築物や絵文字の遺跡が発見されている。マナグア郊外にあるティピタパや中央部のボアコには、温泉湯治場もある。また、マタガルパ県セルバ・ネグラは避暑地として有名である。

ニカラグアのお祭りは、毎月のように各地で行われ、鮮やかな民族衣装に明るいフォルクロールの踊りが見られる。ニカラグア人の二面性を表しているといわれるグエグエンセという仮面をつけた舞踏が典型的である。また5月の大西洋岸のブルーフィールズで行われるパロ・デ・マヨ祭りは有名である。アフロ・カリビアンの強烈なリズムにのり、男女が絡み合いながら熱い官能的なダンスを踊り、長い竿に踊りながら色とりどりの長いリボンを巻きつけるのである。また、毎年4月には、マナグア・カーニバルが華やかに開催されている。

音楽では、各地のフォルクロールのほかにサルサが有名で、マイアミで活躍中のサルサの貴公子と称されるルイス・エンリケ・メヒア・ロペス（Luis Enrique Mejía López）、サルサグループのマコジャ（MACOLLA）、フォルクロールのメヒア・ゴドイ兄弟、トロピカル・クンビア・グループのラ・クネタ・ソン・マチン、バラードのエルナルド・スニガ、ボレロのノルマ・エレナ・ガデア、カテイア・カルデナルなどの演奏もマナグア市内のコンサートやライブハウスなどで聴くことができる。

（渡邉尚人）

# 2

# メソアメリカ世界のなかのニカラグア

★先スペイン期から征服まで★

メソアメリカとは、文化領域を指す用語で、20世紀前半に提唱され、現在も広く使用されている。オルメカ（メキシコ湾岸、前1200年頃成立）、マヤ（メキシコ〜グアテマラ、ベリーズなど、前1000年頃成立）、アステカ王国（15世紀前半〜16世紀前半）など世界的に知られる文明や文化がメソアメリカ文明圏に含まれる。ニカラグアの太平洋岸は、この文明圏の一部を成していたとされる（地図）。実際、メソアメリカ内の文化的共通性は早くから指摘されており、16世紀にはドミニコ会士のラス・カサスがニカラグアやホンジュラスからメキシコ西部に至る広範囲の先住民の宗教体系の類似を指摘している。

では、いつ頃からニカラグアでメソアメリカの文化的要素が定着したのだろうか。スペイン人到来以前のニカラグア社会を通説に沿って振り返ってみよう。

ニカラグアにおける古い時代の人間居住の痕跡としては、マナグア市内の遺跡出土の土器とニカラグア湖に浮かぶオメテペ島で見つかった土器が前2000年頃とされる。類似した土器はコスタリカ北部にもある。これらは、グアテマラやメキシコで見つかっているメソアメリカ最古の土器とほぼ同年代といえ

# 第２章
# メソアメリカ世界のなかのニカラグア

メソアメリカの範囲

るが、系統関係はその有無も含めてはっきりしない。

いずれにせよ、ニカラグアは、土器の製作開始がメキシコ・中央アメリカ（後にメソアメリカとされる地域）で最も早く起こった場所の一つであった。しかし、それから２０００年以上の年月を経るなかで、メキシコ中央高原やマヤ地域など、メソアメリカの他の地域での急速な社会の複雑化と階層化の結果出現した「都市」あるいは「国家」と呼べるような社会は、ニカラグアにはついに現れなかった。後３００～８００年頃に繁栄したニカラグア湖畔のアヤラ遺跡（現グラナダ市内）では、建造物は切石積みではなく、土製のマウンドで高さは最大で4メートルほどだった（当該マウンドは現存せず）。ホンジュラスからもたらされたと思われる土器とグアテマラ産の黒曜石がわずかに出土する以外、メソアメリカの文化要素は見当たらない。この頃までは、ニカラグアは北のメソアメリカとは別の社会発展の軌跡をたどっていたのである。

時が下り、後８００年頃からニカラグア太平洋岸にメソアメリカ的な要素が現れる。具体的には、ニコヤ多彩色土器とよばれる一群の土器である。「羽毛のヘビ」、ジャガー、階段状文様など、メソアメリカ的な図像が多彩色で描かれている。これはメキシコからニカラグア太平洋岸へ移住した集団が持ち込んだ土器とされる。通説では、オトマンゲ語族のチョロテガが後800年頃に到来し、さらに、遅れて後1350年頃にユト・アステカ語族のニカラオが移住した。征服当時のスペイン人が遭遇したのはこれらの民族集団であり、その時点ではニカラグア太平洋岸は確かにメソアメリカの一部になっていた。実際、ニカラオについては、スペイン人による征服当時、ボバディージャ（後述のペドラリアス・ダビラの命を受けて報告書を作成したメルセス会士）やオビエード（『インディアスの博物誌ならびに征服史』を書いた植民者）が書き残した史料がある。その記述からは、言語・宗教儀礼・世界観などにおいて、ニカラオとメキシコ中央高原のナワ人（ナワトル語を話す先住民）の間に共通性が見られたことがわかる。

以上が通説による説明であるが、近年では新たな疑問も生じている。21世紀に入ってから、リバス地峡のサンタ・イサベル遺跡が発掘された。ニカラオの首長が住んでいたカウカポルカと推定された遺跡である。出土した炭化物が放射性炭素年代測定にかけられたが、その結果はことごとく後1200年以前の年代であった。建造物や遺物にも、メソアメリカ的な要素が欠落していた。スペイン人到来時とされる他の遺跡の調査でも同様な結果が得られている。

この事実は重要な意味をもつ。まず、これまで通説では後1350年頃にニカラオの移住によって持ち込まれたとされる「新しい型式」の土器群は、実際にはそれほど新しくない。その年代は後1200年以前であり、後1350〜1520年頃の居住地と思われていた遺跡が実際には数百年かそれ以上古いことになる。それにともない、ニカラグア太平洋岸の文化史のなかで、先スペイン期の最終段階、スペイン人到来直前の時代に空白が生じているのである。ニカラオのニカラグア太平洋岸への移住が、いつ頃どのように起こったのかという興味深いテーマが未解明のままなのである。

しかし、そもそも、なぜニカラオはニカラグアまで南下したのだろうか。そして、なぜそこで南下をやめたのだろうか。後1350年以降と考えられていた土器群が実は後1200年以前のものであり、これがニカラオの移住を反映するとするならば、彼らはニカラグア太平洋岸で南下への歩みを止めて数百年を過ごしたことになる。おそらくは、南へと行くにしたがって移住先の環境に適応することに時間を費やしていたのだろう。ニカラオの居住地とされる遺跡では、メソアメリカの人びとの主食であるトウモロコシが発見されない。代わりに、考古学的な遺物からは湖の魚や根菜を利用する生活様式がうかがえる。メソアメリカから移り住んだ人びとは、彼らの生業体系を変化させながら、異なる環境に適応しようとしていたのであろう。

そのようななか、16世紀前半にスペイン人がやってくることとなった。ニカラグアに探検・征服が及んだのは1522年以降のことであった。当初は、ティエラ・フィルメ（中央アメリカ南東部から南米大陸北部にかけての地域）の植民地化の延長線上でヒル・ゴンサレス・ダビラがニカラグア探検を行った。しかし、1523年に政敵のペドラリアス・ダビラが探検隊を派遣すると、彼はニカラグア地域から手を引くことになる。

一方、1521年のアステカ王国の征服後まもなく、スペイン人はメキシコ中央高原から南下して中米の探検・征服を進めた。アステカ征服を率いたコルテスは、自身も遠征に出かけたほか、ペドロ・デ・アルバラードやクリストバル・デ・オリーラをホンジュラス方面へ派遣している。これに対し、南側のカスティーリャ・デ・オロ（現在のパナマ）総督であったペドラリアス・ダビラは、先回りしてコルテスの南下を抑えようと、1524年にフランシスコ・エルナンデス・デ・コルドバという征服者を派遣しニカラグアを征服した。結果、この人物は主要都市グラナダとレオン（現在のレオン・ビエホ）を創設したほか、後に通貨名（コルドバ）にもその名を留めることとなった。

当初、カスティーリャ・デ・オロに属していたニカラグア地方は、スペイン植民地の拡大と整備が進むと、1543年以降、グアテマラ総監領の一部となった。つまり、広域の枠組みとしては、グアテマラ総監領が属するヌエバ・エスパーニャ副王領（副王都はメキシコ市）の一部を成すことになった。こうして、ニカラグアはスペイン支配下においても「メソアメリカ世界」とつながり続けることになったわけである。

（井上幸孝・長谷川悦夫）

【参考文献】

井上幸孝編『メソアメリカを知るための58章』明石書店　2014年

長谷川悦夫「中央アメリカ、ニカラグア共和国マナグア湖畔の考古学調査」『埼玉大学紀要（教養学部）』第51巻第2号　223—241頁　2016年

Lange, Frederick (ed.), *Archaeology of Pacific Nicaragua*. University of New Mexico Press, 1992.

Lange, Frederick et. al. (ed.), *Path to Central American Prehistory*. University Press of Colorado, 1996.

León-Portilla, Miguel, "La religión de los nicaraos. Análisis y comparación de tradiciones nahuas", en Miguel León-Portilla, *El destino de la palabra. De la oralidad y los glifos mesoamericanos a la escritura alfabética*, México, Fondo de Cultura Económica, pp. 117-235, 1996.

# 3

# もう一つのニカラグア

## ★大西洋岸とのかかわり★

私がはじめてニカラグア大西洋岸（カリブ海岸）部を訪れたのは、いまからもう10年ほど前のことだ。首都マナグアのA・Cサンディーノ国際空港から、不安になるほど小さく古びたセスナ機に乗って380キロ、ニカラグア湖を眼下に眺めながらおよそ1時間の空の旅。やがて、緑の絨毯のなかに埋もれた黒い線が見えてくるが、これが目的地・ブルーフィールズ空港であった。照りつけるカリブの太陽のもと、タクシーで海沿いの市街地に到着した私は、一瞬、思考停止に陥った。ジャングルの端にへばりつくような小さな港の向うに広がっているのは「褐色に濁った海」だったのだ。「全然、『ブルー』じゃないじゃないか！」。

だが、そう憤慨したところで益体（やくたい）もない。ニカラグア・カリブ海岸南部自治地域・RACCSの行政中心地であるブルーフィールズ（Bluefields）の名は、17世紀初頭に活躍したオランダ人海賊ブラウヴェルト（Blauveldt）にちなむ。この天然の良港を拠点として、彼をはじめとした多くの「パイレーツ・オブ・カリビアン」たちが活動をくりひろげ、またそれは、公式には当地域を支配していたはずのスペイン王権の大きな悩みの種で

クレオールのこどもたち（ブルーフィールズ）

あった。グラナダ、レオンといった太平洋岸側の都市を基盤に植民地を経営してきたスペインであったが、領土の「周辺部」にあたるカリブ海岸地域をその実効支配下におくことはできていなかったのだ。植民地権力のこうした空隙において活躍したのが、他ヨーロッパ諸国、とりわけ英国の支援をうけた「海賊」たちだったのである。

このように、植民地期においてすでに太平洋側とカリブ海側とはそれぞれ異なる歴史を経験していたわけだが、17世紀後半の「モスキティア王国」がそれに拍車をかけることになる。さらに1860年に、英・米の政治・経済権益を背景に「モスキート保護区（Mosquito Reserve）」へと改編されたことにより、こうした断絶は決定的なものとなってゆく。形式的に統治を行うミスキート出身の王たちは、英領カリブにおいて教育や戴冠をうけた。また、ミスキート首長たちとならんで英・米の駐在者や商館関係者らも、保護区の行政に関与することとなった。

さて、「ミスキート」という民族集団は、ニカラオ・チョロテガといったナワトル系民族の移動と勢力拡大によって、かつて居住していたニカラグア太平洋岸部から東へと移住を余儀なくされたチブチャ系先住民をその祖先にもつともいわれるが、実状は定かではない。彼らは17世紀以降、上述のヨーロッパ系「海賊」たちや逃散（ちょうさん）黒人奴隷たちとも混淆（こんこう）し、独自の言語と文化を有する一つの民族としてこの地域の歴史と社会に大きな影響を与えてゆく。さらに、英国が支配するジャマイカなどから移住してきたクレオール黒人たちも、この地域の統治システムに深いかかわりをもつようになる。英国の覇権とスペイン王室の支配不全を背景に形成されたこうした社会構造は、さらにその配下にスモ・ラマといった先住民族小集団を従属させながら、自律した社会空間をここに出現させたのであった。さらに１８４９年に米国に拠点を置くプロテスタント「モラビア教会」が開始した布教が大規模な成功をおさめたことにより、宗教的にも内地とは異なる雰囲気が創出されていった。

モラビア教会（ブルーフィールズ）

こうした社会的な断絶は、空間的な分断によっても根拠付けられていた。主要都市の位置する太平洋岸からカリブ海岸南部へ到達する主要なルートは、ニカラグア湖を経由してカヌーや軽汽船でサンファン川を２００キロほど下るというものであった。さらにその北部、ホンジュラス国境部にかけての領域へと赴（おもむ）くためには、複雑に接続されたクリーク（水路）や湖沼をたどって数日の船旅が必要となる。こうして、地峡中央部に広がる山岳と密林が両地域の容易な交通を拒み続けてきたのである（ただし、小河川を利用したローカルなレベルでの交易や侵犯が日常的に行われていたことには注意しておく必要がある）。

以上のような歴史的背景において構築された「差異」は、とりわけ19世紀末のニカラグア国家統合過程のなかで問題化されてゆく。上述の「モスキート保護区」設立の際にニカラグア・英国間で締結された「マナグア条約」では、同地におけるニカラグアの「潜在的主権」と、住民の自発的意志に基づく領土の併合の可能性が明記されてはいた。もっともそれは名目上のものであり、ミスキート住民やクレオール黒人たちによる実質的な自治をなんら妨げるものではなかった。だが、こうした「もう一つのニカラグア」に対してニカラグア国家もただ手を拱(こまね)いていたわけではない。1880年代以降、カリブ海岸部の統治システムにおいて周縁化されていた先住民集団(スモ、ラマ)に対する馴致(じゅんち)と囲い込み政策が実施され、保護区の外縁からの統合が試みられてゆく。例えば、保護区の西側にシキア、プリンサポルカといった特別区を創設してその領域を確定するとともに、「内地」と同一の統治体制の構築が進められた。また、密林のゴム農園やバナナプランテーションにおいて徴用されていた先住民の債務労働の廃止を指示する諸法令の公布などにより、恩情的かつ父権主義的な宥和(ゆうわ)策が打ち出されてゆく。さらに、スモ・ラマ出身の若者に対して報奨金を与え、本土での教育を施す政策も実施されたが、多くの場合それは失敗に終わった。またこうした「外地」への入植や進駐も進められたが、結果は芳しくないものであった。1890年の内務省報告にて、統治を管轄する行政官は次のように嘆いている。

内地(interior)からやってきた兵士たちは、総じて人間のカス(hez del pueblo)、悪意に満ちた腐敗した人物であります。彼らは秩序の守護者であるよりもむしろ、社会への脅威となっています。一方、インディオたちといえば、言語を解さぬ怠惰で無知な人びとであり、ほとんど、いやまったく役に立ちません（カボ・グラシアス・ア・ディオス総督報告）。

この断絶は、その後もニカラグアの歴史と社会に大きな影響を与え続けることになる。１８９４年のセラヤ自由主義政権における「再併合」（第９章に解説）や、その後の米海兵隊駐留とサンディーノの闘争、そしてサンディニスタ革命後の「コントラ戦争」を経て、１９８６年の大西洋岸部自治地域（ＲＡＡＮ、ＲＡＡＳ）創設に至るまで、当地はニカラグアとは別でありながらも、密接に影響を及ぼしあうものとして存在し続けている。

（佐々木　祐）

［参考文献］
サルマン・ラシュディ著、飯島みどり訳『ジャガーの微笑み ニカラグアの旅』現代企画室　１９９５年
「中南米におけるエスニシティ」研究班『否定されてきたアイデンティティーの再発見――ニカラグアにおける多様性の模索』神戸市外国語大学外国学研究　通巻34　神戸市外国語大学外国語学研究所　１９９６年

# 4

# レオンとグラナダの抗争

## ★歴史に根ざした深い対立の構図★

19世紀中頃、ニカラグアの首都がマナグアに決まるまで、西部の都市レオンと東部の都市グラナダは激しく対立した。レオンは内陸の町で、植民地時代の総督府のあったグアテマラと地峡を南下するルートにあり、交通の要衝であった。町自体はマナグア湖畔にあったが、モモトンボ火山の噴火で1610年に現在の地に移動した。レオンは大学町として知られる文化都市で、中米最大のカテドラルを擁する教会、国際的に著名な詩人であるルベン・ダリオが年少期を過ごした地でもある。彼の遺骨の一部は今も町の教会に安置されている。

他方グラナダは中米で最大の面積を誇るニカラグア湖に近接して建設された町で、商業地として知られる。植民地時代の後半、カリブ海側からコスタリカ国境に流れるサンファン川を経て、グラナダにまで到達することが可能であった。要するにヨーロッパから運ばれた荷物は、船でグラナダまで送ることができたのである。もちろん逆に、グラナダからは船でヨーロッパにまで輸送することができた。まだパナマ鉄道も運河もない時代には、大変貴重なルートであった。また重要なこととして、この頃カリブ海沿岸はイギリスが保護領としてその影響力

第４章

# レオンとグラナダの抗争

ルベン・ダリオが眠るレオンのカテドラル（撮影：Irene Gashu）

を強めていた。サンフアン川河口の町、サンフアン・デル・ノルテはイギリス領になっていて、町の名称も英語風にグレイタウンに変わっていた。グラナダはスペインとだけではなく、イギリスとの関係にも配慮する必要に迫られていた。

レオンとグラナダの二つの町を建設したのはスペイン人の征服者で、パナマ市の警備隊長をしていたフランシスコ・フェルナンデス・デ・コルドバという人物であった。彼は１５２４年に両方の町をつくり、さらにコスタリカにヨーロッパ人の植民地を建設したが、野心が災いして１５２６年にレオンで殺害された。ニカラグアの通貨コルドバは、彼の名前に由来する。

１８２１年9月15日、グアテマラ総督領はスペイン王室からの独立を果たした。そのすぐあとには、メキシコのアグスティン・デ・イトゥルビデの帝国に併合することを決める。しかしその頃の中米、特にニカラグアは地方のボス政治家（カウディージョ）が跋扈する状態で、まとまった行動のとれるような雰囲気ではなかった。ニカラグアの場合は、レオンとグラナダの対立という形でこのことが顕在化した。前者はスペインとグアテマラの両方からの独立をめざした。後者はスペインの支配は拒否したが、グアテマラとの関係は維持したいと考えた。さらにレオンはメキシコとの併合に賛成し、グラナダはそれに反対した。

　中米史の書物を見ると、1839年に中央アメリカ連合という国が瓦解した後の、約10年間のニカラグアの大統領の名前を記載したものはない。ある記述によると、この間にレオンとグラナダから交互に合計16人の大統領が選出されたという。1853年にグラナダの名門出身（彼自身は嫡出子ではなかった）のフルート・チャモロが選挙という民主的な手続きを経て大統領に就任するまで、二つの町は激しく対立し、中央政府は存在しなかった。いわば政治的な空白期であった。

　付言しておくとグラナダのチャモロ一族はニカラグアを代表する名家で、これまでに4人の大統領を輩出している。大きな家族なので末裔などの数を正確に把握することは困難だが、本家筋に当たるのは、独立系の日刊紙『ラ・プレンサ』を設立し、政治家かつ歴史家として著名であったペドロ・ホアキン・チャモロのルーツに当たる人びとである。現在『ラ・プレンサ』紙の社主は先代のペドロ・ホアキンの三男に当たるハイメ・チャモロ氏である。彼の兄のペドロ・ホアキン（同姓同名の先代の長男）が1978年に暗殺され、このことがソモサ独裁体制の反対運動に火をつけて、ニカラグア革命へと導いたことはよく知られている。さらに彼の夫人であったビオレタ・バリオス・デ・チャモロは1990年から6年間大統領職にあった。グラナダに行くとチャモロ姓を名乗る人も多く、道端で宝くじを売っている老人もチャモロさんだったりして、特段のことはないけれども、ニカラグアを代表

グラナダから見たニカラグア湖（撮影：渡邉尚人）

する名門一族であることは間違いない。

レオンとグラナダの対立がどれだけすさまじかったかの実例の一つは、19世紀中頃に首都がマナグアに選定されたことである。マナグア湖のそばに位置する、ほとんど何もない村が突如首都に指名されたのは、レオンとグラナダというライバルのちょうど中間に位置するという地の利が一番の理由であった。この決定は賢明な選択であったかもしれない。

レオンとの関連で一つ興味深い史実がある。植民地時代から19世紀初頭にかけて、ニカラグアの太平洋岸の貿易港はレオンの町からさほど離れていないレアレホスという港だった。いまではすっかり寂（さび）れてしまって昔日（せきじつ）の面影はない。レアレホスは港として機能しただけでなく、新大陸（現在のラテンアメリカとカリブ海域）で最大級の規模を誇る造船所を有していた。レアレホスが活躍したのは、ペルーやフィリピンとの貿易に利用するかなり大きな船（ガレオン船級）の建造で、そのうちのいくつかは70 0トンくらいに達した。港自体が天然の良港で、木材や労働力が比較的容易に入手できたことが、興隆の大きな理由であった。

二つの町の対立が生んだ悲劇的な事件は、アメリカ人のウィリアム・ウォーカーによるニカラグア占領であった。くわしい内容は5章に譲るが、自由派の指導者で野心家のフランシスコ・カステジョンが、チャモロ大統領をその職から引きずり下ろそうとして、アメリカ人傭兵（ようへい）と契約したことが、事件の発端であった。1856年、ニカラグア共和国大統領を宣言する、野心家のウォーカーが傭兵隊長を務めていた。

（田中　高）

［参考文献］

島崎博『中米の世界史』古今書院　2000年

Montenegro, Sofía, *Memorias del Atlántico*, Editorial El Amanecer, sin fecha.

Radell, David R., Parsons James J.,"Realejos: A Forgotten Colonial Port and Shipbuilding Center in Nicaragua", *The Hispanic American Historical Review*, No.1, Vol.51, May, 1971.

# 5

# ウィリアム・ウォーカー

## ★大統領となったアメリカ人★

レオン（自由派）とグラナダ（保守派）という二つの都市の対立（詳細は第4章参照）は、思いもかけない事態を招いた。あろうことかアメリカ人の野心家で冒険家、海賊と称されるウィリアム・ウォーカーが、1856年に大統領となってしまった。レオンの代表的な自由派の指導者フランシスコ・カステジョンは1854年、保守派との長年の内戦に終止符を打つべく、アメリカの軍人バイロン・コールに傭兵派遣を要請した。この傭兵隊長がウォーカーであった。その後の彼の数奇な生涯を見ていく前に、それまでの彼の波乱に富んだ人生の軌跡をまず紹介しておきたい。

ウォーカーは1824年5月、テネシー州のナッシュビルに生まれた。わずか14歳でナッシュビル大学を卒業し、その後19歳でペンシルバニア大学で医学を修め、医師資格を取得している。この事実だけでも、彼が人並みはずれた知力の持ち主であることを表している。ウォーカーは以後ヨーロッパで医学の学業を続けたが、彼の学問的な関心は法律、ジャーナリズム、政治学などじつに多岐にわたるものであった。以下見ていくように、知力、体力ともに桁外れの彼にとっては、一つの職業に落

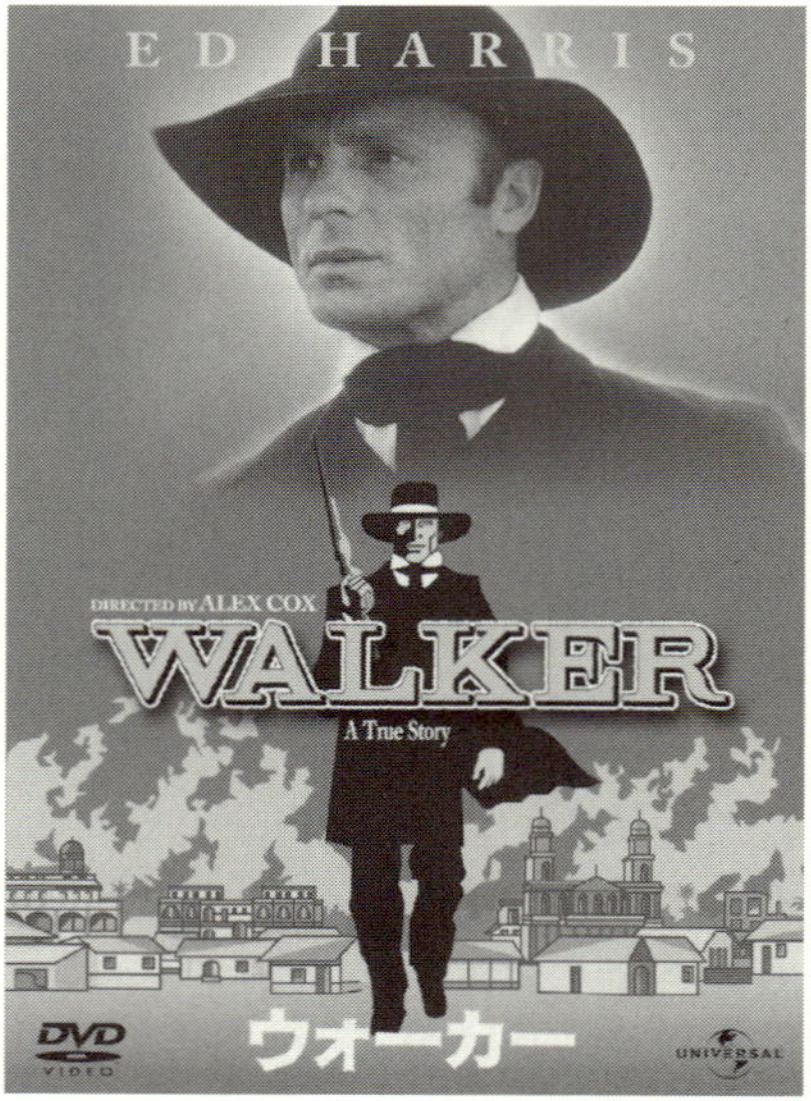

『ウォーカー』DVD ジャケット
（ユニバーサル・ピクチャーズ・ジャパン）

ち着くというのは退屈だったのであろう。彼の生涯の目標はただ一つ。自分で建設した国の大統領に収まることだった。

このへんの事情については、必ずしも史実に忠実というわけではないが、1987年に劇場公開されたアメリカ映画『ウォーカー』にくわしい。現地で大規模なロケーションが行われ、ニカラグア国内外の関心を集めた。グラナダのセットは圧巻で、最後に火をつけて町を炎で焦がすところは、ほとんど実物そっくりの出来であった。たまたま筆者は現地に長期滞在していて、よく撮影見学に行ったが、セットに使う資材や撮影機材の物量に圧倒された。ウォーカーの恋人役のエレンには、著名な女優で聴覚障害者でもあるマーリー・マトリン（1986年に『愛は静けさの中に』でアカデミー賞主演女優賞を受賞）が起用された。ウォーカーの最初の恋人が聴覚障害者で、彼女の死が彼の人生に深い影響を与えたのは事実のようである。この映画はＤＶＤにもなって発売されている。

上述のような事情でウォーカーはニカラグアに招かれ、１８５５年5月、57人の部下を引き連れて、メキシコ遠征のときと同じようにサンフランシスコを出港し、6月にニカラグアに到着した。４カ月後の10月には早くも保守派の拠点であるグラナダを占領した。この際には、巧みな戦術で町の有力者の家族を人質にして、保守派の軍の投降を促して成功した。その時点でウォーカーは事実上、ニカラグアの「マスター＝主人」となっていた。そして彼の将来の夢は「中米のマスター＝主人」となることであった。

ウォーカーは自由派と保守派の対立にうまく乗じて、自らが実権を握るべく、老齢の政治家パトリシオ・リバスを名ばかりの大統領に据え、本人はニカラグア政府軍の最高司令官に収まった。さらに彼と行動をともにしていたアメリカ人のパーカー・フレンチを経済大臣に任命した。しかしこのフレンチなる男は多額の債務を負っていたうえに、過去に詐欺、文書偽造、強盗の罪を犯してきた人物で、まもなく解任された。

アメリカ人傭兵ウォーカーが大統領となったことで、近隣諸国は不安を抱き始める。さらに従順であったはずのリバス大統領が、ニカラグア運河建設の契約をめぐって、アメリカ企業に過度に有利な内容に反発し、署名を拒否した。かくしてウォーカーと決定的に対立する。

ウォーカーをめぐる周囲の環境は緊張していくが、強気の彼は今度は大統領となるべく、選挙に出馬する。１８５６年６月29日、ウォーカーが事実上支配していたグラナダ、マサヤ、リバスの三都市だけで投票が行われて当選した。７月12日に挙行された就任式は閑散としたもので、就任の演説は英語で行った。ウォーカーはスペイン語がほとんど話せず、スペイン語と英語の２カ国語が公用語として使われた。ちょうどその頃、中米各国の軍隊が、ウォーカー大統領打倒のためにレオンに集結しつつあった。両大洋間ルートの利権をめぐり、アメリカのヴァンダービルド財閥やイギリスなどの列強が、この動きを固唾をのんで見守っていた。

ウォーカーは長年の夢がかない大統領となったものの、ニカラグアのためにどのような政策を実行に移そうとしたのだろうか。よく知られているのは、彼が奴隷制を復活させようとしたことである。ウォーカーは農業振興のためには労働力の確保が重要で、そのために黒人と先住民は奴隷として扱われるべきだと主張した。

奴隷制の導入を発表した後に反対勢力の動きが活発化し、彼はグラナダを追われる。このとき町に火をつけるという愚行を犯した。1857年5月、ウォーカーはアメリカ海軍に降伏し、アメリカに帰国した。中米大統領になる夢を捨てきれない彼は、1860年にホンジュラスのカリブ海側の港町トルヒーヨに上陸したが、そこでイギリス海軍の手に落ち、ホンジュラス軍に引き渡されて処刑された。彼の墓は、これだけの政変を巻き起こした人物のものとは思えないくらいひっそりと、トルヒーヨの共同墓地に、まるで人目をはばかるかのようにそっと置かれている。

（田中　高）

［参考文献］

増田義郎・山田睦男編『ラテンアメリカ史I　メキシコ・中央アメリカ・カリブ海』山川出版社　1999年
Walker, William, *The War in Nicaragua*, The University of Arizona Press, 1985.

# 6

# サンディーノ将軍の抵抗運動

## ★「私は自分を売ることもないし、降伏もしない」★

革命政権時代（１９７９〜90年）、アウグスト・セサール・サンディーノは文字通りニカラグアの英雄であった。国中の町の至るところに、彼の肖像画が掲げられ、彼の思想を伝えるおびただしい数のパンフレットや書籍が置かれてあった。政権政党であったサンディニスタ民族解放戦線（ＦＳＬＮ）の名称はもちろん彼の名前に由来しているし、サンディーノの思想を研究し実践する目的で設立された国立サンディーノ研究所という組織もあった。サンディーノとはいったいどのような人物で、どのようなことを成し遂げたのか。まずは時系列で彼の人生を紹介することにしたい。

サンディーノは１８９５年、首都マナグアから30キロあまり離れた、ニキノオモという田舎町に生まれた。彼の生家（父方の実家）は現在ではサンディーノ博物館として保存されていて、昔日の面影をしのぶことができる。決して裕福な家庭ではなかったようだが、いわゆる貧農が暮らしていたような掘っ立て小屋とは程遠く、むしろ立派なつくりの家である。中庭もきちんとある。父方の実家は小規模な商家であった。

サンディーノの人生に深い影響を与えたのは彼が、実父と

マナグア市内にあるサンディーノの彫像（撮影：渡邉尚人）

コーヒー豆の収穫をする季節労働者の母との間に生まれた、非嫡出子だったことのようである。後年彼が社会正義を重んじ、アメリカ帝国主義の侵略に徹底抗戦する素地には、不遇な幼年時代の体験が影を落としていると指摘されている。実際彼と生涯の行動をともにする弟のソクラテスが、正妻との間に生まれた子で、それゆえ十分な教育を受けたのと対照的に、サンディーノは満足な教育も食事さえも与えられなかった。

サンディーノはその後短期間コスタリカで技能工として働いた後に、いったんニカラグアに戻るが、メキシコのタンピコ油田で職を得る。メキシコでの経験が彼の思想形成上決定的に重要な役割を果たすことになる。ちょうどこの頃メキシコは革命運動のただなかで、アメリカ系の石油会社で働いていた彼の周りには、労働組合活動、社会主義思想、アナーキズムなどが氾濫していた。加えてサンディーノはフリーメーソンや心霊主義といった精神主義的な活動にも強い関心を示した。

メキシコから帰国したサンディーノは「アメリカ帝国主義打倒」を掲げて、民族解放運動に身を投じていくが、その思想はマルクス・レーニン主義を教条主義的に受け入れたものではなくて、すぐれ

1985年に革命政府が発行した20万コルドバ紙幣。インフレで1000コルドバ紙幣を急遽変更したもの。右の人物はサンディーノ

てニカラグアの精神風土、土着習慣、この国を取り巻く国際環境に根ざしたものであった。ニカラグアという小国（＝善）に侵攻したアメリカという大国（＝悪）が、「善対悪」という素朴な二元論で説明された。サンディーノはこの二元論によって、封建的な大土地所有制がもたらす富の偏在（＝悪）にも着目して、土地解放（＝善）を唱えた。彼は当時の知識人や活動家が好んで用いたコミンテルンの難解な用語を使うこと避けて、宗教的な用語や、わかりやすい平易な言葉で農民、労働者、学生たちに語りかけた。

サンディーノが活躍するのは１９１２～25年、26～33年の二度にわたりニカラグアに侵攻してきたアメリカ海兵隊との戦闘である。当時自由派と保守派の対立が続き、国内は混乱していた。１９２３年から32年までの10年間に、６人の大統領が乱立している。そのなかでサンディーノと関係が深かったのは、自由派のホセ・マリア・モンカーダ（１９２９～32年大統領）である。

１９２６年12月に海兵隊がカリブ海沿岸のブルーフィールズ、プエルト・カベサス、リオ・グランデなどを占領し、「中立地帯」を宣言した。これに対抗すべく、サンディーノ、モンカー

ダ、ファン・バウティスタ・サカサ（1933～36年大統領）などのおもだった自由党のメンバーは武装蜂起する。1927年5月、アメリカの特使ヘンリー・スチムソン（1929～33年国務長官）の仲介で、モンカーダと保守派のアドルフォ・ディアス（1911～16年大統領）との間で休戦協定が結ばれる。モンカーダはこれを受けて、北部の山岳地帯でゲリラ戦を続けていたサンディーノに、休戦すべく電報を送る。これへのサンディーノの返事が、その後たびたび引用されることになる、次のようなものであった。

「こうとなったからには、私のもとにきて、私を武装解除なさい。私はここであなたを待ちます。私はいかなる条件にも譲歩しません。私は自分を売ることもしないし、降伏もしない（no me vendo, ni me rindo）。私は自分の義務を果たし、私の抵抗は将来、血をもって記録されるでしょう」。この言葉のなかでスペイン語で紹介した部分が、革命政権時代に、アメリカとの内戦を鼓舞するスローガンによく利用された。

サンディーノの率いるゲリラ部隊（正式名称はニカラグア民族独立防衛軍）は3000～6000人の兵士を率いて海兵隊との戦闘に善戦した。またメキシコやエルサルバドル、アルゼンチン、ドミニカ共和国、コスタリカ、コロンビア、ベネズエラなどからの参加者もいて、ラテンアメリカの反米抵抗運動のはしりという性格も持ち合わせた。参加者にはエルサルバドルの著名な革命家である、ファラブンド・マルティの名前もある。

サンディーノのゲリラ戦に手を焼いたアメリカ政府は、ルーズベルト大統領（1933～45年在任）の善隣友好政策により、1933年に海兵隊の撤退を決める。同時に国家警備隊を創設し、司令官に親米的なアナスタシオ・ソモサ・ガルシアを置いた。他方１９３２年の選挙で大統領に選出されたサカサは翌33年1月、海兵隊の撤退を条件としたサンディーノとの和平合意に成功し、ゲリラ部隊の武装解除が行われた。

ところが34年2月、サンディーノは彼の弟のソクラテスと部下の将軍2名とともにソモサ支配下の国家警備隊の手により暗殺されてしまう。彼の遺体の行方は現在も明らかにされていない。かくしてニカラグアの悲劇的な英雄の行跡が、半世紀後にはアメリカのレーガン政権とサンディニスタ革命政府との間で掘り起こされ、戦いが繰り返されることとなった。

（田中　高）

［参考文献］

Alvarez Montalván, Emilio, *Las Fuerzas Armadas en Nicaragua*, Ernesto Garay, 1994.
Black, George, *The Good Neighbor*, Pantheon Books, 1988.
Hodges, Donald C., *Intellectual Foundations of the Nicaraguan Revolution*, University of Texas Press, 1986.
Ramírez, Sergio, *El Pensamiento Vivo de Sandino*, EDUCA, 1980.

# 7

# 狂った小さな軍隊

## ★サンディーノと民族主権防衛軍★

A・Cサンディーノの活動とその帰結については前章にてすでに詳しく述べられているので、当時の記述を紹介しながら、同時代人たちの目に彼がどう映っていたのかを描写してみたい。

1927年5月、アメリカ合衆国大統領特使ヘンリ・スティムソンと、ニカラグア自由党領袖ホセ・マリア・モンカーダの間に停戦合意が成立する。この「密約」をよしとしなかったのが、サンディーノとその軍勢であった。

内戦の集結と新たな大統領選に国内が沸くなか、サンディーノは北部セゴビア地域に沈潜しつつ執拗なゲリラ戦を繰り広げていた。そうするなか、同年7月1日付マナグア発UP通信において、彼は華々しく（?）国際メディアにデビューする。

政府発表によれば、サンディーノ将軍を名乗る叛徒が米国市民チャールズ・バター氏の所有するサン・アルビノ金鉱山を襲撃し、総計70万ドルにのぼる損害を与えたという。報告によると、サンディーノ某は小火器・小銃・機関銃で十全に武装しているばかりか、相当量のダイナマイトも確保しているとのこと。ニカラグア警察は米海兵隊分遣隊と協力のうえ、叛乱首謀者サンディーノ某の跋扈する同地域へただちに赴き、占拠状態にある当該地所からの排除を行う。

すでに和平は成立しているわけであるから、武装闘争を続けるサンディーノは法的には交戦主体ではなく「叛徒」に過ぎない。したがって、彼に対して差し向けられたのは、平時の治安組織たる警察部隊だったのである。こうした状況にありながら、サンディーノは次々と政治・軍事的なマニフェストを発表するようになる。翌年の選挙に際しては、次のように呼びかけた。

> 誇り高く謹厳な自由派たち、公職と引き換えに銃を売りわたしてアドルフォ・ディアスに媚びへつらわなかった者たち、ニカラグアを陵辱した「男たち」の一員とならなかった者たち、彼らは次の選挙において我が党が分断されるということも、許すことはないだろう。なぜならそれは保守党に勝利を許すことを意味するからであり、愛国者であれば誰もが避けるべき事態だからだ。だが、たとえ政府が保守党の手に落ちたとしても、われわれは武器を手にここに留まり続けるだろう。

自由党における宥和の機運に厳しく警鐘を鳴らしつつ、米国の影響力拡大もまた拒絶するこうした言動は、しかし、単なる誇大妄想として一笑に付されかねないものでもあった。辺境地域で細々と活動を継続する彼とその仲間たちは、ニカラグア・米国両政府にとっては「叛徒」にすぎず、しばし

海兵隊によって鹵獲(ろかく)された民族主権防衛軍旗

ば海兵隊が表現したとおりの「匪賊(ひぞく)ふぜい（Bandits）」でしかなかったからだ。実際、当初彼とともに武装闘争を開始したのは、たった29名の男たちだけであった。

だがこの声明を発したころには、現地の農民兵も吸収しながら部隊は600名規模に成長し、中央における政党政治とは独立した「軍隊」が誕生しつつあったのだ。同年9月、正式に「民族主権防衛軍（Ejército Defensor de la Soberanía Nacional）」と名乗ることになったこの隊列は、裏切りや取引を拒否し、あらゆる政治集団から独立して、最高軍司令官（Supremo Jefe del Ejército）サンディーノ将軍のもとで戦闘を続けることになる。チリの女性詩人、ガブリエラ・ミストラルが賞賛と連帯の意を込めて命名した、「狂った小さな軍隊（El pequeño ejército loco）」の誕生である。

1928年2月、セゴビア山中のサンディーノ軍営を訪問したアメリカ人ジャーナリスト、カールトン・ビールズは次のようにサンディーノの声を伝えている。（グレゴリオ・セルサーの引用による）

［抵抗はさらなる介入の拡大を招くだけなのではないかという質問に対し］

われわれが問題にしているのは、介入の規模などではなく、介入そのものについてだ。合衆国は何年もニカラグアに足を突っ込み続けてきた。いずれ出てゆくなんて口約束をいまや誰が信用するものか。それどころか、介入はますます目にあまるようになっている。見てみろ、合衆国はフィリピンに独立を確約したが、米軍はまだそこに居座り、民衆を踏みにじっているではないか。（略）合衆国政府はな――と辛辣な笑みを浮かべながら彼は答えた――米国人の生命と財産を守ることだけを望んでいる。だが誓っていうが、私は米国人の所有物には針一本だって手を付けちゃいない。万人の財産を尊重してきたからな。丸腰でニカラグアにやってきた米国人で、われわれから損害を受けた者など存在しないのだ。

アメリカ合衆国の動向を見据えつつ、ニカラグア固有の政治・社会条件に根差した現実的な抵抗戦略がここに生まれつつあった。また、そこに常に響いていたのが、「祖国と自由（Patria y Libertad）」というスローガンだった。

宿敵・A. ソモサが著したサンディーノ伝
（1936年）

　こうした彼の活動が、海兵隊駐留部隊と生まれたての国家警備隊（Guardia Nacional）を悩ませ続けていたとはいえ、大統領選挙は滞りなく実施され、1929年には予定通りモンカーダ政権が誕生することになる。もちろん、米国の撤退と主権の回復を求める「狂った小さな軍隊」たちは戦闘を継続したわけだが、それは国家警備隊にとっては自立した軍隊としての経験を積むための絶好の「教習所」でもあった。
さて、新たな国際的支援を得るためメキシコへ一時的に赴いた後、さらなる軍事行動に復帰したサンディーノであったが、段階的な米軍撤退方針が決定されるに至って活動の大義が薄れつつあることを感じるようになった。こうして1933年初頭、ついに彼はニカラグア政府との講和に応じ、民族主権防衛軍も徐々に武装解除されることになった。
スペイン人ジャーナリスト、ラモン・デ・ベラウステギゴイティアがまさにこの時期に行ったインタビューでの発言を見てみよう。彼の名前が長過ぎるとからかいながら、愛妻ブランカ・アラウスを紹介したサンディーノは次のように語る。

国家の圧力は人の表面、外見を変えることができるだけだ。各人がもてるものを供出するべきだし、そうして、人はみんな狼ではなく人間らしく生きることができる。それがわれわれの考えだ。さもなければ、それは表面的な、機械的な圧力にすぎない。だから、国家は人の内面に触れるちからをもたなくてはならない。（略）われわれにはなにか高尚なものが与えられてきた。道徳的な支援とともにやってくるあの波がそれだ。乗組員付きの砲艦一隻が贈られたとしても、こっちのほうがずっと助けになる。

妻の実家の揺り椅子にゆったりと座りながら、彼はさらに、大西洋岸部のココ河流域を開発し、豊かな国民経済を創出する計画を語る。だがこうした幸せで平和な夢は、翌年の暗殺とともに幕を閉じる。その名前と夢とが呼び戻されるのは、さらに数十年後のことである。

（佐々木　祐）

［参考文献］

Belausteguigoitia, Ramón de, *Con Sandino en Nicaragua*, Editorial Nueva Nicaragua, 1985 (1934).
Selser, Gregorio, *El Pequeño Ejército Loco: Sandino y la operación México-Nicaragua*, Editorial Nueva Nicaragua. 1983 (1958).

# 8

# 湖と火山の国に足を踏み入れて

★中米一大きなニカラグア湖と南北に連なる火山★

ニカラグアには、中米一大きなニカラグア湖がある。琵琶湖の13倍もの面積をもち、風が強いときには波もたつので海のようにも思える。湖には、365もの小島がある。大きな島としては、たくさんの人が住むオメテペ島、先住民文化の石像が残るサパテラ島（800〜1350年の石像が多数発見された）、動物の宝庫イスレタス諸島、芸術の島ソレンティナメ諸島などである。また、湖は、ノコギリエイやオオメジロザメなど希少な生物の住処（すみか）ともなっている。自然豊かな環境をニカラグア湖が作り出しているのだ。

この湖は淡水湖で、マナグア湖の水がティピタパ川を通って流れてくる。また、いくつかの川もこのニカラグア湖に流れ込んできている。ニカラグア湖からは、サンファン川を通じてカリブ海に流出する。歴史的に、湖岸のグラナダは大西洋の港とされている。湖の歴史には、カリブ海の海賊の出現も記されているようである。

そんなニカラグア湖に前から話題になっていたニカラグア運河建設の話が再浮上した。オルテガ大統領が香港・ニカラグア運河開発投資会社（HKND）と契約し2014年12月22日に着

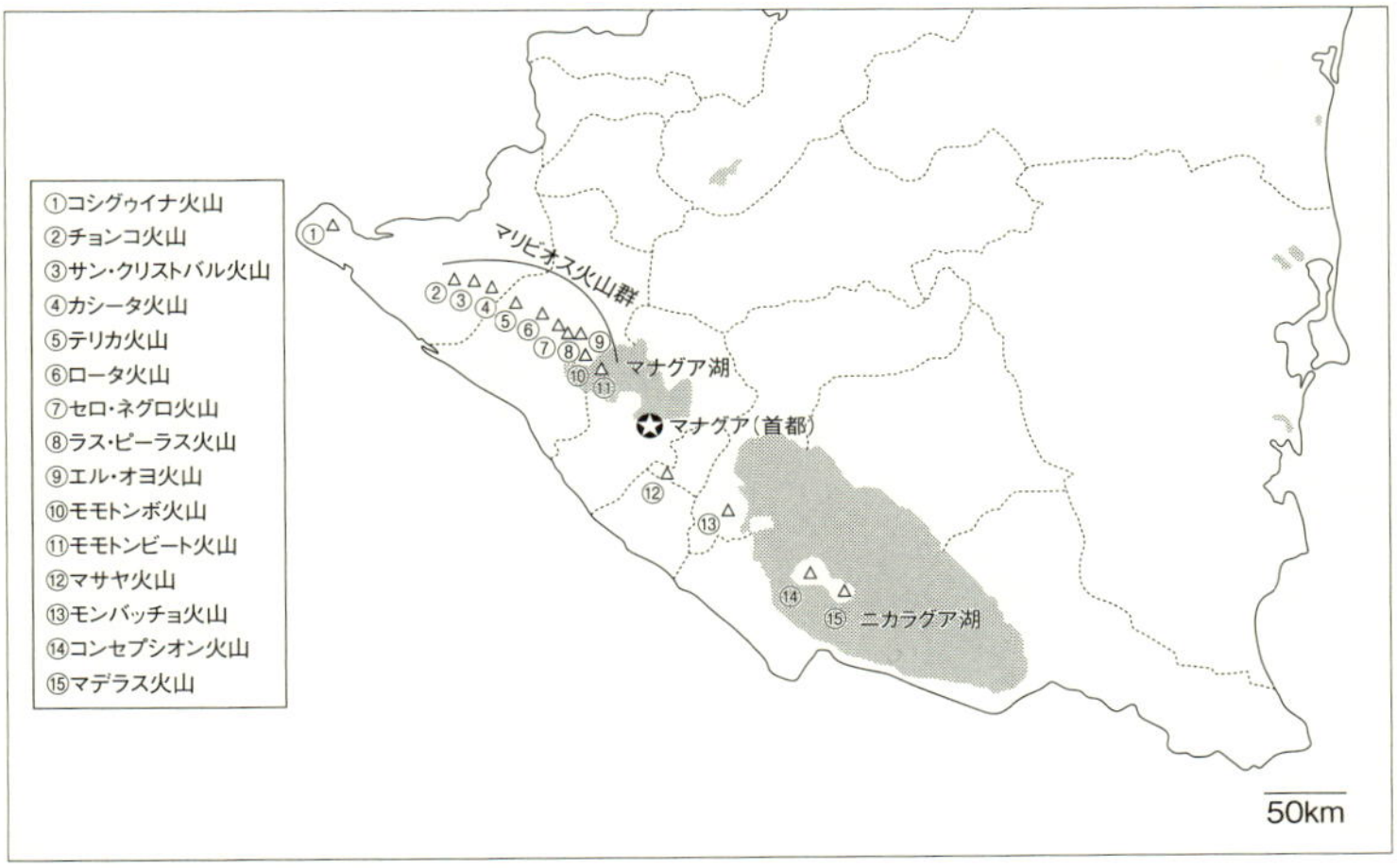


ニカラグアの環太平洋造山帯

工式が行われた。ニカラグア運河建設には、香港の企業だけでなく中国政府が関わっているとのことで、「中国人はでていけ！」「運河建設反対」のデモが着工式の前後にニカラグア各地でおこった。

ニカラグア運河建設によって、雇用が増えることを喜ぶ人もいる半面、淡水湖ではなくなり海水が混じることによって水生生物の生態系が変わってしまうこと、また森がなくなり動物の住処がなくなることなど環境問題から反対の声もある。ほかにも、近くにパナマ運河があるのに、採算性があるのかといった声もある。

２０１９年に完成予定で進められており、今後の動きが注目されるが、運河建設や運河の完成によってニカラグアの素朴さがなくならないでほしいという思いが強くある。

ニカラグア湖のほかにも、マナグア湖やアパナス湖、アポヨ湖、ティスカパ湖、マサヤ湖、アソソスカ湖などの湖がある。特に、アポヨ湖は展望台から眺めることができ、観光客に人気の場所である。

続いて、火山について紹介する。馬蹄(ばてい)型をした長さ2万キロに及ぶ環太平洋造山帯(ぞうざんたい)。西に位置する日本にもたくさんの火山があるが、東に位置している中南米諸国にも多くの火山がある。ニカラグアにも火山があり、ニカラグアは「湖と火山の国」(Tierra de lagos y volcanes)といわれている。火山は、さまざまな恩恵を与えてくれている。火山がもたらす地形と、肥沃な大地、湧き水、温泉、鉱物、美しい風景があげられる。その一方で、火山の噴火が人間社会に壊滅的な打撃を与えることもある。

ニカラグアの地図上には、一列に並んだ火山がある。北から南へ、コシグゥイナ火山、チョンコ火山、サン・クリストバル火山、カシータ火山、テリカ火山、ロータ火山、セロ・ネグロ火山、ラス・ピーラス火山、エル・オヨ火山、モモトンボ火山、モモトンビート火山、マサヤ火山、モンバッチョ火山、コンセプシォン火山、マデラス火山と南北に火山が連なっている。

観光客のために、登山やハイキングツアー、スノーボードならぬサンドボードなど火山を利用した観光化も進んでいる。いくつかの火山について紹介したい。

### コシグゥイナ火山

1835年に噴火したコシグゥイナ火山の力は大きく、火山灰はおよそ1400キロも離れたジャマイカやメキシコシティまでとどいた。長い年月をかけ、山頂のカルデラに水がたまり、大きなカルデラ湖が山を登ると見える。地元の案内人がガイドツアーをしているので、山頂まで安全にハイキングすることができる。また、この火山の麓には、温泉と冷泉があり地元の人は冷泉で洗濯をしたり、水浴びをしたりしている。温かい湯につかるという習慣はニカラグアの人たちにはないので、温泉はまだ開発されていない。

サン・クリストバル火山

ニカラグアで最も標高の高い火山で1745メートルある。ニカラグアのビール「トーニャ」のパッケージにもなっている。現在も活動中で、山頂からは、いつも噴煙があがっている。近年では、2012年に噴火し、近隣住民が避難するほどの噴火があった。山頂までは岩と富士山の砂走のような砂の道を登っていった。山頂付近はガスで覆われ展望はなかったが、焼けこげた木が残り、噴火の恐ろしさを感じた。

コシグゥイナ火山のカルデラ湖

テリカ火山

外国人の観光客に一番人気の火山ツアーがあるのがテリカ火山だ。現在も活動中で、夜になると河口に、赤く光る溶岩が見えるので、昼に山を登り、山頂で1泊して溶岩を見るツアーが人気を集めている。テリカ火山の山頂は開けており、北側を見るとサン・クリストバル火山が見える。南側を見るとロータ火山からモモトンボ火山までの火山がよく見える。

セロ・ネグロ火山でのサンドボード

セロ・ネグロ火山

ネグロはスペイン語で「黒」という意味で、その名前の通り、真っ黒な山である。1850年にできた火山で、中米で一番新しい火山である。現在も活動中の大変活発な火山で、ガイドは、頂上にフライパンと卵をもっていけば目玉焼きが作れると言っていた。山頂付近の地面を足で掘ってみるとかなり熱かった。この火山は、植物が育たず、木が一本もない。

砂の上を滑るサンドボード（現地の人は火山ボードと言っている）ができる山として、たくさんのツアー会社が観光客を集めている。728メートルの山で、麓からガイドの説明を受け、展望を楽しみながら45分くらいかけて板を担いで登っていく。山頂で防塵服と防塵マスクをして5分程度でさーっと山を滑り降りていくスポーツが人気を集めている。

モモトンボ火山

私は、その形からニカラグアの富士山と呼んでいた。美しいシルエットをなす円錐形の火山で、隣のモモトンビートと並んでいる。現在も活動中で白い噴煙が上がっている日が多い。

この火山も、サン・クリストバル火山と同じように富士山の砂走を逆に歩いていくような感じで登っていった。日によるのだが、私が登った日は、ひどいガスのため山頂までは行けなかった。この火山の麓には、地熱発電所があり、火山熱を利用している。モモトンボ火山の近くには、温泉がある。源泉から少し離れ、川の水と混じり合って、ちょうどよい温度のところがある。そこは、この湯はかゆみに効くと地元の人がたまに訪れる場所となっている。

マナグア湖付近にあるモモトンボ火山（左）とモモトンビート火山（右）

ニカラグア湖のオメテペ島にある、コンセプション火山（左）とマデラス火山（右）

マサヤ火山

ニカラグアで最も整備されている火山である。山頂まで車で行ける車道があり、さらに博物館もある。活動中の火山で、噴火口からは白い噴煙がモクモクとでている。この火山でも夜に溶岩をみるツアーが行われている。

コンセプション火山とマデラス火山

ニカラグア湖にあるオメテペ島の二つの火山。まったくタイプの違う火山で、コンセプシォン火山は、現在も活動中の火山で、山頂付近になると木がなくなり、山頂では硫黄の臭いがした。何回も噴火を繰り返している火山で、溶岩の流れたあとが残っていた。マデラス火山は、山頂にカルデラ湖があり雲に覆われることが多いため、ジメッとしており、植物も多い。オメテペ島で毎年2月に「火と水（Fuego y Agua）」と呼ばれるウルトラトレイルランの大会が開かれている。火はコンセプシォン火山で、水はマデラス火山の意味である。二つの火山を登って計100キロを走る過酷なレースが開催されるため、さまざまな国から、参加者が訪れている。

ニカラグアに滞在していた間、たくさんの火山を見に行ったり登ったりしたが、2015年テリカ火山、モモトンボ火山、さらにマサヤ火山も噴火したというニュースを見てびっくりしている。湖、火山とも自然とうまく共存して美しい国を守っていけるよう応援したい。

（夏目泰子）

［参考文献］
大貫良夫・落合一泰・国本伊代・恒川恵市・福嶋正徳・松下洋『新版ラテンアメリカを知る辞典』平凡社　2013年

# II

# 独裁政治から革命政権へ

# 9

# 保守主義の時代と自由主義革命

## ★「保守党の30年間」とその帰結★

米国人ウィリアム・ウォーカーの登場（第5章参照）は、国内に壊滅的な打撃と苦痛を与えただけでなく、混乱の拡大を恐れた他中米諸国の共同介入による国際的紛争（「国民戦争 La Guerra Nacional」）にまで発展した。うっかりウォーカーに支援を要請してしまった自由派にとってはいい面の皮であったが、戦乱の処理にあたった保守派はおおいに面目を施したわけである。それだけが理由というわけでもないが、１８５７年の戦争終結から19世紀末まで、ニカラグアにおいては保守党のヘゲモニーのもとでの国家運営が続くことになる。本章では、「保守党の30年間（Treinta años conservadores）」と呼ばれたこの時代に築かれた社会構造と、その後の自由主義革命における国内再編の帰結について概観しておきたい。

戦後のニカラグアにおいて最優先の課題とされたのが、疲弊した国内の再建であった（この課題は現在に至るまでほとんど解決されていない、ともいえるが）。そのためしばらくの間、グラナダを主な拠点とする保守派とレオンに拠る自由派はやむを得ず連立政権を組織した。産業構造の違いに根源をもつこの二都市の間の因縁は、実は植民地期以来のものでもあり、またエリート一族間の対抗関係という側面もあった。ほぼ中間に位置するマナグアが首都と定められたのも、この「兄弟げんか」を中和する意味合いが大きいとされる。

さて、さしあたっての戦後処理が一段落した１８５７年11月、議会は保守党領袖トマス・マルティネス将軍を大統領に正式に任命し、翌年より長期にわたる保守派政権が発足することになった。主として大農園主に基盤をもつ彼らの主要な課題の一つは、安価で大量な農業労働力の確保であった。ただし、労働者管理をめざしたこの施策推進の結果、国内の治安・統治システムの構築という思わぬ副次的効果が得られたことのほうが重要だといえるかもしれない。ただし、債務労働者の逃散や、労働徴用を拒否して流浪する人びとの存在が解消されることはなく、長きにわたって施政者たちの頭痛のタネであり続けたのだったが。

労働環境整備とならんで取り組まれたのは、海外資本の誘致と、生産物の世界市場への挿入という二重の課題であった。経済発展のためには必須のこの政策であるが、それが政治・社会的に意味したのは、国内反対派への弾圧と対外従属的な外交政策の採用である。この文脈のもとでは、「負け組」の自由派はますます周縁的な位置に追いやられていったことも理解しやすいだろう。

さらに、発展を具体的に担う「主体」の不在が明らかになってきたのもこの時代である。国内エリートたちの意識において、住民の大多数を占める「百姓 campesino」や「インディオ」はその責務を担うにはほど遠い存在であった。かといって、数のうえでは少数派である自分達には、そうした余裕も力量もない。こうして国是とされたのが、欧米からの移民受け入れであった。「優秀」で「勤勉」な「血統」を導入することで、望ましい「国民」を創出することが目論まれたのである。そうした移民のために、国有地や「荒蕪地（こうぶち）（baldío）」（その大部分は先住民共同体や農民の所有する共有地であった）の分割・売却を可能にする土地制度が急ピッチで整えられていった。

他にも、道路・鉄道や港湾施設、電信網といったインフラ建設が推進されていった。こうした施策の結果、染料、食肉、穀物、サトウキビ、そしてなんといってもコーヒーの生産量が増大し、遅ればせながらも農産物輸出国としてニカラグアは世界資本主義システムへ組み込まれることになった。

このように、「保守」という言葉から通常イメージされるよりも、ずっと「進歩的」な施策が次々と実行されたのが、「保守党の30年間」であった。もちろん、急激な経済発展は多くの問題をも産みだすことになる。この期間、対外債務は20倍近くまでふくれあがり、従属的な国家体制はより強化されていった。また、発展の恩恵を享受できたのはごく一部の特権階級だけであり、労働者や農民・先住民の生活・文化レベルはいまだ低いままであった。さらに、支持基盤の複雑化に起因する権力抗争は、保守党内部にも守旧派から改革派にまでいたる多様な派閥や不満分子を産みだすこととなった。一方、「もう一つのニカラグア」である大西洋岸部では、特にアメリカ合衆国資本を中心とした木材・バナナの生産・輸出が拡大し、ますます「内地」とは異なる社会が成立していった。

1889年にエバリスト・カラソ大統領が急死し、親レオン派のロベルト・サカサが大統領の座に就くと、こうした諸矛盾は政争として一気に顕在化した。内部での相次ぐ叛乱（はんらん）で保守党政権は機能不全に陥り、1893年レオンで蜂起した自由派のホセ・サントス・セラヤ将軍の武力に押される形で「保守党の30年」は幕を閉じる。

この「革命」で権力の座についたセラヤの専断的かつ進歩的な国家再編は、後に「自由主義独裁」

とも呼ばれた。保守党時代に達成された経済発展を引き継ぎながらも、より自由主義的かつ民族主義的な近代国家を建設することがその目的であった。ちなみに、彼の支持基盤はマナグアのコーヒー農園主だったが、そうした新興ブルジョア層は皮肉にもまさに「30年」の産物だったのだ。

セラヤ政権において取り組まれたのは、教会と国家の分離、公教育制度や労働者管理制度の整備、鉄道網のさらなる拡大といった近代化政策である。さらに大きな課題とされたのが、分断された国土の統一と主権の回復であった。1894年、セラヤ大統領は部下のリゴベルト・カベサスに大西洋岸部の中心都市ブルーフィールズの軍事的占拠を命じる。第3章において見たとおり、英国によって「不当にも」支配されているミスキート保護領「王国」を武力によって制圧奪還し、ニカラグア共和国へ「再併合 reincorporación」する事業が開始されたのである。さらに1902年、19世紀前半から何度も計画されては頓挫し続けてきた両大洋横断運河の建設を彼は宣言する。一方、セラヤは中米諸国の連帯にも力を注ぎ、中米連邦結成のために各国代表と調整を行った。こうした取り組みにおいて追求されてきたのは、統合された国土・国民からなる、自主独立の国家の姿である。

こうした動きが、中米・カリブ地域の権益を重視するようになった米国を刺激したことは当然である。1909年末、米市民の保護を名目に海兵隊がニカラグア大西洋岸主要都市に上陸し、開戦の可能性をちらつかせつつ政権を威嚇した。また国内においても米国の支援を受けた保守派・自由派諸勢力の抵抗運動が激化していたこともあり、同年末、セラヤはメキシコへと亡命を余儀なくされた。

こうしてニカラグアは再び保守派・自由派の泥沼の抗争に陥り、結果として1933年まで続く米海兵隊駐留という事態を招くことになるのである。

（佐々木　祐）

［参考文献］

Arellano, Jorge Eduardo, *Historia Básica de Nicaragua (Vol.2)*, Fondo Editorial CIRA, 1997.
Cruz Sequeira, Arturo, *La República Conservadora de Nicaragua 1858-1893*, Fundación Vida., 2003.

# 10

# ソモサ独裁の誕生と崩壊

## ★42年間におよぶ王朝政治の軌跡★

ニカラグアにはかつて、3人のソモサ大統領がいた。アナスタシオ・ソモサ・ガルシア（ニックネームはタチョ。1896年生、1956年没。1937〜47年、51〜56年の二度にわたり大統領）、ルイス・ソモサ・デバイレ（1922年生、67年没。1956〜63年大統領。タチョの長男）、アナスタシオ・ソモサ・デバイレ（ニックネームはタチート。1925年生、80年没。1967〜72年、74〜79年の二度にわたり大統領。タチョの次男）の3人である。

ラテンアメリカの政治史には、長期にわたる独裁政権の例はいくつもある。ドミニカ共和国で31年間君臨した、トルヒーヨ大統領の例はあまりにも有名である。それでも、親子3代で42年間におよぶソモサ王朝の独裁の記録にはかなわない。どのようなメカニズムでスタートし維持されたのであろうか。

王朝の土台を築いたのはタチョである。彼はマナグアとグラナダの中間にある町サンマルコスで生まれた。父親は保守党の国会議員で、中規模のコーヒー園主だった。彼の人生を大きく変えたのは、アメリカでの生活だった。フィラデルフィアにある実業学校を卒業したことで、当時のニカラグア人には珍しいバイリンガルとなった。さらに彼はアメリカ文化の熱烈な信奉

ソモサ父子。左よりルイス、タチョ、タチート（Bernard Diederich Collection）

者で、ニカラグアの内政介入に強い関心をもっていたアメリカの歴代政権と利害を共有することになった。加えて自由派の名門一族デバイレ家の娘サルバドーラ・デバイレと結婚したことで、タチョの社会的なステータスは上昇した。

１９２６年に保守党のディアス政権を武力で倒した功績で、タチョは将軍の肩書きを授与される。モンカーダ政権時代（1929〜32年）には外務次官の要職につく。この時代に彼の卓越した英語能力が遺憾なく発揮された。特に国務長官のスティムソンはタチョを評価していたようで、強力にバックアップした。アメリカは海兵隊の駐留に反対する、サンディーノの反米ゲリラ闘争のエスカレートに頭を悩ませていた。そこで海兵隊の撤退と引き換えに、国家警備隊の創設を画策した。直接統治から間接統治への転換を選択したわけである。間接統治の要になる役割を、タチョが担うことになる。

国家警備隊という暴力装置をコントロール下においた彼は自由党（ＰＬＮ）から立候補し、形ばかりの選挙を経て、１９３７年に大統領に就任する。反対政党をたくみに操りあるいは弾圧して、事実上の一党独裁体制を築く。貪欲に利権を手中にし、第二次世界大戦中は、アメリカからの各種援助やドイツ人、イタリア人の財産を没収して私腹を肥やした。タチョは１９５６年、ニカラグア人青年の凶弾で殺害された。この時点での彼の遺産は、1億から1億５０００万ドルにのぼると推定された。ソモサファミリーは最大の地主となり、食肉加工、サトウキビ生産、セメント会社、ミルク加工、繊維、政府系金融機関、公共交通機関などの事実上のオーナーとなっていった。こうした国家の私物化が後に国民の憎しみの対象となり、１９７９年の社会主義革命へと結実した。

ここで一点指摘しておく。１９２９年の大恐慌の出現から第二次世界大戦までの間、中米諸国はアメリカの経済圏に組み込まれながら、従属的な発展のパターンを進む。そのプロセスで、アメリカにとっては中米諸国の政治的安定が何よりも大事だった。民主的な手続きを経なくても、継続して政権を維持し、アメリカの権益と外交政策に従順な態度を示せば、独裁政権を支持した。ルーズベルト大統領がタチョを「あの男はろくでもない輩だ。でもわれわれの側のろくでもない輩だ」と評したことに端的に表れている。

問題はニカラグアの場合この独裁政権が、異例の長さにわたって続いたことであろう。１９６０〜70年代にかけては、都市の中間層の経済力がかなり伸びて、ソモサ王朝への反発も強力なものになっていく。王朝は磐石（ばんじゃく）とはいえなかった。それでも何とか１９７９年まではもちこたえた。その原因はどこにあるのか。このことについて考えてみる前に、タチョの後継者となった2人の息子の末路をたどる。

長男ルイスはソモサファミリーのなかではもっとも穏健な思想をもっていたようである。アメリカで教育を受けた後帰国すると、弟のタチートとは対照的に軍務には関心を示さずに、政治家の道を歩んだ。国会議長となり、父が暗殺された後に大統領に就任した。ソモサ王朝批判への懐柔策ではあったが住宅建設、社会保障制度、土地改革などにも一定の成果をあげている。さらに言論の自由や反政府活動家の釈放も実施した。ルイスのめざした体制は、メキシコ型の一党独裁体制だった。この点で国家警備隊の実権を握り、力による支配に強い関心を寄せていたタチートと鋭く対立した。１９６３年、ルイスは45歳の若さで心臓発作により急逝した。

ソモサ王朝の最後を締めくくるのは次男のタチートである。彼はアメリカの名門士官学校ウエスト・ポイントを卒業後、ニカラグアに帰国すると同時に国家警備隊に入隊。大統領だった父の意向を受けて、短い間にトップにのぼり詰めていく。タチートは父と同じく、ソモサ王朝の権力の源泉が武力＝国家警備隊にあることをよく認識していた。ニカラグアには、先進国にあるような上意下達の近代的な組織は教会を除いてほとんど存在しない。国家警備隊は軍隊であるばかりでなく、諜報・治安機関でもあった。厚遇を条件に兵士の相互監視を厳しくし、密告を奨励した。ソモサに批判的な隊員はすぐに逮捕され厳罰を加えられた。その結果ソモサ体制への忠誠度は高かった。

タチートは１９６７年、兄の死を受けて大統領に就任する。ルイスとタチートの両方の時代を知るニカラグア人の多くは、弟（タチート）の時代になってから独裁体制がひどくなったという感想を述べる。反政府勢力への容赦ない弾圧が行われ、人権侵害について国際的にも糾弾された。こうしたなかで１９７２年のマナグア大地震で首都は消滅し、国の形を大きく変えてしまった。このときのタチートの行動が、国民の根強い不信感、憎悪を生むことになる。国際社会から送られてきた善意の救援物資を、タチートと国家警備隊が横領したという噂（うわさ）がマナグアだけでなく世界中にひろがった。加えてマナグア郊外の個人所有地に、官庁を新たに建設したりした。国家の私物化が大地震を境に進んでしまった。革命直後タチートは一時期家族とともにマイアミに避難するが、その後パラグアイに亡命し、1980年9月暗殺された。

ソモサ王朝がなぜかくも長期間にわたって続いたかは、さまざまな要因があると思われる。しかし肝要なのは国家警備隊という諜報・治安組織を家族で支配していたことではなかろうか。私兵化した軍隊が国家の中心に置かれ、反政府勢力を弾圧した。暴力がソモサ王朝を継続させた源泉であり、ソモサ一族はその重要性を中米のどの独裁者よりもよく認識していた。

（田中　高）

［参考文献］

Diederich, Bernard, *Somoza : And the Legacy of U.S. Involvement in Central America*, E.P. Dutton, 1981.
Lake, Anthony, *Somoza Falling*, Houghton Mifflin, 1989.
Somoza, Anastasio, *Nicaragua Traicionada*, Western Islands, 1980.

# 11

# サンディニスタ革命期の文化政策

## ★「あたらしい人間」のための文化★

ルベン・ダリオの名をあげるまでもなく、ニカラグアは「詩人のくに」として知られている。サンディニスタ革命の指導者たちとてそれは例外ではない。作家・サルマン・ラシュディとの対話のなかで、ダニエル・オルテガ大統領自身「ニカラグアでは、そうじゃないと証明でもしないかぎり、だれもが詩人だということになっているんです」と述べた。彼が獄中にあった70年代前半に書いた「ミニスカート姿のマナグアを見たことがない"Nunca vi a Managua en Minifalda"」という一編は（しばしば嘲笑の対象として）よくひきあいに出される。革命前から世界的に知られた詩人であり、またソレンティナーメ群島で活動する司祭でもあったエルネスト・カルデナルは、革命政権期に文化大臣として活躍した。ニカラグア庶民の言語感覚をふんだんに盛りこんで革命戦争の道程を描きだしたオマル・カベサスや、民衆的な語りとリズムを縦横無尽に駆使して豊かな音楽世界を構築したカルロス・メヒア・ゴドイといった人物も、こうした詩人＝革命家たちの系列にあるだろう。

さて、このような文化的背景において進展したサンディニスタ人民革命は、ただ単に国家体制の革新を目的としただけでなく、より深く人びとの心に到達するような革命、「あたらしい人間（Hombre Nuevo）」を創造する運動であることもめざした。そうした試みの一端とその影響を、本章では概観しておきたい。

エルネスト・カルデナルが文化大臣に任命されたのは、革命によって「新生ニカラグア（La Nueva Nicaragua）」が誕生したまさにその日であった。彼はグラナダの裕福な家庭出身の神父であるが、特に１９７０年代からはＦＳＬＮと緊密な関係をもつようになる。彼を中心とした文化の革命家たちは、主に文学と視覚芸術を通じた民衆の意識改革と組織化を進めていった。人びとが文化の単なる享受者ではなく、その主体的な生産者になること、これをカルデナルは「文化の民主化」と呼んだ。

そのためにまず、学生・教職員組合や労働組合、農業協同組合や女性組織、そして新たに編制されたサンディニスタ人民軍といった組織を拠点に、「詩作ワークショップ（Taller de Poesía）」が結成されていった。エリートに簒奪されていた文学活動を民衆のもとへと取り戻し、「詩人のくに」の一員としての一体感と尊厳を回復するためのこの試みはまた、同時期に展開していった識字教育（「識字十字軍 La cruzada nacional de alfabetización」）運動とも連動していたことはいうまでもない。さらに、革命の翌年、１９８０年には雑誌「ニカラウアック（Nicaráuac）」が文化省直々の指示により創刊された。カルデナルやセルヒオ・ラミレス、フリオ・コルタサルといった国

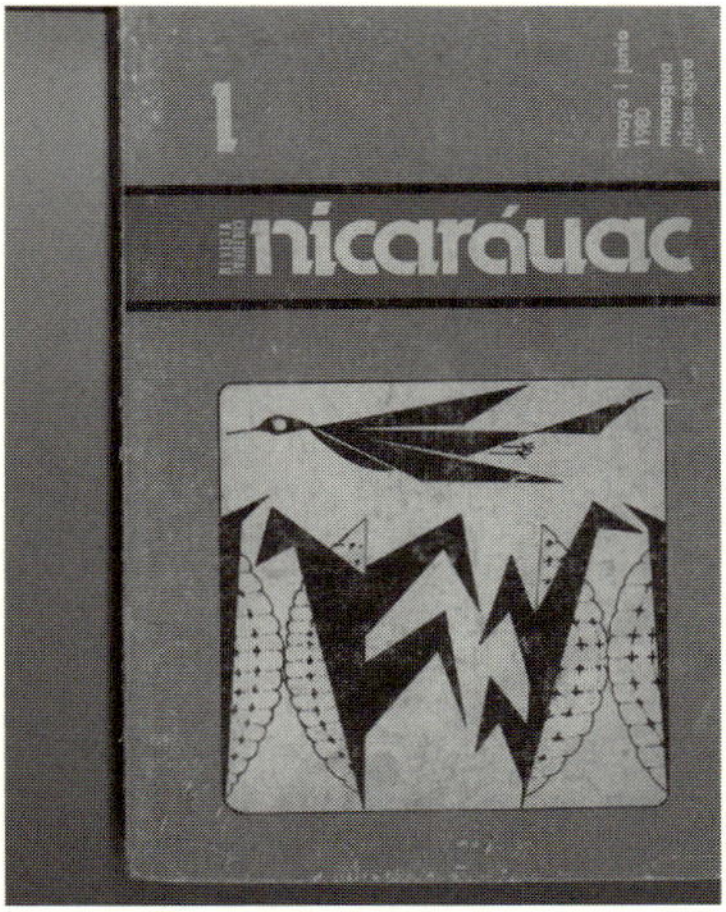

“Nicaráuac” 創刊号表紙

内外の一流の文学者の寄稿による批評や詩・小説・証言・書評、さらには文化政策をめぐる論考が掲載されたきわめて質の高い文芸誌であり、内戦による国内の疲弊が極限に至る1987年の廃刊まで、実に14号が刊行された。記念すべき第1号には、「新生ニカラグア詩」として37人の詩人による77本の作品が掲載されたが、そのうちの一部は、革命戦のさなかで命を落とした「同志」たちによるものである。また、1978年にエデン・パストーラとともに国家宮殿占拠を成功させた女性司令官ドラ・マリア・テジェス（"Comandante Dos"）も、その決行の前月に書いた詩「わたしたちは生き急いだ（Vivimos Apresurados）」を投稿している。

わたしたちは生き急いだ／だから／書くことができなかった／朝早く／家にいたとき／ベッドシーツの襞に／あなたの存在を感じていたことを
あのとき／もしかしたら思いだせたのかもしれない／駅でふたり泣いたことを／オコタルに思い馳せながら／…（略）…

また、サンディニスタ党機関紙「バリカーダ（Barricada）」も、土曜日付録として文化増補版（Suplemento Cultural）「ベンターナ（Ventana）」を発行するようになった。そこでは、前述の詩作ワークショップにて執筆された詩や造形作品などを重点的に紹介し、一般民衆にひろくその取り組みを公開する機会を保障していた。

造形芸術についても見てみよう。革命闘争期からすでに街頭では革命のスローガンやシンボルが描かれるようになっていた。それは蜂起や抵抗への呼び掛けであると同時に、そうした場所を自らのものへと奪還し、一種の「解放空間」を創出する試みでもあった。革命期においてもこうした動きはさらに拡大し、公的施設や各種組織事務所などに、多様な革命壁画が描かれてゆくことになる。革命宮殿（Palacio de la Revolución）と改称されたかつての国家宮殿正面にも巨大なサンディーノの肖像が掲げられ、国家体制が根本的に転換したことが図像的に宣言された。街頭に現れた壁画では、それぞれの場所に根差した闘争の記憶や克服すべき課題、来るべき社会におけるありうべき「われわれ」といった多様なモチーフが描かれ、そこに新たな社会空間が現出しつつあることを視覚的に示す役割を果たした。

エル・キアブ基地外壁（エステリ市）

ただし、こうした壁画制作の多くを具体的に行ったのは、各地域・組織で編成された「義勇軍（Brigadista）」たちであったが、その形式および技術的な方法論にはまだまだ未熟な点が多く、文化省もしばしばその点を問題視する通達を出していた。こうした課題を解消するため1985年に開設されたのが、公共空間における造形芸術を研究・教育する機関「ダビド・アルファロ・シケイロス国立公共記念芸術院（ＥＮＡＰ

UM—DAS)」である。メキシコの代表的な壁画家にして革命家であったシケイロスの名にちなむこの施設は、イタリア文化省の資金援助により運営が可能となり、またそのスタッフの出身もイタリア、チリ、コロンビアなどと国際的な顔ぶれであった。

ただし、革命戦争において、さらには引き続く内戦(コントラ戦争)において疲弊を強いられていた新生ニカラグアにおいて、こうした文化政策に十分な時間と資金を割くわけにはいかなかったことは想像にかたくない。文化省が存続した期間中、国家予算に占める文化関連支出はわずか0・1%程度であった。文化省は次第に縮小・再整理され、1989年には国家的な関与度合いのより低い文化庁(Instituto Nicaragüense de la Cultura)へ改組された。

こうして、最終的には「現実」によって圧殺されてしまったものの、文化を通じて人びとを社会の主人公として再創造するという「理想」が国家的なプロジェクトとして取り組まれたことは記憶されてよいだろう。また、そうして蒔(ま)かれた「文化」の種は、ニカラグアにおいていまも確かに息づいているのだ。

(佐々木　祐)

【参考文献】

佐々木祐「『革命芸術』の齟齬——ニカラグア壁画運動のたどった途」石塚ほか編『ポスト・ユートピアの人類学』人文書院　2008年
「中南米におけるエスニシティ」研究班『否定されてきたアイデンティティーの再発見——ニカラグアにおける多様性の模索』神戸市外国語大学 外国語学研究XXXIV　神戸市外国語大学外国語学研究所　1995年
Wellinga, Klaas S., *Entre la poesía y la pared-Política Cultural Sandinista 1979-1990*, FLACSO-Thela Publishers, 1994.

# 12

# サンディニスタ革命と識字運動

★教育かイデオロギー装置か？★

１９７９年、ソモサ政権を打倒したＦＳＬＮは、その６カ月後、１９８０年3月24日から5カ月にわたり全国識字運動を展開した。この識字運動はパウロ・フレイレの教育方法論を取り入れ、キューバの識字運動をモデルとして実施された。その成果はＵＮＥＳＣＯにより高く評価され、１９８０年度のクルプスカヤ賞を獲得した。当時のサンディニスタ政府の公式発表によれば、識字運動開始前に10歳以上の非識字者の割合が50・3％であったのに対し、終了時には約13％に減少した。しかし、実際には自分の名前を書けるか、アルファベットを読めるだけのレベルを含めており、日常生活のなかで識字能力を使いこなす機能的識字レベルまで到達したわけではなかった。さらに内戦を経て識字率は低下した結果、２０１５年の非識字率は15・7％となっている。今日でも、８人にひとりは非識字者である。

革命を成功させた当時のサンディニスタ政府は、教育のもつ役割を十分に理解していた。識字運動は、10歳以上のニカラグア人を対象として、スペイン語の読み書きと簡単な計算能力を身につけることを目的としていたが、サンディニスタ政府は「政治的要素をもった教育行為ではなく、教育的要素をもつ政治行為」と明確に位置付けて、サンディニスタ革命を担い、社会変革を遂行する「新しい人間」を、識字運動を通じて養成することを目的とした。識字運動は単なる識字教育ではなく、政治性をもつ社会変革のための運動と位置付けられた。全国識字調整委員会が設立され、委員長には解放の神学の基礎共同体運動（BASE）を展開し後に教育相となったF・カルデナス神父が就任した。そして、地方、地区レベルで民衆組織を核にして下部組織が作られた。FSLN、サンディニスタ防衛委員会、サンディニスタ労働センター、ニカラグア教員組合、ルイサ・アマンダ・エスピノサ女性連盟などのニカラグア革命を担った組織が核となり、人びとを動員した。

識字運動は、キューバの識字運動をモデルとして運営された。サンディニスタ臨時政府は、キューバ革命後に大規模な識字運動を展開したキューバに代表団を送り支援を求めた。1979年に両国の間に教育援助が取り決められ、キューバにニカラグアの識字運動を支援するための教育センターが設立された。センターは、ニカラグアからの教育要員を養成すると同時に、ニカラグアに派遣するキューバ人の訓練が行われた。1979年9月から2000人のキューバ教員が派遣され、さらに1981年から2000人が派遣された。識字運動を展開するにあたり、10歳以上の人口を対象に非識字者の調査が前述の民衆組織を動員して行われた。その結果、人口の50・3％が非識字で、そのうち21％が10歳から14歳の年齢層であり、都市と農村、太平洋岸と他の地域の格差が大きいことが判明した。

識字教育の指導書『民衆の夜明け』が作成され、それを教材として15日間の講習会を経て識字教師の資格を授与できる80人のチームがつくられた。そのチームがさらに学生や教師を中心とする指導者や他のチームを養成する方式で、短期間に1万２０００人の識字教師が誕生した。そして、１９８０年3月14日から23日の10日間に、全国で７０００の講習会が開催され、17万５０００人の識字指導者が養成された。全国を都市と農村に区分し、民衆識字指導者、民衆識字軍、識字労働者軍が都市を担当し、遠隔地に行けない主婦、労働者、公務員などが主に都市地域で活動した。識字労働者軍は都市労働者により組織され、職場や家庭で毎日2時間仕事後の時間をさき、非識字者の教育を担当した。民衆識字軍は、高校生、大学生により組織された。5カ月間、高校、大学を閉鎖し、学生たちを農村、山岳地帯に住み込みで派遣した。非識字と戦う軍隊として、六つの戦線にわかれて大隊、部隊、班にブリガ

識字教科書『民衆の夜明け』

ディスタ（部隊員）が組織された。30人の班が各地区に配属され、毎週土曜日に学習会を通じた指導を受けながら識字教育活動が行われた。約40万6000人が読み書きを学び、9万5000人のブリガディスタが参加した。

教育方法論は、ブラジルのパウロ・フレイレの意識化教育をもとに展開された。フレイレによれば、教育とは意識化の過程であり、教育するものと教育されるものという上下関係ではなく、両者が平等な関係の下で対話を通じて自らの置かれた環境を批判的に考察し、それを変革するためのものである。ニカラグアの識字運動では、若い世代を識字運動に動員することにより、革命を担う新世代の教育を行おうと考えた。都市の生活しか知らない高校生や大学生を中心として若い世代が、農村の貧困を実際に見、貧困層を直視することにより、ニカラグアの抱える問題を認識することを目指した。また、農村や僻地の文化を知り、農民や民衆と交流することにより、地方の文化の価値を認識する。都市出身の指導者たちも、また、経験を通じた農民の知を理解し、教えられるという関係を想定した。『民衆の夜明け』を使った、指導者と学習者の双方の対話を通じた課題提起型のフレイレの教育方法は、短期間での識字の達成を目的とし、政治的メッセージが込められた教本が使われ、しばしばイデオロギー教育の側面が強くなった。各課で取り上げられるテーマと写真は、革命の政治的テーマが中心となっており、識字指導者と学習者の対話を引き出す仕掛けが施されている。一つのテーマに関して1時間程度の集団討論を行い、この対話を通じて学習者の経験を指導者が知り、同時にそこで提示された政治的概念を明らかにし、それを学習者が自らの体験に基づき自分の言葉で表現する。鍵となる言葉を文字にして学習する。しかし、経験や深い省察を必要とするフレイレの方法論は、速成で養成された若者たちには十分使いこなせるものではなく、現実にはイデオロギーの伝達に終わってしまった。

国をあげた大規模な識字運動は、その後識字運動の継続期間（1980年8月から12月）を経て、成人教育のための民衆基礎教育として再編された。このような実践をもとに、サンディニスタ政権時代に教育システムの両輪として機能する学校教育とノンフォーマル教育のシステムがつくられた。

ニカラグアの識字運動は、それまでのラテンアメリカのさまざまな教育運動の要素を含んでいた。民衆の自立的な教育運動であるフレイレの教育方法論に、国家のイデオロギー装置の役割を組み込み、民衆の組織化を行った。識字運動と後の民衆教育は、革命を推進するためのサンディニスタ政府の先鋭と見られたために、コントラとの内戦のなかで民衆基礎教育を担い農村で働く教師たちが政府側の手先としてコントラの標的となり、多くの教師たちが殺害される悲劇を招いた。

（松久玲子）

［参考文献］
「1980—90年　ニカラグアにおけるサンディニスタ政権下の民衆教育」同志社大学外国文学研究62　1992年

# 13

# 日本とニカラグア交流史異聞

## ★ユニークな足跡を残した二人★

日本とニカラグアの正式な外交関係は1935年にスタートした。2005年と15年にはそれぞれ国交樹立70周年、80周年の記念行事が行われた。本章では以下、記念行事の一環として2005年にニカラグアで出版された『日本とニカラグア――両国外交関係史への貢献』（原文はスペイン語。著者はニカラグアの歴史学者であるオリエン・ボリバル・ファアレス）を参照しながら、二つの国の交流とそれにまつわる二人の人物の数奇な人生を紹介したい。

1935年以前の両国関係で目が留まるのは、1893年から1909年まで大統領職にあった、ホセ・サントス・セラヤ政権の動きであろう。めまぐるしく大統領が交代したこの時期、自由党の領袖であったセラヤは、異例ともいえる16年間の長期政権を維持した。セラヤは当時の米国の強硬な対中米・カリブ政策に反発し、ひそかに、ニカラグア運河建設への日本の参加を働きかけていた。米国はこれに反発し、何らかの不安定要因を招いたのか、セラヤは1909年12月に失脚してしまった。ニカラグアでは1910年から29年まで、保守党の政権が続く。

その後両国間には、若干の貿易取引や郵便の往来が記録されているが、大きな動きとして、1934年にニカラグアは東京に総領事館を開設した。自由党のサカサ大統領（在任1933～36年）はサンディーノ将軍の反米闘争で混乱した国内経済を立て直すために、広くアジア諸国との交易の拡大を図っていた。初代総領事アルベルト・オロスコは1934年12月、横浜に到着した。オロスコはサカサ大統領の期待によくこたえて、両国の貿易を熱心に推進した。当時日本はニカラグアに生糸や綿布など繊維製品、雑貨を輸出し、ニカラグアからはコーヒー、木材、綿花などを輸入していた。

1937年、アナスタシオ・ソモサ・ガルシアが大統領に就任。40年には二代目の在京総領事、エドガル・トレス・レアルが家族とともに着任する。しかしトレスは40年12月、ニカラグアに帰国してしまった。ソモサはすぐに、その後ニカラグアを代表する文化人となる、ホアキン・サバラ・ウルテチョを後任に任命した。ヨーロッパではすでに第二次世界大戦が勃発し、日本も対米関係で一触即発の緊張した情勢にあった。

おそらく日本に滞在した経験のあるニカラグア人で、サバラ・ウルテチョ（1910～71年）ほど数奇な人生を送った人物は稀（まれ）ではなかろうか。1941年12月、米・英への宣戦布告により日本とニカラグアの外交関係もすぐに断絶した。サバラ・ウルテチョは帰国することになるが、腸チフスに罹患して病床にあり、長期の船旅は不可能であった。食糧も医療事情も悪いなか、彼は終戦まで日本に留まったのである。

終戦後サバラ・ウルテチョは一時期米国に滞在し、その後ニカラグアに帰国。太平洋岸の町であるチナンデガで綿作に従事した。傍ら文化活動にも熱心に取り組んだ。彼の名を末永く残すことになる

サバラ・ウルテチョ

のは、著名な月刊学術誌『保守派』の創始者となったことであろう。ソモサ独裁体制が続くなかでほとんど唯一、同誌はニカラグアの文化人が自由な立場で執筆する言論空間であった。彼の逝去後、『保守派』の裏表紙には創設者として名前が載っている。

『保守派』1972年1月号は、サバラ・ウルテチョの追悼特集を組んでいて、セルヒオ・ラミレス、カルロス・ツルネマン・ベルネイム、エミリオ・アルバレス・モンタルバンなど、革命政権時代に活躍した文化人が寄稿している（写真参照）。残念なことに、手元にある『保守派』の各号には、サバラ・ウルテチョ自身が日本滞在の体験記などを書いた形跡は見つからなかった。

さて、次はニカラグアと関係した日本人のユニークな足跡を紹介したい。1935年、日本がニカラグアと外交関係を結んだ頃は、メキシコにある日本公使館が兼轄し、常駐の外交官はいなかった。しかし興味深いことに、ニカラグアの記録では、日本人が2~3名滞在していたようだ。そのなかの一人、横田安次（よこたやすじ）は、1898年に福島県で生まれている。太平洋戦争が勃発した際、ニカラグアで敵国外国人として身柄を拘束された唯一の日本人である。米国との関係もあったため、ソモサ大統領は1941年12月、枢軸国ドイツ、イタリア、日本と正式に交戦状態に入った。ニカラグア政府の記録によると、1942年3月時点、ドイツ人とイタリア人計39人と唯一の日本人である横田1名が、マナグア近郊の収容所に送り込まれ、敵国外国人として国外追放のブラックリストに載っていた。

横田は当時すでにニカラグア人の女性と結婚し所帯をもっていた。また自動車整備士としての腕も評判はよかったようで、自ら経営する工場も盛況だった。だが戦争がすべてを変えてしまった。横田はいったんニューヨークに行き、１９４３年11月、第二次交換船で日本に帰国する（外務省外交資料館所蔵の「第二次在米帰国邦人」リストに、横田安次の氏名が記載されている）。

帰国後、仙台にある米軍基地で整備士として働いていた横田は、ニカラグアから妻を日本に連れてきていた。横田はニカラグアでの生活をよほど待ち望んでいたのであろう。サンフランシスコ講和条約が発効し、日本の独立が回復した１９５２年には早々と、家族を伴いニカラグアに戻った。すぐにニカラグア国籍を取得し、自動車修理工場を再建し生活も順調だった１９７２年、マナグアを襲った

日本・ニカラグア関係史（1930〜50年代）

| | |
|---|---|
| 1934 | ニカラグアのエスピノサ副大統領、東京で開催された第15回赤十字国際会議に参加。昭和天皇に謁見。駐日ニカラグア総領事館開設。初代総領事アルベルト・オロスコ |
| 1935 | 在メキシコ全権公使堀義貴　サカサ大統領に信任状奉呈 |
| 1936 | 日本政府派遣の友好親善使節団、ニカラグア訪問。翌年名古屋で開催予定の汎太平洋平和博覧会への出展を要請 |
| 1940 | 駐日ニカラグア総領事エドガル・トレス・レアルからホアキン・サバラ・ウルテチョに交代 |
| 1941 | 両国外交関係断絶　マナグア在住横田安次の身柄拘束 |
| 1942 | ニカラグアは米国に、サバラ・ウルテチョ総領事の帰国を要請 |
| 1952 | 両国外交関係再開。在京総領事にフリオ・ロドリゲス・ソモサ任命 |
| 1955 | 在ニカラグア日本公使館開設（在メキシコ日本大使館兼轄） |

大地震が彼の命を奪ってしまった。なんとも悲劇的な出来事ではあるが、横田の家族はその後も健在で、モータースポーツなどの分野で活躍しているようだ。

本章で紹介したサバラ・ウルテチョと横田安次の二人は、人間の往来が現在のように容易ではなかった時代に、日本とニカラグアの間で、ユニークな足跡を残した人物といえるのではなかろうか。忘れてはならない、二国間交流の先駆者といえよう。

（田中　高）

［参考文献］
Juárez Rodríguez, Orient Bolívar, *Japón y Nicaragua : Contribución a la historia diplomáticas*, Ediciones Jano, 2006. *Revista Conservador de el Pensamiento Centroamericano*.

# 14

# 革命政権の光と影

## ★経済危機、内戦、避難民の10年★

１９７９年7月19日、40余年にわたるソモサ独裁政権が崩壊した。革命の軍事的な勝利が、サンディニスタ民族解放戦線（ＦＳＬＮ）によりもたらされたことで、その後サンディニスタ革命と呼ばれることになった。この革命は反ソモサ運動を行っていた保守派やカトリック教会の主流派をも含む、広範な民衆運動であった。それがあたかもサンディニスタの単独行動であるかのような印象を内外の世論に与えてしまったことが、のちのちまで禍根を残す種となった。

革命政権の母体となった「国家再建執政委員会（5人の委員で構成）」は79年6月、隣国コスタリカで発足していた。そしてＦＳＬＮが首都マナグアを制圧した時点で、ソモサ後の政権運営を担うことになっていた。同委員会は国際社会に対しては、複数政党制・混合経済体制・非同盟外交を行うという三原則を約束していた。執政委員会のメンバーにはその後サンディニスタ党と鋭く対立し、１９９０年の選挙で大統領に選出されるビオレタ・バリオス・デ・チャモロも参加していた。

ところが革命政権の実際の権力を握っていたのは、9人の革命司令官で構成される、ＦＳＬＮの最高幹部会であった。話がややこしくなるのは、この最高幹部会のなかにも大きく分けて三つのグループがあり、それぞれの意見は必ずしも一致していなかったことである。一つは、長期民衆闘争派＝GPPと呼ばれる、キューバ型の社会主義をめざすグループ。FSLNの創設メンバーであるトマス・ボルへが代表格の人物であった。ボルへは革命政権の内務大臣で、主として警察と治安関係に従事していた。もう一つは社会主義を理論的に学んだグループで、プロレタリア派と呼ばれた。代表格はニカラグア経済史の研究で著名なハイメ・ウィーロック・ロマンで、農地改革相を務めていた。三つ目のグループはより穏健な路線のテルセリスタと呼ばれる人びとであった。代表格は執政委員会の主席で、事実上の大統領職にあったダニエル・オルテガ・サアベドラである。彼は1984年11月の選挙で、正式に大統領に選出された。同じテルセリスタに属するオルテガの実弟ウンベルト・オルテガ・サアベドラは、最重要ポストの国防大臣に就いていた。

三グループの内部対立は表面化することはあまりなかった。むしろ従来のニカラグア政治の伝統からすると、かなり一貫性のとれた指導体制がしかれた。とはいえ結果的に、FSLNは内政・外政の両面で、いくつかの決定的なあやまりを犯してしまい、1990年2月、国連を主体とする大規模な国際監視団のもとで実施された総選挙で敗退することになる。もちろんそのあやまりを招いた背景には、アメリカの軍事介入という外部要因の大きかったことも指摘しておくべきだろう。

ニカラグア革命は「美しい革命」と世界中で賞賛され、ニカラグアは歓喜の渦に包まれた。筆者は学生時代の1979年8月、ロサンゼルスからバスを乗り継いでマナグアを訪問した経験がある。そのときの町を包む熱気には圧倒された。人間の顔がこんなにも生き生きして明るいものかと、心底感心した。隣国エルサルバドルを通った直後で、内戦中の重圧に耐えて生きている人びとに会っていたことで、ニカラグアの印象がそれだけ強かったのかもしれない。

その後縁があって１９８５〜87年までニカラグアに在勤した。この頃には革命直後の熱気は冷め、人びとは内戦と生活難にあえいでいた。経済は極度に悪化し、インフレは年率1万%に達していた。わずかな食料や日用品の配給を求めるために、人びとは炎天下、何時間も行列しなければならなかった。革命の光と影がこれほどあわただしく交錯するのは、人知をはるかに超えることだった。

この間にニカラグアを襲った一連の凶事を簡述しておこう。まず１９８１年のレーガン政権の発足で、ニカラグアを中心とする中米諸国の環境が一変した。中米紛争の勃発である。紛争自体はレーガン政権の発足以前から存在したが、戦禍がエスカレートするのはこの時期である。民主党のカーター前大統領の「弱腰外交」を批判し、大統領選挙戦の焦点の一つにした保守本流のレーガン大統領にとり、サンディニスタ政権の存在は容認できるものではなかった。

この頃アメリカ国内でしきりに「ドミノ理論」が喧伝（けんでん）された。この理論の起源はベトナム戦争にあるが、要するに地域のある一角に共産主義勢力の台頭を許すと、隣接地帯にも波及するという、単純明快な論法である。「理論」などと呼べるほどのものではない。しかし隣国エルサルバドルで、左派武装勢力の政権奪取が、現実味をもち始めたのも事実だった。くわしくは第16章で述べるが、レーガン大統領の肝いりでスタートしたコントラ（反政府武装右派ゲリラ）により、ニカラグアは内戦状態が続き、多大の犠牲を強いられた。

レーガン大統領が評したように、ＦＳＬＮが共産主義者のグループであったかどうかは、なかなか

カルロス・フォンセカ

難しい問題である。ＦＳＬＮの理論的な指導者はカルロス・フォンセカで、彼がサンディーノの素朴な民族解放運動をより次元の高い、ニカラグアの政治・経済・社会状況に即した革命思想へと再解釈・精緻化させた。フォンセカはＦＳＬＮの革命闘争はサンディーノの残した運動の継続であると位置付け、サンディニスタ主義の基礎を、①人民闘争、②社会改革、③革命政策、④国際主義、⑤反帝国主義、⑥精神統一の諸点においた。

フォンセカがＦＳＬＮの基本綱領を、サンディーノに結びつけるように努力した理由は、キューバ革命の成功という出来事があったにせよ、ニカラグアに即座に共産主義革命が受容されるとは考えられず、サンディーノの名前を使えば大衆に受け入れやすいと判断したからである。フォンセカ自身はモスクワに滞在し、その社会主義思想を吸収し、賛美していることからもわかるように、ＦＳＬＮのイデオロギーにマルクス・レーニン主義の傾向のあることは明白である。しかしＦＳＬＮは政権について以来、このことを巧みに伏せていた。ＦＳＬＮが自分たちを「社会主義者」まして「共産主義者」と呼ぶことはめったになかった。ほとんど常に「サンディニスタ」であると公言していた。

ＦＳＬＮの存在は、キューバやソ連（当時）などの社会主義諸国にとっては大きな意味があった。特にキューバは１９５９年の武闘革命以後、ラテンアメリカ諸国のなかでは孤立していた。カリブ海を挟んだ隣国に兄弟国をもったことは、キューバの国家安全保障上大変意味のあることであった。

レーガン政権はしきりに、アメリカの「裏庭」であるニカラグアに、共産主義者が大挙して押しかけている、と危機を喧伝した。果たしてどこまで本当だったのか。筆者の個人的な感想では、たしかにキューバ人、ロシア人、東欧からの訪問者が、首都マナグアだけでなく国内にあふれていたと思う。ただしそのうちのかなりの人びとは、定期便を運航していた旧ソ連の国営航空会社アエロフロートを利用して、太陽のさんさんと輝くこの国に、観光がてら訪れていた人びとだったのではなかろうか。

手元にニカラグア電信・郵便庁（ＴＥＬＣＯＲ）の発行した、１９８３〜84年の全国版の電話帳がある。あの頃は電話の設置台数も限られていたようで、３センチほどの薄さである。この電話帳で大使館の項目を見ると、いわゆる東側諸国（当時）では次のような国々がニカラグアと外交関係を結び、外交官が駐在していた。ブルガリア、キューバ、チェコスロバキア、イラク、東ドイツ、イラン、ソ連、ポーランド、ハンガリーなどである。電話帳には記載されてないが、北朝鮮（朝鮮民主主義人民共和国）やリビアとも外交関係を結んでいて大使館があった。

レーガン政権の敵視政策が続くなかで、ニカラグアの経済環境は急激に悪化した。国際金融機関からの融資も事実上ストップし、さらにサンディニスタ政府が、輸出向け農作物の生産を行う大土地所有者や民間経済部門の実業家と過度に対立したために、外貨収入が急減し、流通市場の機能も麻痺(まひ)した。長時間の停電、断水が日常的に発生し、市民生活に大きな影響を及ぼした。日常生活物資も不足し、ガソリンは配給制となった。１９８０年代中頃以降の生活ぶりは惨憺(さんたん)たるものだった。町中のレストランからは、紙ナプキンは消えていた。最高級ホテルのインターコンチネンタルでさえ、昼は断水状態であった。でも見方によっては、革命政権時代は路上で物乞いする子どもの姿はなく、極貧層の生活は、現在のほうがひどいかもしれない。セーフティネットはそれなりに機能していた。当時は治安もよかった。

こうしたなかで従来から続けられていたラテンアメリカ域内の和平努力（コンタドーラグループと呼ばれた）が実り、1987年8月に中米諸国の首脳がグアテマラに集まり、中米和平合意に調印する。これ以降一気に和平機運が広まり、1988年にはサンディニスタ政府とコントラとの間で武装解除などについてのサポア合意が成立し、1990年2月の大統領選挙の実施へと事態が急転した。

かくしておよそ10年間にわたる革命政権の時代に幕が閉じられた。この間じつにさまざまな出来事がこの国を巻き込んだ。経済危機と内戦。ミクロレベルで見ると、たとえばこの時期大量の若者がキューバをはじめソ連・東欧諸国に留学した。政府軍、コントラの双方に分かれて、凄惨（せいさん）な戦闘が続いた。犠牲者はおそらく4～5万人に達した。かなりの数の人びとがこの国を離れて、コスタリカやアメリカに避難した。そういう人びとは今どのような生活を送っているのだろうか。こうしたことを考えてみると、良し悪しは別にして、革命のもつ巨大なエネルギーに改めて慄然（りつぜん）とさせられる。

（田中　高）

［参考文献］
田中高「ソ連・キューバとニカラグア内戦」『国際問題』1988年10月号
Christian, Shirley, *Nicaragua: Revolution in the Family*, Random House, 1985.
Walker, Thomas W., *Nicaragua: The Land of Sandino*, Westview Press, 1981.

# 15

# 眠る超ド級大空港の謎

## ★社会主義国による海外援助失敗の象徴★

その謎の大空港は、マナグア湖を隔ててマナグアのちょうど反対側の、サンフランシスコ・リブレという町から数キロ（マナグアから直線で10キロ弱）くらいのところにたしかに眠っていた。地元の人も気味悪がってあまり近づかないようだ。車で行くにしても悪路である。しかもこのあたりは建設していた頃から、関係者以外一切立ち入り禁止のうえに、大量の地雷が埋められていて、ミステリー仕掛けということだけでなく、何か恐ろしい災難に出くわすのではないかという、不気味な雰囲気も充満していた。

現在地雷は撤去されてはいるが、埋まっていた穴はそのままである。草に覆われているので気がつかない。車のタイヤが落ちてしまうと大変なことになる。実際筆者も経験した。数年前にサンフランシスコ・リブレを訪問した折、途中でこの謎の空港を見学することにした。草むらのなかを四輪駆動で走っていたところ、突然後輪が沈んでしまったのである。運転手のフェリックス氏は村まで数キロを徒歩で行き、なんと馬を二頭調達してやっと引き出すことができた。土壌は湿地帯でよくこんなところに滑走路を建設したものだと思う。

大空港の滑走路

空港の正式な名称はプンタ・ウエテだが、地元の人びとはウエテと略して呼んでいる。ウエテはニカラグアで最大の設備を誇る大空港である。空の玄関口であるマナグア国際空港よりも規模は大きい。3000メートル級の滑走路をH型に2本も備えている。もっともターミナルは放置されたままで、目視ではそれほど大きくはなかった。ヘリコプターの格納庫は地下に建設され、巨大なエレベータが設置されてあるという。

もともとウエテは旧ソ連邦が軍事用に建設した、秘密のベールに覆われた施設である。おそらく空港の建設自体は1983～84年くらいには完了していたのではないか。そしてほとんど利用されることなく放置されたままである。よくもまあ、こんなに無駄なことをしていると思う。その豪勢な滑走路のつくりと、周りののどかな草原の景色がまったくちぐはぐで、壮大な革命の負の遺産といっていいだろう。

ウエテを訪れてまず癪（しゃく）に触るのは、マナグア湖の反対側に入るまでの幹線道路は立派なのに、アクセス道路にさしかかったとたんに、未舗装の極め付きの悪路になるということだ。雨期には自動車の通行もところどころ不可能になる。民生用のインフラよりも、まったく役に立たないコンクリートの「お化け」のような空港を建設することにどんな意義があったのか。これだけの物資と労働力があれば、サンフランシスコ・リブレの町とその周辺の村はずっと暮らしやすくなっていただろう。アクセス道路だけでも舗装していれば、波及効果には相当なものがあったに違いない。

サンディニスタ政府は国防上の理由から、航空兵力の増強に強い関心があった。革命が成立した直後から、ミグ戦闘機のパイロットを訓練すべく、ブルガリアにかなりの人数のパイロット候補生を派遣している。しかしミグ戦闘機の供与については、アメリカが強く反対し、ソ連は慎重であった。中米地峡の端から端までせいぜい１５００キロである。簡単に制空権を握ることができる。アメリカもジェット戦闘機はどの国にも供与していない。

革命政権時代に副大統領の職にあったラミレス（第42章参照）によれば、ウエテの建設について、キューバのフィデル・カストロは大変懐疑的で、ミグ戦闘機を配備すればおそらくアメリカが破壊してしまうだろうから、代わりにソ連には戦闘ヘリコプターを要求するように、繰り返してサンディニスタ政府に助言していたという。フィデルの懸念したようにミグ戦闘機の供与が不可能になると、ウエテはまったくのお荷物となってしまった。ジェット戦闘機の代わりに、サンディニスタ空軍はソ連からＭＩ―25ヘリコプターなどの供与を受けた。

ウエテはある意味で、かつての社会主義諸国が海外援助をする際に犯した過ちの、典型的な例かもしれない。途方もないスケールで、民生のためではなくて、社会主義国のメンツと国威を象徴する建物建設にエネルギーを浪費する。市場経済にはなじまない発想で、人間の福祉という視点はない。一言でいって、無駄の塊の蓄積といって過言ではない。１９８９年を境に、東欧で社会体制の根幹を揺るがす激しい変動が起きた。１９９１年にはソ連邦が崩壊し、独立国家共同体（ＣＩＳ）が発足した。ニカラグア革命は、ちょうど旧来の社会主義体制が音を立てて崩れていく、大きな歴史の転換点にぽつんと置かれてしまった。そして社会主義型援助は、最終的な段階にあった。計画経済の非効率性の是正の必要性が、内部から叫ばれていた。

社会主義諸国にはニカラグアを援助する余裕はなくなりつつあったし、その必要性も減少していた。市場経済に過度に依存するのは危険だが、計画経済がそれよりましだとは到底思えない。ウエテを見て心底そう思う。革命政権時代の無駄になってしまった援助で悪名高いもう一つの例が、ティマルとよばれる巨大な製糖工場である。キューバが5000万ドルの巨費を投じて建設したと報じられた。ニカラグアの国内市場ではとてもコストをカバーできない生産設備である。側聞では利用されることもなく、放置されたままであるという。機会があれば、見学したいと考えている。

（田中　高）

# 16

# レーガン大統領とコントラ

## ——★イラン・コントラ事件で窮地に立たされる政権★——

ロナルド・レーガン元大統領（１９８１〜89年在任）は、コントラ（反政府武装右派ゲリラ）に格別の愛着をもっていた。彼はかつて「自分もコントラである」と公言した。レーガン政権は発足直後から旧ソモサ体制時代の国家警備隊のメンバーを中心とするコントラに秘密援助を開始した。１９８４年までに支出した金額は1億ドルを超えると報じられた。85年7月には、議会で侃々諤々の議論の末、２７００万ドルの人道援助がコントラに支出されることが正式に承認された。

人道援助とはいえ、アメリカという超大国が政府として公式に武装ゲリラ組織に資金提供するのだから、かなりきわどい話である。対コントラ援助はエスカレートして、１９８６年６月には援助額は1億ドルに跳ね上がった。このうち７０００万ドルが軍事援助で残りの３０００万ドルは食料・衣料・医薬品などの人道援助とされた。このときも議会でアメリカの民主主義の根本にまでさかのぼるような、原理原則論が闘わされたが、結局承認された。そしてなぜか当時、この費用を誰がどのようにして捻出するのか、という基本的な問いを発することはなかった。これが後述するように、イラン・コントラスキャンダルを生み、レーガン政権は窮地に立たされることになる。

コントラについてもう少し詳しく説明すると、これは統一した組織というよりも、おおよそ三つのグループの寄せ集めであった。最大の規模を誇っていたのは、ホンジュラス領内に秘密基地を有していたFDN（ニカラグア民主軍）である。総兵力は1万4000人くらいで、旧ソモサ時代の国家警備隊のメンバーが主力であった。組織の主導権を握っていたのは、政治面では実業家出身のアドルフォ・カレロ、軍事面ではエンリケ・ベルムデス（国家警備隊元大佐）という二人の人物であった。

さらにARDE（民主革命同盟）というゲリラ組織が1982年9月に結成された。ARDEの主たる活動拠点はコスタリカとニカラグアの国境地帯だった。兵力はFDNよりもずっと小さくて、1000〜2000人程度。ARDEが有名になったのは、組織の中心人物が、サンディニスタ革命の英雄エデン・パストーラだったからである。

コントラを構成していた三番目のグループは、大西洋岸に居住していたミスキートと総称される先住民族であった。もともと大西洋岸のセラヤ地区と呼ばれる一帯は、人種的、文化的にも、多数派であるスペイン系の国民とは異なる性格をもっている。言語もクレオール語などで、サンディニスタ政権と鋭く対立した。彼らはKISAN、MISURASATAなどの独自の反革命ゲリラ組織を結成し、それぞれ1000人くらいの戦闘員を抱えていた。

コントラはだいたいこの三つのグループで構成されていたが、上述のようにその目的あるいは目標はかなり異なっていた。FDNはいってみれば旧ソモサ派の残党の集まりだし、ARDEはパストーラの個人的な手勢という趣である。ミスキートは問題の根が深くて、大西洋岸の自治の動きと中央政府の対応は微妙な関係が続いている。

コントラの最大公約数が、反革命政権ということだけでアメリカとの利害は一致した。アメリカ政府は1986年11月、イランに対して武器商人を通して極秘裏のうちに武器を売却し、その利益をコントラやイスラエルへの秘密援助に充てたという裏取引の事実を正式に認めた。その後1年余りにわたり上院・下院の合同調査委員会が設置され、政界を揺るがせる事件となった。4カ月間で32人の証人が証言台に立ち、テレビ中継された。この渦のなかで、国家安全保障担当の大統領補佐官ロバート・マッカーファレンが自殺未遂事件を起こすという痛ましい出来事も起きた。

調査のプロセスで明らかになったのは、ジョージ・シュルツ国務長官や国防長官であったカスパー・ワインバーガーなど政権の中枢部にいた人びとが反対したにもかかわらず、国家安全保障会議の若手スタッフの独断専行で、秘密取り引きが実行に移されたということである。その中心人物は海兵隊のオリバー・ノース中佐であった。彼は証言台に立ち、武器取り引きにかかわったことを率直に認めた。アメリカ人がレバノンで人質となる事件も起きていて、武器売却はその見返りであるという主張もなされたし、武器を売却した相手が、イラン内の対米穏健派で、彼らの発言力を増すために実行した、という説明もなされた。しかし秘密取り引き自体が、アメリカの民主主義の伝統の根幹を揺さぶるものであるという事実は否定しようもなく、レーガン大統領は厳しく糾弾された。

ニカラグア内戦はもはや、実際に従軍したり家族が犠牲となった人びとを除いては、歴史上の出来事になってしまった。大多数の日本人には、いまや縁もゆかりもない史実なのではないかと思う。もともとそのようなことがまるで存在しなかったかのように。とはいえ映画の世界では、まだまだテーマになっている。イギリス人の映画監督で社会派の作品で有名なケン・ローチは１９９６年制作の『カルラの歌（Carla's song）』で、内戦中のニカラグアの様子を見事に再現している。マナグアのバスターミナルのセットの出来具合などは、当時の様子そのままである。グラスゴーでバスの運転手をしているジョージが偶然ニカラグア人女性のカルラに出会い、二人はニカラグアを訪問する。そしてカルラの元恋人アントニオの変わり果てた姿に出会う、というストーリーである。内戦時代のニカラグアの雰囲気をつかむのには大変よい内容だと思う。ビデオにもなっている。一見の価値ありである。

（田中　高）

［参考文献］

Anderson, Thomas P., *Politics in Central America*, (Revised Edition), Praeger, 1988.

Dunkerly, James, *Power in the Ismus*, Verso, 1988.

North, Oliver L., *Taking the Stand*, Pocket Book, 1987.

# Ⅲ

# 変貌を遂げる政治と経済

# 17

# 転換点となった1990年の選挙とチャモロ政権の発足

## ★経済と軍部の改革が最大課題★

1990年2月25日、ニカラグアでは総選挙（正副大統領、国会議員）が行われた。内戦と経済危機のなか、アメリカの強い意向もあり、革命政府は選挙実施に踏み切った。そうすることで、サンディニスタ政権の正当性を国際社会にアピールし、政権の維持を図ろうとした。オルテガ大統領とその取り巻きたちは、まさか敗北するとは予想していなかった。選挙戦の最終日にはは大規模なサンディニスタ支持者の集会が開かれたが、あの熱気と大歓声を見聞きした人にとっては、10ポイントの大差で対立候補のチャモロ女史に負けるなど、まったく信じられないことだったと思う。

この選挙は国際的にも大きな関心を呼んだ。国連は大規模なニカラグア選挙監視団（ONUVEN）を組織して、選挙戦の始まる半年前から活動を開始した。自由かつ公正な選挙活動を検証するということが主たる任務であった。そこでたとえばテレビとラジオのすべての選挙関係のコマーシャルを録音録画して、公平に時間が配分されているかチェックする、ということまでやっていた。政府によるマスコミの独占、報道規制がしかれていたことへの批判があったからである。

1990年ニカラグア大統領選挙の投票用紙。10の政党名が記載されている

ＯＮＵＶＥＮには日本からも筆者を含めて６名の選挙監視員が参加した。活動内容は投票日当日に、投票所をまわりながら不正行為がないかを見てまわり、開票に立ち会うこと。集計結果の速報をＯＮＵＶＥＮ本部に知らせることも重要な任務だった。国連独自の開票結果（サンプルではあるが、これまでの経験で、信頼性は高いことが判明している）を作成して、選挙管理委員会の集計結果と比較するのである。このような作業が必要なのは、ラテンアメリカのいくつかの国では、開票の集計プロセスで不正行為の行われることがあるからだ。

当選したビオレタ・バリオス・チャモロ新大統領は、独立系の日刊紙『ラ・プレンサ』の社主で、革命政権と激しく対立していた。彼女の亡夫ペドロ・ホアキン・チャモロ・カルデナルは『ラ・プレンサ』で、ソモサ独裁に抗議する論陣を張り暗殺された人物である。反ソモサ運動の象徴的な存在で、人気も高かった。しかし言論統制を強める政府との間で対立は激化し、長期間にわたり発行停止処分を受けていた。

チャモロ大統領は野党連合（ＵＮＯ）と呼ばれる、14もの政党が連合して結成された急ごしらえの政党から立候補した。そういうわけで、内部の意見対立もしばしばであった。特に副大統領のビルヒディオ・ゴドイと大統領の不仲は衆目の一致するところだった。ゴドイ氏はもともと自分が大統領になりたかったが、候補者選びのプロセスでチャモロ女史にチケットを譲った。執務室も大統領官邸から離れたところに置いた。

チャモロ大統領が政権運営で頼ったのは、アントニオ・ラカヨ・オヤングレン大統領府大臣であった。彼はマサチューセッツ工科大学（ＭＩＴ）卒業の実業家で、未曾有の経済危機に直面していた経済の再建を一手に引き受けた。一連の経済政策はラカヨ・プランとも呼ばれた。

チャモロ政権が発足した当時の経済状態は惨憺(さんたん)たるものだった。10年間におよぶ社会主義政権の下で政府は極端に肥大化していた。加えて内戦激化にともない軍事費は増大。アメリカの経済制裁で貿易が停止し、ニカラグアの最大の輸出市場が閉鎖されていた。一方アメリカからの輸入が止まったために、農業用の機械の補修部品が入手できなくなってしまい、農業生産に深刻な影響を及ぼしていた。中央銀行の外貨準備は底をついていた。累積対外債務は１００億ドルを超えていたが、ニカラグアの年間輸出総額約３億ドルの33年間分であった。

チャモロ政権が早急に取り組まなければならなかった大きな課題の一つは、軍の改革であった。軍は革命政権の権力装置の中心に置かれてあった。国防大臣にはオルテガ大統領の実弟であるウンベルト・オルテガ・サアベドラ将軍が就いていた。新政権で誰が国防大臣になるのか、国際社会は注目した。

何人かの有力者の名前があがったが、結局チャモロ大統領が国防大臣を兼務することになった。そして、ウンベルト将軍はそのまま軍の最高司令官として残留することになった。おそらくこのことは、ニカラグア人とその社会を理解する絶好の教材となるのではないかと思う。アメリカは強く彼の辞任を求めた。しかしウンベルト将軍は1995年2月に解任されるまでのじつに5年間、実質的な軍の最高責任者として君臨した。しかも単にその任にとどまっただけではなく、軍と警察の分離、人員削減、軍組織の民主化などの一連の改革を粛々と実施したのである。アメリカの駐在武官に勲章を授与したこともある。このような融和的な対応は、形よりも実質を重んじる現実主義、敵味方と峻別するのではない、ある種の包容力など、ニカラグア人気質をよく表していると思う。

チャモロ政権は6年間の任期を何とかまっとうすることができた。憲法改正をめぐっては国会と正面衝突したが、国内外からの仲介努力もあり、収拾にこぎつけることができた。大統領自身は、自分の後任にはラカヨ大統領府大臣を考えていたようである。しかし改正憲法では大統領の任期を6年から5年にすること、再選の禁止、大統領の近親者の立候補の禁止が定められてあった。ラカヨ大臣はチャモロ大統領の娘婿で近親者のため、規定により出馬できなくなってしまった。

かくして1996年10月の総選挙を迎える。与党自由同盟（AL）から立候補したアルノルド・アレマン・ラカヨ前マナグア市長が、オルテガ元大統領を破り当選した。アレマン大統領はポピュリスト的な言辞や積極的な公共工事で国民の人気を博した。ところが政権末期には一連の汚職スキャンダルが発覚し、急速に反感を買ってしまった。このスキャンダルは現地ではウアカと呼ばれているが、アレマン前大統領とその一族が手にした不正資金の総額は、1億2000万ドルにのぼるという報道もある。

ニカラグア社会はある意味で大変狭い。特に行政都市であるマナグアにうごめく政界、財界、官界の層は人数も知れている。エリート社会を構成する大部分の人びとは、婚姻などの家族同士の付き合いや、学校教育の場で幼馴染みでもある。そうすると、これだけ大規模な不正資金はたちどころに人びとの話題になる。アレマン大統領時代の政府高官のだれそれが、新しい家を建ててその費用はいくらかかったのか、などという噂が飛び交う。そうした情報はたとえば、有力者の開くパーティーで食事とダンス、アルコールが一巡して宴たけなわの頃になると、あちこちで囁かれる。嫉妬、嫌悪、権謀術策が渦巻く。はっきりしていることは、大規模な不正は必ずどこかで発覚するということだろう。文字通り人の口に戸は立てられない。

２００１年11月の総選挙では、ＡＬの流れを汲みアレマン前大統領の影響力の強い立憲自由党（ＰＬＣ）から出馬したエンリケ・ボラーニョス・ゲイエルが、ＦＳＬＮから立候補したオルテガ元大統領を破り当選した。オルテガ候補にとっては三度目の落選で、手痛い打撃となった。筆者はこの選挙のとき、日本政府の派遣で選挙監視員として現地入りした。選挙戦最終日にマサヤで行われたオルテガ候補の選挙演説会に立ち会ったが、彼の変貌振りにはすっかり驚いた。まず身に着けている服は、かつての軍服からは想像もつかない、スーツ姿である。髪も念入りにとかしてある。話し方も以前はどちらかというと朴訥な感じだった。それが今は雄弁で、自信に満ちた話し振りである。当選するのではないかと思った。

実際オルテガは２００６年４月の選挙で当選し、16年ぶりの政権復帰を果たした。その後２０１１年と連続当選し、２０１６年の大統領選挙にも出馬予定で、当選はほぼ確実と見られている。ラテンアメリカの政治史でも、稀な長期政権となりそうである。

（田中　高）

［参考文献］

田中高「１９９０年ニカラグア総選挙」『ラテンアメリカ・レポート』第７巻第２号　１９９０年

田中高「ニカラグア総選挙：２００１年11月」『ラテンアメリカ時報』１月号　２００２年

Chamorro, Violeta, *Sueños del Corazón*, Acento Editorial, 1997.

Close, David, *Nicaragua: The Chamorro Years*, Lynne Rienner, 1999.

Kinzer, Stephen, *Blood of Brothers*, Putnam, 1991.

# 18

# 堅調な経済、それでも中米で最下位を抜けきれない事情とは

## ★国際的なグローバル化が襲いかかる★

近年のニカラグア経済は一次産品価格の上昇や観光収入の増加で、比較的堅調な成長を遂げている。国内総生産（GDP）の伸び率は2014年4・7%、15年3・8%で、ラテンアメリカの平均を上回っている。しかし残念なことに、一人当たりのGDPは1904ドルで、中米諸国中最下位。ラテンアメリカではハイチについで下から二番目に低い水準にある。

ニカラグアの経済状態がこのように振わないのはなぜだろうか。10年間にわたる社会主義政権時代の混乱、内戦による被害など負の遺産がある点は見逃せない。農地改革が途中で頓挫してしまい、所有権が不確定のままの農地もかなりの面積にのぼった。またハリケーンなどの自然災害で、農産品を中心に多大の損害が生じた。ただこのような要因だけで、ニカラグアの経済状態を説明するには、いささか説得力に欠けるように思う。

成長軌道に乗せるためにまず求められるのは、伝統的な一次産品の輸出に大きく依存する構造を、より国際競争力のある商品に多角化していくことである。しかし、ニカラグアの場合タイミングが悪かったのは、革命政権の退陣と内戦の終結の時期に、国際的なグローバル化の流れが襲いかかったことである。

そのショックは直截（ちょくせつ）に響いた。たとえていえば、熱で重症だった患者の周りでインフルエンザが猛威を振るうようなものだろうか。

グローバル化の現象の一つとして、中米域内の自由貿易圏の発足がある。これは域内の貿易制限をなくして、加盟国間の輸出入の拡大をめざしたものである。中米では1990年代から一気に動きが加速化し、1993年には中米経済統合条約が調印された。同条約は関税同盟、共同市場よりも統合度の高い、中米経済同盟をめざしている。実際域内の関税手続きなどは従来に比べるとかなり簡素化されているし、税関の手続きを事実上なくしてしまおうという動きさえ見られる。さらに米国・中米・ドミニカ共和国自由貿易協定（CAFTA）が2006年に発効した。

しかし残念なことに、ニカラグアが米国や近隣諸国に輸出できそうな財はそれほど多くはない。第48章で紹介するように、従業員1万人を有する日系企業が、自動車部品を主としてアメリカに輸出している。とはいえ汎用品の分野で、国際市場で有望なニカラグア製品というと、なかなか出てこない。中米各国にはすでにアメリカ、メキシコなどの多国籍企業を中心とする外国資本がかなり入り込んでいるが、投資先の選定からニカラグアは漏れてしまうケースが多い。多国籍企業が進出先を選定する場合の基準は労働力、水道、電気、輸出市場へのアクセス、港湾施設などを含む輸送・通信インフラの整備、治安状況、金融サービス、政治的な安定性、教育環境（本社からの社員の子弟の教育という観点だけではなくて、企業が必要とする職業訓練機関の有無など、教育の中身も重要である）に至るまで多種多様である。

中米各国はこうした外国企業の誘致にしのぎを削ってきた。コスタリカやエルサルバドルのように、政府がそのための機関を設置し、かなりの成果をあげている例もある。そうするとニカラグアのようにもともと競争力の脆弱な国は、ますます後塵を拝することになってしまう。これはグローバル競争の負の部分であろう。この悪循環をどこで断ち切るか、ということがポイントである。

ニカラグアのもつ潜在的な比較優位は、やはり農牧畜・水産・鉱業分野にあるのではなかろうか。全労働人口の30％がこの部門に従事している。国土面積は約13万平方キロと中米で最大である。カリブ海と太平洋に面していて、天然資源も豊富である。日本ではあまり知られていないが、ニカラグアは金の産出国で、2014年に3億8600万ドル相当を輸出した。輸出金額では食肉・同加工製品の4億4800万ドル、コーヒーの3億9600万ドルについで三番目である。

水産資源でもカリブ海のエビ漁は、有望な漁場といわれている。ニカラグアの牛肉はやわらかくて美味である。内戦中にニカラグアの牛肉を対日輸出していた邦人専門家に話を伺ったことがあるが、肉質がよいのは、品種改良が行き届いているからだそうだ。幸い世界中の畜産国が頭を悩ませている、口蹄疫の汚染地域ではない。地方に行くと巨大な牧場で粗放的に牛が飼われている光景を目にするが、技術援助や融資を充実させれば、まだまだ改善の余地はあるだろう。フリホレス、トウモロコシ、米などの基礎穀物はもともと国内消費をまかなうのに十分な生産は可能で、近隣諸国に輸出することもできる。かつてニカラグアはコスタリカにかなりの基礎穀物を輸出していた。

経済開発の問題を論じる際には通常、農牧畜部門が発展しながら、それを中間財に利用するアグロインダストリー（農業資源を基にした工業化）への前方連関を導くプロセスをイメージしがちである。ニカラグアの場合はまさにこのモデル的なケースとなろう。潜在的な成長力は相当にあると思う。将来はより高い付加価値をもつ製品を輸出することで、経済を発展させることが可能となる。
南北に走る幹線道路はあるが、東西を結ぶ道路は未完成である。さらにニカラグア湖を利用したカリブ海側と太平洋側を結ぶニカラグア運河が予定通りに開通すれば、大きなインパクトを与えるだろう。インフラの整備がより進めば、潜在的な開発の余地はかなり拡大することは間違いない。

（田中　高）

# 19

# 巧みなニカラグアの外交政策

## ★中国と台湾、アメリカとロシア全方位外交★

サンディニスタ政府が、穏健な左派の政権に分類されていることに、異論をはさむ余地はないであろう。ＡＬＢＡ（第21章参照）をめぐるベネズエラとの協力や、キューバやボリビア、エクアドルなどのラテンアメリカの左派勢力とは格別に良好な外交関係を維持している。とはいえこれから紹介するように、台湾や米国との外交関係についても、柔軟な姿勢で臨んでいる。現在の国際情勢から考えると、かなり稀なことではあるが、ニカラグアは中国政府とではなく、台湾と正式な国交を有している。貿易や構想中のニカラグア運河に、香港の中国企業が出資していることと照らし合わせると、いささか意外な印象を受ける。まずこの点からご紹介する。

台湾が外交関係を結んでいるのは、中米（グアテマラ、ベリーズ、ホンジュラス、エルサルバドル、ニカラグア、パナマ）、カリブ海諸国（ドミニカ共和国、ハイチなど）、太平洋の島嶼諸国、アフリカの小規模の国々など計22カ国（２０１５年時点）である。なおコスタリカは以前は台湾と、しかし現在は中国政府と国交を結んでいる。

ニカラグアは１９３０年に中国政府（当時）と外交関係を結

び、マナグアに総領事館を開設、１９６７年に台湾政府の大使館に昇格した。１９７９年にサンディニスタ革命が成立すると、革命政権は１９８５年に台湾との国交を絶って、中国との外交関係を樹立した。自然の成り行きといってもよい。

１９９０年に親米派のチャモロ政権が発足すると、おそらく台湾側の強い働きかけもあったのであろうが、台湾政府との国交を復活させた。ある国がどの国と外交関係を結ぶかは、国家主権の問題で、当事国の国民がその判断について評価すべきである。しかしわずか5年間で外交関係を終了した中国にとっては、愉快な出来事ではなかったはずだ。

ニカラグアと台湾の関係は良好で、２００８年には台湾・ニカラグア自由貿易協定が発効した。２０１５年7月には馬英九総統がニカラグアを訪問し、オルテガ大統領との首脳会談が実現した。馬総統は「両国自由貿易協定がスタートした後、ニカラグアから台湾への輸出額は１６０％増加した」と述べ、農業分野や地理情報システム（ＧＩＳ）など広範囲の分野で協力関係を強化する予定であると強調した。ニカラグアは台湾との外交に十分配慮しながらも、巧みな外交手腕を発揮しながら、運河に象徴されるように、中国からの投資にも積極的である。

２０１４年にはロシアの国家元首として初めて、プーチン大統領がニカラグアを訪問した。ちなみに旧ソ連邦時代には、国家元首がニカラグアを訪問したことはない。プーチン大統領は「サンディニスタ革命35周年の記念すべき年であり、両国の国交70周年を迎え、ラテンアメリカ諸国のなかでもニカラグアは重要なパートナーである。今後経済面での緊密な関係を築きたい」と発言した。

これに対して、オルテガ大統領はいささか上気した様子で、「プーチン大統領をニカラグアにお迎えするのは、大変な誇りです。ニカラグアは平和への努力、貧困対策、福祉、麻薬対策、組織犯罪、テロ対策に取り組むことを誓っています」と述べた。このようにニカラグアは、革命政権時代の同盟国であるロシアとの友好関係も巧みに堅持している。

米国との関係は、首脳外交の次元ではなくて、経済面での結びつき強化に重点を置き、実利的な色彩が前面に出ている。以下紹介するのは2014年7月、ジョディ・ボンド全米商工会議所副会頭がニカラグアを訪れた際の、オルテガ大統領との会話の概要である。

ボンド「私たちは貴国の運河建設に関心があり、参加したいと考えています。CAFTA（米国・中米・ドミニカ共和国自由貿易協定）の枠組みだけでなく、経済開発の分野も視野に入れて、一緒に取り組んでいきましょう」

オルテガ「私たちは米国の経営者団体の代表をお迎えして、大変満足しています。ニカラグアにある米国商工会議所のメンバーはほとんどニカラグア人ですが、北米市場との取引を大変熱心に牽引してくれています。中米地域の優位性は北米市場に近接していることです。現在進められている環太平洋経済連携協定（TPP）は重要なものですが、既に存在するニカラグアと米国との貿易協定に、マイナスの影響を与えてはなりません。先日コスタリカで開催された中米首脳との会談の席で、オバマ大統領にこの懸念をお伝えしました」

ボンド「米国商工会議所は世界中に300万の会員企業を有していますが、その80％は中小企業で、それぞれの国が本当に必要としている企業の役割を把握しています。もしTPPにより、CAFTA

の枠組みの縫製部門で、ニカラグアで雇用されている10万人の労働者のうち、3万3000人の職が失われるのであれば、米議会に働きかけることができます。ここにカーギル社の中米地域の責任者であるハビエルを連れてきました」

オルテガ「ニカラグアに駐在しながら中米全体を管轄しているのですか。あなたは米国人のような容姿ですね」

ハビエル「いいえ、私は誇り高いニカラグア人です」「ここにいるのは、サルマン・シーフード社の支配人ですが、彼もニカラグア人ですよ」

オルテガ「グリンゴ（米国人のこと─引用者）だと思っていました」

会談の雰囲気は友好的で、ビジネスライクなものだった。本章では台湾、ロシアとの外交関係、米国との民間レベルでの交流を見てきた。表面的にはサンディニスタ政府は、ベネズエラやキューバとの外交関係を重視しているように受け取られがちである。しかし実利的な配慮をしながら、全方位外交を進めている。オルテガ大統領の支持率が安定している背景には、こうした要因も影響しているのではないだろうか。

（田中　高）

# 20

# サンディニスタ政権の貧困対策

## ★ミレニアム目標の取り組み★

2000年9月、ニューヨークの国連本部に世界各国の首脳が集まり、国連ミレニアムサミットが開催され、ミレニアム開発目標（MDGs）を決議した。MDGsは貧困と飢餓の撲滅、初等教育の完全普及、女性の地位向上と平等の推進、乳幼児死亡率の削減、妊産婦の健康改善、HIV・マラリアなどの感染症の防止、環境保護、開発促進のための地球規模の協力の八つの目標を掲げた。

MDGsが従来の貧困削減のアプローチと比較してユニークなのは、2015年までに、達成すべき目標を数値化したことである。例えば一日1・25ドル未満で生活する人口を半減させる。すべての子どもが男女の区別なく、初等教育の全課程を修了できるようにする。5歳未満児の死亡率を1990年の水準の3分の1に、妊産婦の死亡率は4分の1に削減する、などとなっている。

上述の目標値は世界中の国々を対象としたもので、開発途上国は国際的な援助機関や援助供与国などと協力して、これをクリアーするように努力してきた。さて、ニカラグアはこの目標を達成できたのだろうか。答えはイエスである。以下ニカラグアにある国連開発計画（UNDP）事務所が作成した報告書を参照しながら、MDGsの結果を見ていくことにしたい。

政府機関のデータでは、一日当たりの生活費が1ドルの極貧層は、2009年には全人口の14・6％となり、2005年の17・2％から改善した。所得分配の不平等を示すジニ係数も、同じ期間に0・51から0・46に改善された（少ない数値ほど所得分配は公平）。食糧事情も改善されて、栄養失調の状態にある人口は、1990〜92年は全人口の55％を占めていたのが、2010〜12年には20％にまで減少した。

初等教育の就学率は、2013年に111・3％（中途退学して再入学したものを含める）で、ほぼ目標を達成した。しかし中等教育の就学率は50％台に留まっている。学校教育における女子の就学率は50％で、高等教育機関では男子を上回り、2011年には56％に達している。

5歳未満の乳幼児死亡率は、1990年の1000人当たり72人が、2011〜12年には21人に減少した。1歳未満の乳児については、同じ時期に、58人から17人へと大きく改善している。妊産婦の死亡率も、1990年の10万人当たり160人から、2012年には50人へと減少した。

このようにMDGs達成に、ニカラグアはほぼ成功した。ではその要因とは、どのようなものなのだろうか。貧困削減は、チャモロ、アレマン、ボラーニョスの歴代政権が熱心に取り組んできた課題である。しかしこれを政策として前面に打ち出し、優先度の高い国家目標として掲げたのは、2007年1月に返り咲いたオルテガ政権である。そして中心的な役割を果たしてきたのは、ムリジョ大統領夫人であろう。

ムリジョ夫人は自身が事実上の政府組織である、コミュニケーション・市民権審議会（CCC）代表を務めている。この審議会の詳細な活動内容は、不透明な部分も多いが、要するに住民組織を隣組のレベルから市町村のレベル、最終的には国会のレベルに昇華させるプロジェクトと理解されている。ベネズエラのコミューン国家、地域住民委員会に近似したもののようだ。党派色の強い、ローカルな住民組織といえよう。政府はこのような、支持基盤となる「仲間」の住民組織に、集中的に援助を実施する。

貧困対策に取り組む代表的な施策は、「飢餓ゼロ」「愛のプロジェクト」の二つである。いずれも貧困層を対象にした支援策で、食料、生活物資、初等・中等教育の拡充など広範囲にわたる。ベネズエラから優遇レートで輸入した石油を売却した代金の一部を、そうしたプロジェクトの費用に充てているとみられる。

ニカラグアがMDGsの達成に成功したこと自体は、大変喜ばしい。ただし、貧困層の削減に直接影響を与えたのは、コーヒー、砂糖、食肉などの農産品の国際価格が上昇したためであるという指摘もある。実際ラテンアメリカ諸国のなかでは、ボリビア、ペルー、エクアドルなどは、ニカラグア以上に貧困率の減少に成功した。

このようにMDGsの目標値に的を絞って検討すると、ニカラグアの貧困対策はそれなりの成果を上げていることを確認できる。しかし残念なことに、国連が毎年作成している『人間開発指標』（HDI）のデータを見ると、ニカラグアの成績は、芳しいものではない。HDIは出生児平均余命、成人識字率、一人当たりGDP、不平等の度合い、ジェンダー開発指数などを総合的に考慮して算出される。国連に加盟するすべての国に関してHDIの数値が公表され、毎年ランキングを発表する。

ニカラグアの場合、このランキングの順位が下位グループに位置する。1994年は173カ国中106位で、それでも中米のなかでは、グアテマラ、エルサルバドル、ホンジュラスよりも上位にランクされた。しかし2000年には、174カ国中116位で、エルサルバドル、ホンジュラスに抜かされてしまった。ちなみにグアテマラは120位であった。2014年は187カ国中132位で、エルサルバドル、グアテマラ、ホンジュラスよりも下位に甘んじている。ラテンアメリカ全体では、最下位のハイチに次いで低い国となっている。ニカラグア政府は貧困対策で一定の成果を上げてきたが、まだまだ不十分であり、貧困層へのより一層手厚い支援が望まれる。

（田中　高）

# 21

# ニカラグアとALBA

## ★ラテンアメリカ左派グループとの連携★

２００４年に発足したＡＬＢＡ（米州ボリバル同盟）は、ラテンアメリカの左派的な傾向のある国々が参加する地域経済協力プログラムである。ベネズエラの故チャベス大統領（２０１３年死去）が設立の主導的な役割を果たした。ＡＬＢＡを構想したのは、キューバのフィデル・カストロ前国家評議会議長である。１９９９年にフィデル・カストロがベネズエラの首都カラカスで演説を行い、このなかでグローバル化の流れを批判し、文化と言語、宗教観などを共有するラテンアメリカ諸国が統一し団結する必要を説いた。

この演説を一つのきっかけとして、ラテンアメリカの反米・民族主義路線を推進するためにＡＬＢＡが生まれた。チャベス大統領は、自国の豊富な石油資源を利用しながら、米国が進めていた米州自由貿易構想（ＦＴＡＡ）に対抗し、ラテンアメリカ諸国が独自に共同体的な絆で結ばれる地域統合を目指した。

ＡＬＢＡには、ニカラグア、ベネズエラ、キューバ、ボリビア、ドミニカ、セントビンセント・グレナディーン、エクアドル、アンティグア・バブーダ、セントルシア、セントクリストファー・ネーヴェス、グレナダの11カ国が参加している。

## 第21章

# ニカラグアと ALBA

マナグア市内にある、チャベス大統領を讃えるアーチ

ホンジュラスのように、２００８年にＡＬＢＡに加盟したものの、当時のセラヤ大統領が国外に追放された後、２０１０年に脱退した例もある。エルサルバドルはニカラグアと同様、左派ゲリラ組織だったファラブンド・マルティ民族解放戦線（ＦＭＬＮ）が２００９年から政権の座にあり、ベネズエラが主導するペトロ・カリベ（後述参照）には参加し、ＡＬＢＡには幾度となく参加表明しているものの、未加入である。

さてニカラグアとＡＬＢＡの関係は、どのようなものなのだろうか。ニカラグアがＡＬＢＡに参加するのは２００７年、オルテガが二期目の大統領に就任したときである。ベネズエラ、キューバ、ボリビアに続いて四番目の加盟国となった。エクアドルは２００９年に参加した。カリブ海の島嶼諸国が加盟するのは、２００９～10年にかけてである。当時はリーマンショック後の混乱した時期で、原油価格が１バレル当たり１００ドル前後と、高騰していた。このためカリブ海の非産油国は厳しい経済運営を迫られ、ベネズエラのＡＬＢＡ加盟の申し出を受け入れたのである。

２０１４年12月、ハバナで開催されたＡＬＢＡ創立10周年の首脳会議で、オルテガ大統領は次のように発言した。少し長いが以下概略を紹介する。「ＡＬＢＡはキューバとベネズエラのお蔭(かげ)で設立された。我々の国々の経済に直接的に裨益(ひえき)しているのは、ＡＬＢＡが進める、社会、エネルギー、文化交流、海運プロジェクトなどである。人民に公平に、社会上の効果を生むのは、連帯の精神を発揮してキューバとベネズエラが無条件に進めてきたＡＬＢＡのプロジェクトだ。自由市場は、小さな国々には非対称的にしか機能しない。大国と小国が同じ条件で競争できるはずはない。相互補完的で公平であり、連帯の精神で貿易を行ってきたのは、チャベス政権とフィデルとラウルの率いるキューバだけだ。ＡＬＢＡとペトロ・カリベは合意に基づいて運営される。これは資本主義に毒されて生まれた、自由貿易協定とは異なるものだ」。

オルテガ大統領が言及しているペトロ・カリベとは、２００５年にチャベス大統領が提案して発足した、民族主義的な地域経済援助のスキームである。ベネズエラ産原油を優遇条件で、ＡＬＢＡ加盟国を始め、エルサルバドル、グアテマラ、ジャマイカ、ドミニカ共和国など計16カ国に、日量18万5０００バレル供給している。

なおペトロ・カリベが発足する以前の１９８０年から２００５年ごろまで、非産油の中米・カリブ海諸国向けの石油支援の枠組みとして、サンホセ協定と呼ばれるものが存在した。メキシコとベネズエラの二大産油国が、ニカラグアやホンジュラスなど11カ国に優遇条件で石油を供給した。

第21章

## ニカラグアとALBA

さてALBAとニカラグアの関係について、次の点を指摘しておきたい。まずベネズエラがニカラグアをALBA事業のショーケースとして捉えていることがある。チャベス大統領の肝いりで、「ボリバルの崇高な理想」と命名された巨大な製油所が、太平洋岸のサンディーノ港近くに建設された。石油精製能力は日量15万バレルで、近隣国への輸出も視野に入れたものである。このほかにも火力や地熱発電などの大型プロジェクトを進めている。ガソリンスタンドなどの販売網もALBAにより設立された企業が独占している。

ALBAのお蔭で、ニカラグアが慢性的に悩まされてきた電力不足が解消されるなど、プラスの効果ももちろん出てきている。しかしこうしたプロジェクトの資金の流れが、必ずしも透明ではなく、その一部がFSLNの活動資金に流用されているのではないかという指摘もある。ニカラグアにとり、ALBAを推進してきたチャベス大統領は「英雄的」な存在になりつつあるようだ。マナグア市内の中心部にある幹線道の合流地点には、チャベス大統領を称える巨大なアーチが建立され、いやがうえにも行きかう人びとの目に留まるようになっている。

しかし、こうした両国間の友好協力関係にもいささか陰りが見えてきた。2015年12月に実施されたベネズエラの国会議員選挙では、右派の野党連合が過半数の議席を獲得し、故チャベス大統領の後継者であるマドゥーロ大統領の求心力が低下していると指摘されている。原油価格は大幅に下落し、ベネズエラ経済は不振を極めている。ニカラグアは従来のALBAとの蜜月関係を見直す必要に迫られている。

（田中　高）

# 22

# オルテガ大統領とFSLN

## ★権力基盤を固めたオルテガ大統領★

ニカラグアの歴史のなかで、ダニエル・オルテガ・サアベドラ現大統領は、民主的な手続きにより選出された大統領として、最長の在任期間を記録することになるだろう。第一期政権は1985〜90年。第二期政権は2007〜12年。第三期は12〜17年。2016年の大統領選挙にも出馬予定で、当選確実とみられている。すると第四期は17〜22年となり、大統領在職期間は合計20年間に達する。オルテガ大統領はいかにしてかくも長期間、最高権力の座にいることができたのだろうか。

オルテガは1945年、チョンタレス県ラ・リベルタで生まれた。ここはニカラグア湖の北東部に位置するが、現在でもこれという産業のない地域である。父親は鉱山会社の会計士で、ダニエルがまだ幼いころ、マナグアに転居した。両親は反ソモサ運動に参加していたようで、1940年代、二人とも官憲に逮捕された過去がある。

1960年代には早くも反ソモサ独裁活動に熱心に取り組み、中米大学で法律を学んだが、すぐに学業を放棄。反政府活動家として活躍した。米国大使館の車両爆破や国家警備隊を襲撃した嫌疑で、グアテマラで拘束されたこともある。銀行襲撃に関

# 第22章
## オルテガ大統領とFSLN

わった罪により、懲役8年間の判決を受けた。

刑務所がオルテガの勉学の場となり、収監中に法律、歴史、地理を学んだといわれている。詩もよく書き、「ミニスカートが流行するマナグアを見たことがない」という作品はオルテガの代表作となった。1974年に起きた人質事件で政府要人の身代わりとして釈放され、サンディニスタ民族解放戦線（FSLN）に引き渡された。このときの作戦指導者が、実弟のウンベルト・オルテガ・サアベドラ（以下ウンベルト）で、彼は1979年から90年まで国防大臣を務めた。79年7月に革命政権が発足すると、オルテガは大統領職に相当する革命評議会主席に選出された。

革命政府が反政府勢力やカトリック教会との対立を深めるなかで、民主化を求める国際世論に押される形で、1984年11月に大統領選挙が実施された。この結果オルテガは圧勝し、翌年大統領に就任した。副大統領は、作家としても著名で、革命運動では知識人や経済人との共闘に重要な役割を果たした、セルヒオ・ラミレス（第42章参照）であった。

6年間の任期ののち、オルテガは1990年2月の大統領選挙に出馬する。しかし親米派の対立候補、ビオレタ・チャモロ女史に敗退した。その後1996年、2001年の二回の大統領選挙に連敗し、2006年11月の大統領選挙で当選。17年ぶりの政権復帰を果たした。さらに2011年の大統領選では、62%の得票率で対立候補に圧勝した。

ここでオルテガとFSLNの関係について紹介する。1963年にFSLNを創設したのは、カルロス・フォンセカ、トマス・ボルヘ、シルビオ・マジョルガの3人である。このうちフォンセカとマジョルガは政府軍との戦闘で落命した。したがって革命政権には、創設メンバーとしてはボルヘだけが参加した。

党指導者の相次ぐ死去もあり、ＦＳＬＮ内部には路線を巡る対立が生じた。その結果ＧＰＰ（長期民衆闘争派）、プロレタリア、テルセリスタと呼ばれる三つのグループに分裂した。グループのなかで最も穏健で、社会主義への漸進的な移行や、ＦＳＬＮ以外の政治勢力との連携にも積極的であったのはテルセリスタである。オルテガ兄弟が属していたのはこのグループであった。テルセリスタは１９７８年に起きた国会議事堂占拠事件の主犯で、武装闘争の能力にも長けていた。非軍事面で反ソモサ独裁運動の中核であった、知識人・実業家の参加する12人委員会とも連携し、革命成功の中心的な役割を果たした。

革命政権が成立するわずか３カ月前の１９７９年３月、フィデル・カストロの強い働きかけもあり、３グループはパナマで統一戦線を結成することに合意した。そして重要な案件については、各グループから３名が参加する最高幹部会で決定することとなった。

さてＦＳＬＮの唯一の創立メンバーであったボルヘは、執政委員会の代表の座を巡り、オルテガと競った。しかし人心掌握術にたけたオルテガは、ボルヘの腹心の部下たちを閣僚ポストから外すなどしながら、次第に党内の影響力を増していく。オルテガにとって有利だったのは、実弟のウンベルトが国防大臣についていたことである。コントラ（反革命右派武装ゲリラ）との戦時体制下にあり、軍の権限は絶大であった。ボルヘは内務大臣として警察・諜報部門を握っていた。

ＦＳＬＮ党内の激しい権力争いで培われた政治力は、第二期オルテガ政権以後如何なく発揮されてきた。特筆すべきは、憲法で定められた大統領の再選禁止規定を強引に解釈し、同規定が「施行できない状態」であるとして、自らの再選の道を開いたこと（第三期目）。さらに２０１４年には憲法を改正して、大統領の就任回数を無制限に拡大したことである。最高裁判所や最高選挙審議会（ＣＳＥ）の判事に、ＦＳＬＮの息のかかった人物を任命している、と伝えられる。さらに国会議員では、一院制で総数92議席のうち、ＦＳＬＮは憲法改正に必要な3分の2を上回る、62議席を占めている。

オルテガ政権の特徴は、上述のような巧みな政治手腕だけでなく、その政治スタイルが非常に現実主義的、実利的なことである。たとえばＦＳＬＮは革命政権時代にはカトリック教会と激しく対立した。しかし大統領選挙直前の２００６年10月、人工中絶反対の立場を表明し、教会からの支持を取り付けることに成功した。実業界とも良好な関係を維持し、主要な経済団体である民間企業最高審議会（ＣＯＳＥＰ）とは経済問題について常に対話する姿勢を保っている。反政府政治勢力が脆弱なことも、オルテガ政権の追い風となっている。

最後に付け加えたいのは、ロサリオ・ムリジョ・サンブラナ大統領夫人の存在である。彼女はコミュニケーション・市民権審議会（ＣＣＣ）の代表として、国政にも強い影響力を発揮している、と指摘されている。実際インターネットでニカラグア大統領府のホームページを閲覧すると、トップページにはムリジョ女史の写真や発言が大きく掲載されてある。

オルテガの長期政権はどのような形で終了するのか。目が離せない。

（田中　高）

# 23

# ニカラグア運河構想のあらまし

## ★運河建設の夢の実現に向けて★

宿命のライバル「パナマ運河」

中米地峡に運河を建設する。これは15世紀以来、スペインを始めとした欧州列強の夢であった。夢が現実に近づいたのは、19世紀後半のこと。当時、急速に国力を伸ばしていた米国が、海洋国家戦略の一環として中米地峡に運河をつくる計画を進めていたからだ。1899年、米政府任命の「地峡運河委員会」は「ニカラグア運河案」を米議会に提出していた。その案は、ニカラグアとコスタリカの国境を流れる「サンファン川」(約192キロ)を航行し、上流にある中米最大の「ニカラグア湖」内を航行し、太平洋側に建設される閘門(こうもん)を下り太平洋に出ていくというものだった。当時主流の喫水の浅い帆船に対応した運河で、500〜800キロ南に位置するパナマと比べれば米国に近く、川と湖を利用すれば運河掘削費用も安く済む。米議会は「ニカラグア運河案」に傾いていた。

ところが、米国務省は「万一、〝パナマ運河案〟が実現しなかった場合に、ニカラグアに運河を建設する」という協定をニカラグア政府と結んでいた。その理由は、〝パナマ運河案〟の売り込みが一方であったからだ。パナマ運河掘削の情況はきわ

第 23 章

ニカラグア運河構想のあらまし

めて悪かった。８年近くパナマ運河の掘削を続けていたフランス人レセップスの工事が、熱帯病や雨期の洪水に悩まされ頓挫しつつあった。そこで、最後の技師長ビュノー・バリリャは米議会向けに、ニカラグア湖内にあるモモトンボ火山が噴火し、地震の危険性も高いと説得、米大統領（T・ルーズベルト）には、〝パナマ運河〟の有利性を説いていた。折しも、コロンビア属州のパナマで、「分離・独立運動」が始まっていた。彼は米政府から運動への支援を取り付け、他方「パナマ運河条約」を米政府と交渉し、締結してしまった。条約では、パナマ運河地帯の永久租借権と運河建設権を米国に与えるという好条件を盛り込み、米国内にくすぶる〝ニカラグア運河案〟を粉砕することに成功した。

１９０３年、米国支援によるパナマの「分離・独立」が実現。翌年、米国はパナマ運河工事に着手、１９１４年に現行運河が完成した。

## 「第二パナマ運河調査」で「ニカラグア運河案」は非現実的と評価

その後、世界の海上貨物輸送量が増大し、パナマ運河の容量は十分でなくなっていた。そのため、１９８０年代には、「第二パナマ運河」構想が持ち上がり、日・米・パ三カ国政府による企業化調査が実施された。最終的に、２レーンの現行運河と並行し、もう１レーンを追加する「第三閘門運河案」が勧告された。

この調査の過程で、代替案の一つとして「ニカラグア運河案」も検討された。約80キロのパナマ運河と比べ、その航行距離が３００キロと長く、工費面、貨物需要面からも実現可能性は低いと評価された。

ニカラグア大運河の建設ルートと付帯プロジェクト群

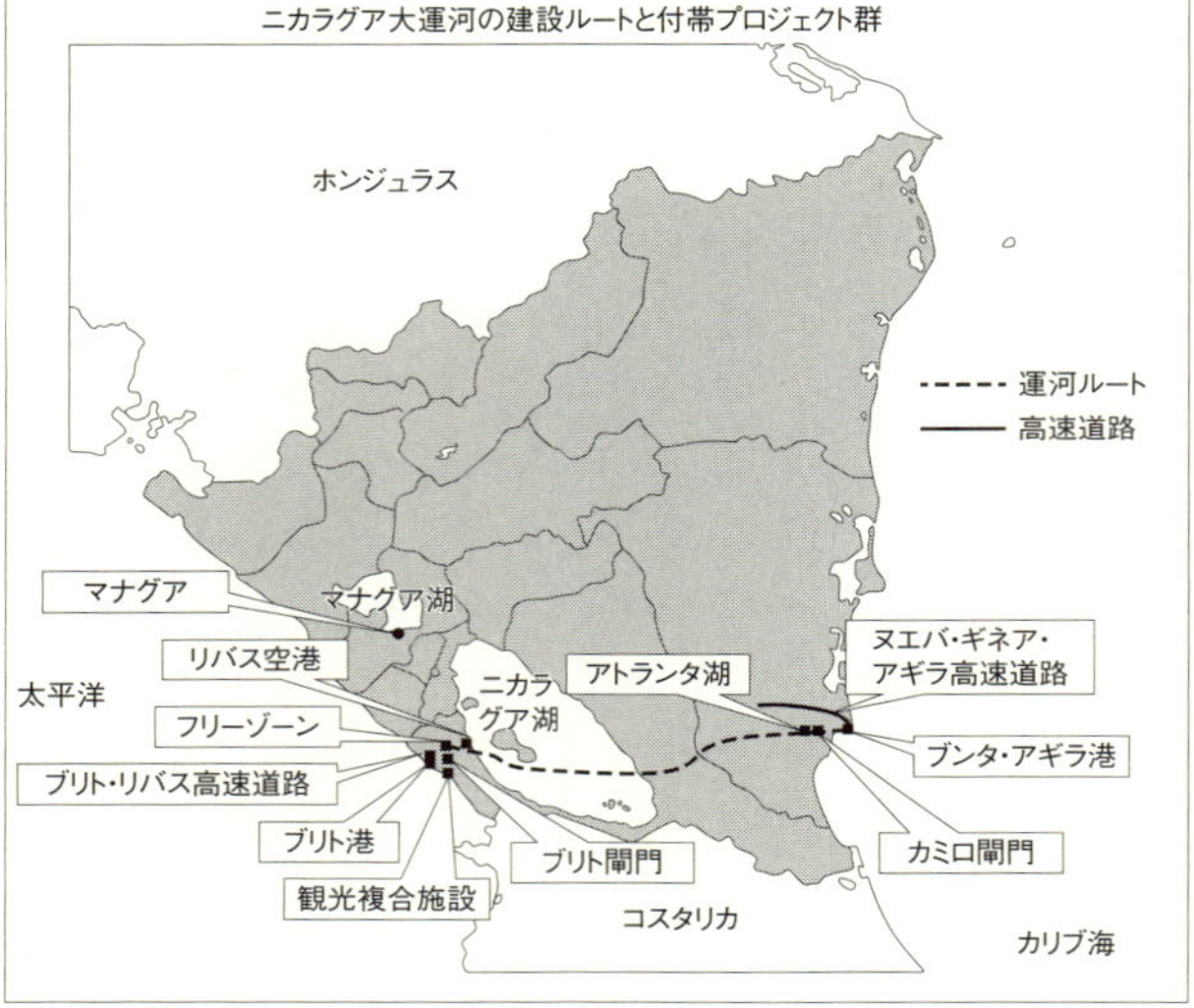


出典：ジェトロ通商弘報（2014 年 8 月 27 日号）

その後2000年に、パナマ運河の管理運営権は米政府からパナマ政府に移管された。パナマ政府機関となった「パナマ運河庁」（ACP）は、2006年4月、工費約52億ドルの「第三閘門運河」工事のマスタープランを世界に公表した。国民投票を経て、2007年9月、通称「拡張パナマ運河」工事が始まり、2016年6月に完成した。

目下、計画中の「ニカラグア運河」にとり、この「拡張パナマ運河」は、アジアと米国東岸を結ぶ海上貨物をめぐり、ほぼ同じ輸送ルート上にあることから最大の競合相手となる。さらに、「パナマ運河」にとり伝統的な競合輸送ルートであるアジアから米西岸ルート（太平洋側の米西岸で陸揚げし、米東岸方面に向かう輸送ルート）、アジアからマラッカ海峡を抜けインド洋経由スエズ運河を航行する輸送ルートも、「ニカラグア運河」の競合相手として存在する。対抗策は、より大型船の航行が可能となる運河を建設し、しかも安い通行料金を設定することである。

「ニカラグア大洋間大運河構想」(GCIN)

上述の「拡張パナマ運河」マスタープラン公表と前後する2006年10月、ニカラグアの首都マナグアで開催された米州国防省会議の席上、ニカラグア政府は「ニカラグア大洋間大運河構想」(GCIN：Gran Canal Interoceanico por Nicaragua)を公表した。

その運河構想は、太平洋側のブリトとラス・ラハス間(約20キロ)に閘門を建設し、標高30メートルのニカラグア湖に入り、湖東側のリオ・オヤテ河口に達する。オヤテ河とラマ河を通る約100キロ区間に航路を掘削、2カ所に閘門を建設する。カリブ海側でも1カ所の閘門を建設し、ブルーフィールズ湾に到達する。運河の全長は約286キロ。建設される閘門数は、合計4カ所、最難関地点は標高100メートル近いオヤテ河とラマ河での掘削工事とされた。特に雨期の豪雨対策が最大の課題。建設には約11年、2019年を操業開始とし、総工費は180億ドルと見積もられた。25万トン(D／Wトン)の船が航行可能とされた。しかし工事費用の調達方法等、多くの疑問点を残しながら、この「大運河構想」は、いつしか立ち消えになった。

香港資本による「ニカラグア大運河」建設計画

その後、2012年7月、ニカラグア政府は官報で「ニカラグア大洋間大運河庁の設立および大運河の法的体制に関する法律」を発表。翌年6月、「運河、フリーゾーン、これらに付随するインフラ開発に関する特別法」（法律840号）に基づき、香港の民間企業「香港ニカラグア運河開発投資グループ（HKNDG）」に運河のデザイン、建設、運営権が付与された。コンセッション期間は50年、さらに50年の更新で最大100年となる。

当初発表された運河建設計画はかなり大ざっぱな内容であったにもかかわらず、2014年12月正式に着工、2019年に完成すると宣言した。しかし、ニカラグア国内外の環境保護団体、多くの市民、先住民による大規模かつ波状的な運河建設反対運動が繰り広げられ、工事は中止。約1年後の2015年11月、1万ページを超える環境関連調査の結果を踏まえた最終報告書「環境ならびに社会的インパクト評価」（HKND Group, Home Page）が公開された。調査はHKNDGの監理下、環境・社会調査で著名な英国のERM社、建設・エンジニア部門は中国国有会社「中国鉄建」（China Railway Siuan Survey）、財務面は米国のマッキンゼー社等が中心となって行った。

太平洋からニカラグア湖までの運河ルートは、先述のGCINとほぼ同じ。最大の違いは、ニカラグア湖の東岸からカリブ海側に抜ける運河ルートが、ブルーフィールズから約80キロ南に移り、これまで示唆された6ルートのうち、環境への影響が最小とされる「第4ルート」が選択されたことだ。また、運河本体以外に港湾（両洋に1カ所ずつ）、フリーゾーン、観光複合施設、空港、高速道路の建設等、7件の付帯インフラ建設が含まれ（図参照）、工期は5年で、2017年巨大建設機材搬入のための港湾建設の着工予定、総工費は約500億ドルであることも明らかにされた。次章はその概要。

（小林志郎）

# 24

# ニカラグア運河をめぐるテーマ

★総工費500億ドルのメガプロジェクト★

## （1） 運河航路、史上最大の掘削・浚渫量

運河航路の全体距離は２７６キロ（表１で２５９キロとなっているのは海上部分を除いたもの）。太平洋岸からニカラグア湖まではＳ字カーブで約26キロ、例のモモトンボ火山は依然として活火山であり、地震多発地帯でもあることを考慮し、ほぼ中間地点に「ブリト閘門」（３段の閘室）が建設される。船はこの閘門を上りニカラグア湖（標高30メートル）に至る。湖内は、幅２８０メートル、深さ28メートル、１０７キロの航路が浚渫される。船は湖の東岸の「トール川」付近まで航行する。そこから「第４ルート」とされるカリブ海までの１０６キロの陸上地帯では、幅２３０メートル、深さ27メートルの航路が掘削される。ルートの途中には、カリブ海にそそぐ多くの河川を堰き止めた人工湖「アトランタ湖」（３９５平方キロ）と、乾期の水不足に備えていくつかの補助湖（アグア・サルカ貯水池等）が形成される。「アトランタ湖」の東端には「カミロ閘門」（３段の閘室）が建設される。環境への影響が最小とされるこの地帯は比較的平坦地が多いが、一部には標高２００メートル近い山も連なる。このため、航路の掘削・浚渫総量は人類史上最大の約50億トンとさ

表１　ニカラグア運河、パナマ運河、スエズ運河の比較

| パラメーター | ニカラグア運河 | パナマ運河 | スエズ運河 |
|---|---|---|---|
| 運河の深さ (m) | 27.4 〜 30 | 16.1 | 24 |
| 運河の距離（km) | 259 | 80 | 193 |
| 航路の底辺（m) | 230 〜 280 | 218 〜 366 | 121 |
| 閘門の長さ (m) | 520 | 427 | 海面式(閘門なし) |
| 閘門の幅（m) | 75 | 55 | 海面式(閘門なし)<br>船幅；50 〜 68 m |
| 船の喫水 (m) | 23 | 15 | 20 |
| 通航可能船舶<br>バルク船 (DWT) | 40 万 | 17 万 | 24 万 |
| コンテナ船（TEU) | 2.5 万 | 1.4 万 | n.a. |
| タンカー（DWT) | 32 万 | 12 万 | n.a. |
| 通航貨物量（DWT) | 8 億（2030 年） | 1 億（2025 年） | 7.5 億（2013 年） |

注：パナマ運河は「拡張運河」。「既存パナマ運河」の通航貨物量は 2015 年 2.3 億トン(DWT)。
出所 ：HKNDG, “Environmental and Social Impact Assessment” 2015, Nov. Final Report, Volume 1, パナマ運河庁、スエズ運河庁のデーター等から作成
参考データ：ニカラグア運河の通航貨物量推計；4,000 隻 ×20 万トン＝ 8 億トン

表２　ニカラグア運河、通航隻数予測

| 年 | コンテナ船 | 原油タンカー | 製品輸送船 | LNG 船 | 鉄鉱石船 | 石炭船 | 穀物船 | その他 | 合計 |
|---|---|---|---|---|---|---|---|---|---|
| 2020 | 1,811 | 99 | 181 | 11 | 88 | 56 | 301 | 1,029 | 3,576 |
| 2030 | 1,752 | 392 | 186 | 11 | 80 | 80 | 348 | 1,246 | 4,138 |
| 2040 | 1,747 | 458 | 240 | 11 | 107 | 107 | 427 | 1,579 | 4,771 |
| 2050 | 1,403 | 495 | 282 | 12 | 151 | 151 | 531 | 1,944 | 5,097 |
| 2060 | 1,304 | 504 | 310 | 13 | 228 | 228 | 655 | 2,393 | 5,785 |
| 2070 | 1,236 | 496 | 324 | 13 | 295 | 295 | 775 | 2,945 | 6,598 |

出所：HKNDG, “Environmental and Social Impact Assessment”, 2015,Nov. Final Report, Vol. 1 より作成
参考データ：ニカラグア運河の通航貨物量推計；4,000 隻 ×20 万トン＝ 8 億トン

れ、「第4ルート」地帯だけで30億トンにもなる。動植物の生態系や農業生産、先住民の生活圏への影響を考慮し、掘削・浚渫土は航路に並行した至近距離に造成される。ちなみに「既存パナマ運河」では1・8億トン、「拡張パナマ運河」では1・2億トンの掘削・浚渫量であったのでその17倍近い莫大な量だ。

（2） 閘門、通航可能船舶、閘門操作用水

太平洋側の「ブリト閘門」、カリブ海側の「カミロ閘門」は、それぞれ三つの閘室をもつ。それぞれの閘室は長さ520メートル、幅75メートル、深さ27・6メートルの巨大なプールとなる。

この巨大プールで、コンテナ船の場合、2万5000TEU積載船が、バルク船（バラ積み船）で40万トン、タンカーで32万トンの船が航行できるとしている。通航隻数予測を見ると、2030年には、年間約4000隻（11隻/日）となっている。（表2）1レーンなので、両洋から同数の船が入る場合、一方向で5隻ほどが通ることになる。おそらくアトランタ湖内で待合うことになるためパナマ運河の8時間に比べ、通航に30時間もかかり、時間コストがかさむことになろう。

閘門操作では、1隻の船が運河に入る時と出ていく時に大量の水が海に放出される。パナマ運河では、標高28メートルにつくられた人造湖「ガツン湖」（425平方キロ）の貯水で、既存運河と拡張運河の両方を通る船（それぞれ年間約1・2万隻と5000隻）の上げ下げ操作を行っている。ただし、拡張運河では各閘門に併設した節水槽（これも巨大なプール）で約6割の水の節約を図っている。ニカラグア運河の場合、太平洋側ではニカラグア湖の水を、カリブ海側では「アトランタ湖」（395平方キロ）とその他貯水池の水を利用できるので、問題はないように思われる。

（3） 工事資金の調達、コスト・便益分析、環境対策

「ニカラグア運河」は、1レーンではあるが、巨大な航路の掘削が行われる。総工費500億ドルという巨額の資金を運河通行料金でカバーできるのか。ニカラグア政府はHKNDGが責任をもつと

しているが資金調達方法は必ずしも明らかではない。一部では、中国主導の「アジア・インフラ投資銀行」からの資金援助を見越しているとの観測もあるがこれまでのところ不明だ。

今回の調査報告書には、通常のプロジェクトでは、その収益性をチェックする「コスト便益分析」の結果が見当たらない。前提となる料金政策や貨物量予測もない。その代わり、「社会・経済インパクト調査」では、プロジェクト投資に伴い、工事中の約5万人のニカラグア人作業員の雇用（中国人25％雇用計画もある）、完成後の運河操業中の雇用を通じた個人所得の増加、新たなロジスティック産業、観光・サービス業の創設、政府の各種歳入増を通じて、高いGDP成長率が達成されるとしている。プロジェクト実施により、2025年までのGDP成長率は年9％、GDPは208億ドルにまで拡大する。逆に、実施しない場合、GDP成長率は4・5％止まりで、GDPは118億ドルにとどまり、現在の貧困状況が継続するとし、プロジェクト実施のメリットの大きさを強調している。

環境面では、ニカラグア湖への影響調査等、生物多様性の維持保存の向上に向けた対策を盛り込んでいる。140名近い環境学者が調査に参加、その半数近くはニカラグア人を動員、残りは米国、ヨーロッパ、ラテンアメリカからの参加者。最終報告書には全員の氏名とサインまでが記載され、本プロジェクトが環境問題をなおざりにしていない点を誇示している。

（4）通航船舶数予測（表2参照）

前述のようにニカラグア運河では、超大型船の通航を想定している。コンテナ船の大型化は、近年急速に進み、2015年現在、世界最大のコンテナ船は、デンマークのマースク社が建造する「マースク・トリプルE」といわれ、1・8万TEU強の積載量を誇る。しかし、喫水が20メートルと深く、その分寄港地も限られる。深水港でも15～16メートル程度で、1万TEU以下が主流のなか、ニカラグア運河が想定する2・5万TEUのコンテナ船の通航は当面は限られそうだ。「拡張パナマ運河」では1・4万TEUが通行可能だ。

40万トンのバルク船といえば、ブラジルのヴァーレ社が保有する世界最大レベルの鉱石運搬船（船幅65メートル、喫水23メートル、積載量40万トン）に匹敵する。このレベルの船が航行できるルートも限られよう。「拡張パナマ運河」では17万トンが通行可能だ。

32万トンのタンカーは、20～30万トン級（喫水21メートル）のVLCC（Very Large Crude Oil Carrier）をさらに上回るULCC（Ultra Large Crude Oil Carrier）級の超大型タンカーだ。マラッカ海峡（幅2・8キロ、水深23メートル）は何とか航行できても、スエズ運河（喫水20・1メートル）は難しい。浅い港湾が多い中東産油国では、8～12万トン級のタンカー（AFRAMAX）の利用が多い。「拡張パナマ運河」では12万トンのタンカーの航行が可能だ。「ニカラグア運河の通航隻数予測」（表2）から、通航貨物量を推計してみると、2030年時点で約8億トン（DWT）となる。パナマ運河の通航貨物量は2025年時点で両運河を合わせても3億トン強であるので、かなり過大な予測と言える。

## まとめ

西半球の中心部に位置するニカラグア運河を利用して輸送される貨物や、運河利用国は、基本的にはパナマ運河と大差ない。「既存パナマ運河」の主な利用国は、米国、中国、チリ、日本、ペルー、韓国、コロンビア、メキシコ、エクアドル、カナダの10カ国で、全通航貨物量の9割を占める。将来の通航量は、これら利用国の人口増加や経済成長をベースにある程度予測できる。近年の中国経済成長の減速に伴う各種資源貿易の減少、地球温暖化対策による化石燃料貿易量の低下傾向等、少なくとも中期的にはニカラグア運河通航貨物量が順調に伸びるという保証はない。

最大のライバルであるパナマ運河庁は、「中米地峡の潜在的通航貨物量はニカラグア運河の建設が必要なほど、大きくはないが、万一、ニカラグア運河が建設されるのであれば、パナマ運河は「第四閘門運河」を追加建設することになろう」と述べ「ニカラグア運河」構想に対し強力な牽制球を送っている。もちろん、新たに「第四閘門」を建設することは、水源の確保等、課題も多く簡単ではない。しかし今、夢の実現に向けて動き出そうとしている「ニカラグア運河」の行方も、海上貨物輸送量の増加をどこまで長期的な視点で捉えるのか、また、中国が地政学的戦略の一環として積極的に参画し、巨額資金も負担するのか等、不確定要因が絡み余談を許さない。新運河が建設されれば、通航コストの削減が実現されるという面もあり、利用国は注目している。

（小林志郎）

［参考文献］……………………………………………………

国本伊代・小林志郎・小澤卓也『パナマを知るための55章』明石書店　２００４年
小林志郎『パナマ運河拡張メガプロジェクト』文眞堂　２００７年

# 25

# 対コロンビア海洋境界画定紛争

★「海洋国家」に向けた大きな前進★

２０１２年11月19日は、中米最大の国土面積を誇るニカラグアが、「海洋国家」に向けて大きく駒を進めた日として記憶されることになるであろう。この日、国際司法裁判所（ＩＣＪ）は、２００１年12月から長らく係属していたコロンビアとの海洋境界画定紛争に対して、ニカラグアの主張を大きく受け入れる判決を下したのである。

判決内容は、大きく二つに分けることができる。一つは、両国が争う7島嶼（とうしょ）の帰属問題であり、もう一つは、両国の排他的経済水域と大陸棚の境界画定である。前者について、ＩＣＪは、コロンビアによる従来の支配の実効性（efectivités）を認め、すべてコロンビア領とした。

他方、後者について、ＩＣＪは、海洋境界画定に関する判例を通じて確立された「三段階アプローチ」を用いて線引きを行った。すなわち、①両国の海岸線（ニカラグア側はモスキートス海岸、コロンビア側は本土ではなくサンアンドレス群島など島嶼の海岸）の間に暫定的な中間線を引き、②衡平な（equitable）結果を達成するために、島の存在や海岸線の長さの不均衡といった関連事情を考慮して暫定線を調整し、そして③調整された線が、両国に顕著な不均衡を生み出していないかを関連事情に照らして検証し、不均衡があればさらに調整するというものである。なお、過去に③の調整を実施した判例はない（本件を含む）。

実は、ニカラグアは、ＩＣＪがこのアプローチを用いることに反対していた。このアプローチは、隣り合う国家間のような平凡な地形の画定の場合には衡平な結果を生みやすいが、本件海域のように一方の国の大陸棚上に他方の国の小さな離島が点在して向かい合うといった「平凡ではない」地形の場合にはそうではない、というのがその理由である（この点で、本件判決は、東シナ海での日中間の海洋境界画定に示唆を与えるものとして注目される）。

ところが、ＩＣＪは――後に幾らかの判例評釈で批判されるのだが――暫定線を大幅に引き直すかのような意外な調整を行った。これにより、ニカラグアの海域の東端は、判決前にコロンビアが主張していた海洋境界線であるニカラグアのモスキートス海岸沖合約50海里の西経82度線から、約１５０海里東の西経79度線あたりまで拡大することとなった（図参照）。これによりコロンビアが失った海域は約７万５０００平方キロ、ニカラグアの国土面積の約60％に相当する。ニカラグアはさっそく、この広大な海域の警備のため6隻の軍用艦を買い揃え、中南米最大のエネルギー企業レプソルからの探鉱許可申請にも迅速に対応した（ただし、今日依然として商業規模の油田は見つかっていない）。

この判決は、コロンビアに衝撃をもって迎えられた。即日、サントス大統領は「判決を拒否する」との声明を出し、わずか9日後、ＩＣＪの裁判管轄権を認める根拠法である、自国の首都名を冠する１９４８年ボゴタ規約からの脱退を表明した（効力発生は1年後。脱退はエルサルバドルに次ぎ2カ国目、現在メキシコ以南の中南米諸国13カ国が加盟）。ところが、翌月８日の報道では、外務大臣が「上訴」に向け

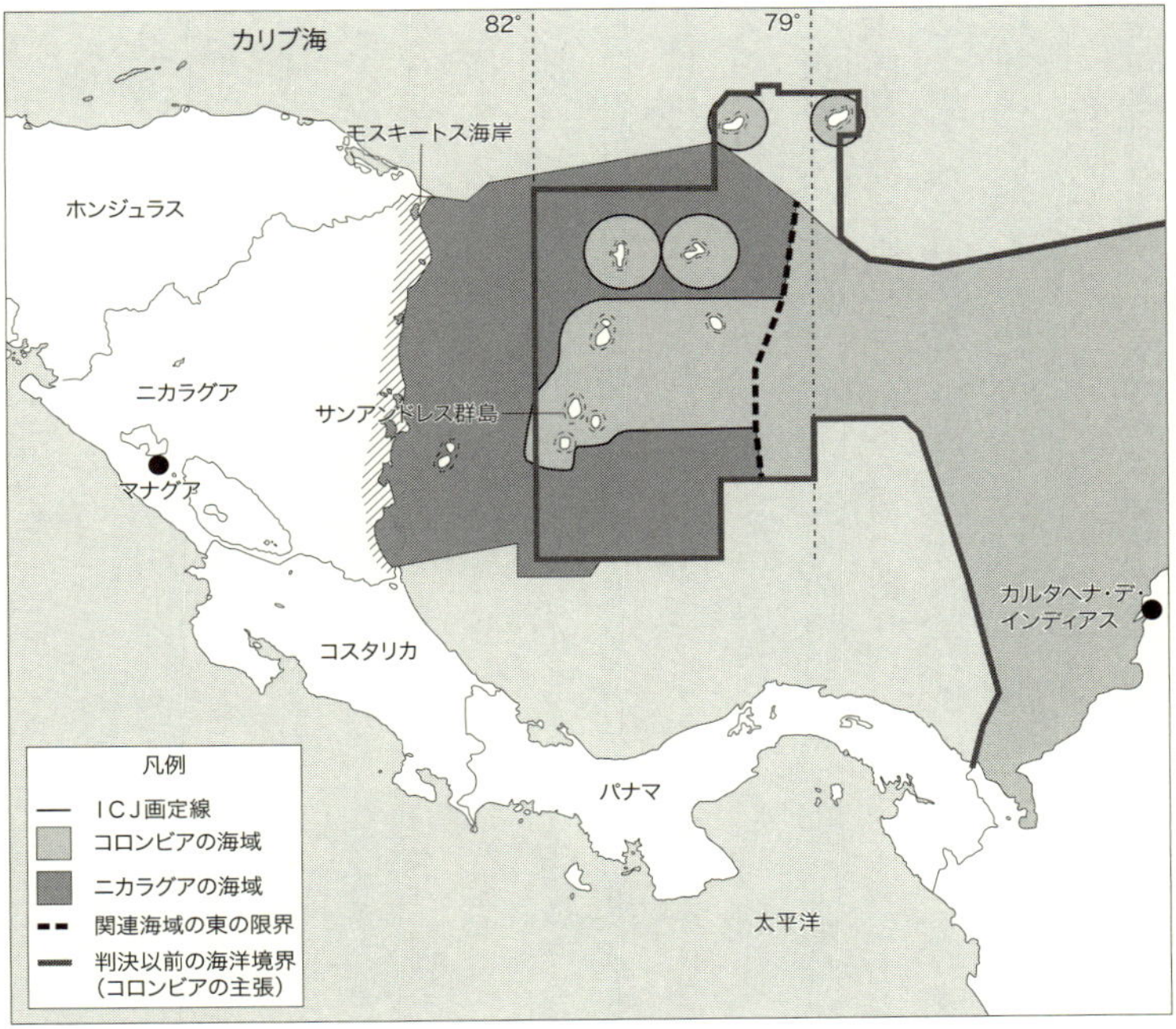


ニカラグアの海域

て英国人弁護士を雇用したと伝えている。とはいえＩＣＪの裁判は終審であり、上訴は不可能である。残された手段は再審請求だが、これは「決定的要素となる性質をもつ事実で判決があったときに裁判所及び再審請求当事者に知られていなかったものの発見を理由とする場合に限り」（ＩＣＪ規程第61条）行いうるもので、高いハードルがかかる。

この「発見」といえるかは定かではないが、コロンビア元外務大臣ノエミ・サニンと元法務副大臣ミゲル・セバロス・アレバロが、２０１３年４月27日付けのセマーナ（Semana）誌上で興味深い発言を行っている。まず、判決が下される2カ月前の2012年9月、ニカラグアは悲願である大陸間運河建設（詳細は第23、24章参照）について中国と覚書を交わしていたが、この覚書にはニカラグアが中国にアクセスを保障する条件が付いていた。ところがその海域には、当時まだコロンビアの主権下にあった部分が含まれていた。さらに、運河が中国の資金と人員で建設されることは、審理中には明かされてはいなかった。

そこで彼女らは、判決を下した裁判官のなかに中国人がいたことを問題視する。ICJ規程は、裁判官が特別な理由で裁判に参加すべきでないと認めるときは、その裁判への参加を回避しなければならないと定めているからである（第24条）。もっとも、判決は全会一致で下されていることなどから、これらが「決定的要素」にあたるか否かは不明である。

他方、ニカラグア政府は、この判決を「主権を回復する新たな歴史の始まり」と歓迎し、コロンビアの追撃を開始する。まず、判決から7カ月後、判決で獲得した大陸棚が領海基線から200海里を越えて地質学的に延長している部分（コロンビアの200海里水域内に入り込んでいる）を獲得するため、大陸棚限界委員会（CLCS）に申請を行った。その3カ月後、再びコロンビアを相手取り、ICJに提訴した。これは、CLCSへの申請をふまえて、延長が見込まれる自国の大陸棚とコロンビアの大陸棚の境界画定を求めるものであり、いわば2012年裁判の延長戦である。さらに、コロンビアによるボゴタ規約脱退通告の発効前日の2013年11月26日、ニカラグアは、コロンビアが2012年判決に反する活動を行っていることを国際法違反と宣言するよう求める訴訟をICJに提起した。

このように、ニカラグアは、本件裁判を足掛かりに、海洋国家に向けて大きく駒を進めている。大陸間運河の建設と海洋資源の探査開発が上手くかみ合えば、この地域の勢力図は大きく変わるかもしれない。

ところで、中南米諸国は、上述のボゴタ規約の存在により、紛争をＩＣＪにもち込むことが多く、その意味で極めて模範的である。とりわけニカラグアはＩＣＪの上得意であり、当事者になった事件は、打ち切り・訴訟参加を含めて10件にのぼる（うち7件で原告国）。上で触れた2件の訴訟は現在係属中であり、ニカラグアのチャレンジはまだ続く。なお、本稿執筆中の２０１５年12月16日には、コスタリカとの陸上国境地帯紛争事件に判決が下り、敗訴した。

これに較べて、日本がＩＣＪで当事者となったのは、２０１０年にオーストラリアから提訴され２０１５年３月に判決が下された、南極海での調査捕鯨事件のみである。しかも日本はこの事件で完敗し、同年10月6日には、海洋生物資源の調査、保存、管理又は開発に関係する紛争を、今後ＩＣＪでは争わないことを公式に宣言している。

（加々美康彦）

【参考文献】

岩下順子「領土及び海洋紛争事件（ニカラグア対コロンビア）」『島嶼研究ジャーナル』第2巻2号　１４５～１５５頁　２０１３年
加々美康彦「領土及び海洋紛争事件（ニカラグア対コロンビア）――判決と日本へのインプリケーション」『貿易風（中部大学国際関係学部論集）』第11号　7～36頁　２０１６年

# Ⅳ

# 人びとの暮らしと社会の姿

# 26

# 先住民という「他者」

## ★混血のニカラグア神話★

1986年に制定されたニカラグア共和国憲法には、「民族」のはらむ諸問題をめぐる同国の経験が反映されている。

国家は先住諸民族の存在を認知し、彼らは憲法と各法令の定める諸権利と責務、および保障を享受するものとする。またそれは先住民のアイデンティティと文化を維持し発展させ、固有の社会組織を形成し地域の業務を運営することを可能にする。（第5条・部分）

さらに、「ニカラグア人民は本質において多民族的（multiétnica）である」と定められ（第7条）、スペイン語以外に大西洋岸部諸共同体の言語も公式に使用しうるとされた（第11条）。第3章でみたような太平洋／大西洋岸部の社会的断絶と、それを克服するための幾多の試みと挫折（それはとりわけ、コントラ戦争において悲劇的な形で明確化した）を経由して、改めて多民族・多文化国家として再出発することがここに宣言されているわけである。またこうした経験は、同年の大西洋岸北部・南部自治地域（RAAN・RAAS）の創設という事実に端的に示されてもいる。

しかしながら、同憲法をはじめとして、現代ニカラグア社会において「先住民」あるいは「民族」が問題となるとき、それはほとんどの場合大西洋岸部（「もう一つのニカラグア」）での事例を指している。それ以外の地域に生きる先住民たちの姿は、こうした問題系からは抜けおちてしまっているのだ。

では次に視点を「内地」に移し、民衆レベルでの先住民表象についても見てみよう。ニカラグア独特の話法を収集した民俗研究家カルロス・マンティカの代表作『ニカラグア話法集 "El Habla Nicaragüense"』（初版1973年）には、先住民にまつわる以下のような用例が採録されている。いわく、「インディオは味覚なしに喰らい、愛なしに娶り、痛みなしに死ぬ」「インディオはいちばんきれいな場所に糞をする」「いったん銃を知ったインディオは、もうマチェテ（山刀）を使おうとしない」「集まって出歩くインディオはろくなことをしない」。ここに描かれているのは、ずる賢く、粗暴で、文化や教養に欠ける存在としての先住民像である。ただしこうしたいいまわしは、直接的に先住民を指すというよりは、不調法な人物に対するあてこすり、あるいは田舎臭さの抜けない「われわ

スティアバ先住民の歴史的抵抗を現在に伝えるタマリンドの大木 "Tamarindón"（レオン県スティアバ）

スペイン征服者に抗して戦ったカシケ・ディリアンヘンの像（カラソ県ディリアンバ）

れ」を自嘲的に表現するために使用されることが多いのではあるが。

また、植民地期の民衆演劇にその源を発し、現代ニカラグアにおける「国民的」民俗芸能として位置付けられている仮面舞踏劇「エル・グエグエンセ（El Güegüense）」にも、こうした先住民観がはっきりと刻印されている。この対話劇は、主人公である貧しい老インディオ＝グエグエンセの操るナワトル語方言および民衆的スペイン語と、植民地総督およびその追従者たちが使用するスペイン語のあいだで交わされる非対称な言語ゲームとして展開される。そこでは、民衆的な隠語や地口、意図的な誤解や語義のずらしといった、シニカルなやりとりが繰り広げられてゆく。権威者に対する先住民のこうした巧みな言語運用能力と不遜な面従腹背の姿勢は、一方ではニカラグア人のシニカルな自己イメージとしても広く認識されている。粗野ではあるが、機を見るに敏（さと）く、弁の立つその老獪（ろうかい）な人物像を見て、人びとはそこにいくばくかの自画像を見てとるのだとマンティカは指摘する。

このように「先住民」という存在は、現実的存在であるよりもむしろ、両義的な意味をもつニカラグア人の自己意識の陰画、あるいは自分の内部の「他者」として表象されるようになっている。

さらに、エリート的文脈における先住民の位置も確認しておこう。ラテンアメリカ最大のモダニズム詩人の一人であり、在スペイン大使も務めたルベン・ダリオは、1867年に先住民が多く生活するマタガルパ県メタパ村で生まれた。ニカラグア国家の文化的進歩を唱道した彼は、しばしば先住民由来の文化を「原始的な単純性」「消え去るべき種族の叫び」といった表現で痛烈に批判した。こうした規定は、20世紀以降も知識人・政治家といったエリートの言説において無数に反復されることになる。

もちろん、先植民地期において多様で豊かな文化を生みだし、またその後はスペイン人征服者と果敢に戦ったとされる先住民の存在は、「われわれ」の偉大な祖先として称揚されてもいる。とりわけ、サンディニスタ革命期にはそうした記憶が革命闘争に投影され、勇敢なニカラグア人のルーツとしての先住民が（ただし「かつての」存在としてのみ）再発見されていった。

こうした表象の成立は、その歴史的背景を有してもいる。大西洋岸部地域の統合が国家レベルで取り組まれていた19世紀末から20世紀初頭にかけて、太平洋岸部先住民社会においては「独自」の言語と文化の喪失が進展したとされてきた。先住民の農民化と共有地の分割の進展とによって、「実質的な」（つまり、本来的な意味での「混血」を伴わない）メスティソ（混血）化が完了したとする見方が一般的なものとなっていったのだ。大西洋岸部における先住民社会が、「われわれ」の他者として過度に問題化・政治化される過程で、中間領域に現実に生活する先住民の不可視化が進展したわけである。

人類学者ジェフリー・グールドは、こうした状況を『混血のニカラグア神話』の勝利」と呼んだ。19世紀末の自由主義政権期を一つの頂点とする「国民国家」創成の試みのなかで、次第に「先住民」は過去における自らの祖型として理念化される一方で、疎遠化された否定的な自己像として定式化され、その代替物として「われわれ混血＝メスティソのニカラグア人」という新たなイデオロギー＝神話が構築されていったのである。

こうして成立した社会的規定のもとでは、「先住民であること」は否定的な意味を帯び、その存在は不可視化されざるをえないだろう。マタガルパ県をはじめとするニカラグア中北部やスティアバ・マサヤといった太平洋岸部にいまも生活する先住民たちは、こうした「神話」に起源をもつ社会的圧力のもとにおかれながらも、存続と組織化へ向けた着実な取り組みを続けている。たとえば２０００年代には全国組織「ニカラグア太平洋岸部・中北部先住民族ネットワーク」が結成されている。「神話」を打破して真に多民族的で多文化のニカラグアが誕生するためには、彼らの文化的・民族的独自性と多様性が肯定的に評価されるような社会的環境が開かれなくてはならないだろう。（佐々木　祐）

［参考文献］
崎山政毅『サバルタンと歴史』青土社　２００１年
Gould, Jeffrey L., *To Die in this Way: Nicaraguan Indians and the Myth of Mestizaje*, Duke University Press, Durham & London, 1998.

# 27

# ニカラグアのフェミニズム運動

## ★政治闘争のはざまで★

ニカラグアのフェミニズム運動は、他のラテンアメリカ諸国と同様に、20世紀の前半に女性の参政権獲得を中心とする第一波フェミニズム運動が起こり、1960年代から第二波フェミニズム運動が起こった。第二波フェミニズム運動は、サンディニスタ革命と重なり、革命政権の主導のもとで女性解放政策が実施された。ニカラグアで政党から独立した女性組織によるフェミニズム運動が始まったのは、1990年にサンディニスタ民族解放戦線が総選挙に敗北し下野してからである。

第一波フェミニズム運動は、アメリカ合衆国の女性参政権運動の影響を受け、20世紀初頭に始まった。都市を中心とする富裕層・中間階層の女性たちは、女性参政権の法制化および高等教育への女性の参入を要求した。1933年にホセファ・トレドを中心に「イベリア・イスパノアメリカ国際女性連盟とニカラグア女性十字軍」（以下国際女性連盟と略す）が設立され、女性の自立のための職業教育、識字学校設立を要求した。国際女性連盟は、アナスタシオ・ソモサ・ガルシアの妻サルバドラ・デバイレを名誉会長として迎え、1939年に「共和国市民として女性の権利を議会に要求する女性解放の請願」を議会に提出した。一度は却下されたが、ソモサ政権のもとで1950年に選挙法が改正され、1955年に女性参政権が公布された。参政権獲得後のフェミニズム運動は、ソモサ政権に取り込まれ、ソモサの政治基盤である民族自由党（PLN）を支持する選挙活動が中心となっていった。1955年には、弁護士のオルガ・ヌニェスによりPLN傘下の女性組織として「自由党婦人翼賛部」が設立され、1957年の選挙でソモサを支持した見返りとして、大学への入学、男女平等な法的権利を獲得した。

40年以上におよぶソモサ一族の独裁と国家警備隊による過酷な弾圧に対して、1961年にサンディニスタ民族解放戦線（FSLN）が設立されると、FSLNのもとで1977年に「国事問題を考える女性連合（AMPRONAC）」が女性解放とソモサ独裁政権に抵抗する組織として設立された。AMPRONACは、グラディス・バエスが農民、労働者、学生など民衆セクターの女性を組織した「ニカラグア民主女性組織」やソモサ独裁政権に抵抗する政治犯の母親による「政治犯の家族および母親の会」と共闘し、FSLNの武装蜂起を全面的に支援した。ニカラグア革命闘争において、女性たちは銃後だけではなく戦闘にも果敢に参加した。FSLNの戦闘員の3分の1から4分の1は女性だったといわれている。この時期、ソモサ独裁政権と帝国主義への闘争が女性解放と同義語となった。

1979年7月にソモサ政権が崩壊し国家再建政府が樹立されると、AMPRONACは革命闘争のさなかに殉死した女性の名を冠した「ルイサ＝アマンダ・エスピノサ　ニカラグア女性連合（AMNLAE）」と名称を変更し、識字運動や保健運動を通じてニカラグア革命へ女性を動員する役割を果たした。AMNLAEは、マルクス主義的立場から女性労働者の解放をめざし、母性をもつ労働者として女性を革命に統合していくことを使命とした。そして、革命政府のもとでさまざまな男女平等政

策が実施された。（第28章参照）

1980年代に反革命運動が強まり内戦が激化するにしたがい、男性は戦場に赴き女性の労働市場への参加は増大した。しかし、ニカラグア革命への女性の貢献にも関わらず、国家再建における国政や協同組合などの意思決定の場での女性の参加は限られていた。FSLNは、女性独自の要求を国際社会からの借り物でブルジョア的とみなし、マチスモや女性への暴力、セクシュアル・ハラスメントなどの女性独自の問題を理解していなかった。内戦が深刻化するに連れ、女性の優先課題と必要性は国家政策のなかで二次的なものとみなされた。こうした状況のなかで、フェミニストのなかからFSLN批判が生まれた。1990年の選挙におけるFSLNの敗北は、女性運動に新しい局面をもたらし、政党から自立した運動への契機となった。FSLNのもとで女性解放を牽引してきたAMNLAEの影響力が一挙に低下し、FSLNの政治活動から距離をおき、自立的なフェミニズム運動を展開しようとする動きが始まった。1992年に開催されたAMNLAEの総会当日に、政党から独立して女性解放運動をめざす女性たちにより、当時のニカラグアで女性が人口に占める割合を意味する「52%の祭典」が開催され、その参加者はAMNLAEの総会を上回った。こう

AMNLAEの事務所（撮影：2014年8月）

マリア＝エレナ・クアドラ女性労働者・失業者運動事務所前で相談の順番待ちをする女性たち（撮影：2014年8月）

したなかで、既存の組織モデルとは異なり、自分たちが直面する現実の問題に対処するために地方や全国レベルで、多様な行動形態をもつ小規模な女性組織が形成された。しかし、それらのフェミニズム組織は、小規模で資金源に乏しい弱小組織が多かった。

チャモロ政権、アレマン政権、ボラーニョス政権と三代続いた新自由主義政権のもとでの構造調整政策は、特に女性に厳しい影響を与えた。チャモロ政権が実施した公務員の削減を目的とした「職業転換計画」や社会福祉の削減政策は、教育や保健分野で活躍していた女性たちや貧困女性を直撃した。さらにこれらの政権は、女性政策に消極的であり、カトリック教会との強い結びつきのもとで伝統的な家族観への回帰が見られた。多くのフェミニストたちは、組織維持のための資金を失っただけでなく、自分たちの生活を維持するための活動に追われ、運動から一時撤退せざるをえなかった。

１９９０年代に入り、ニカラグアでは多くのＮＧＯが出現したが、フェミニズム組織も海外の資金援助を受けるＮＧＯとして活動を模索し、全国・地方レベルでのネットワークを構築していった。２０００年前後に設立された「フェミニスト運動」や「自立する女性運動（ＭＡＭ）」を中心に、選挙過程への市民の参加促進、公費のモニター制度要求、社会施策の公聴会、アレマン―オルテガ協定の告発、汚職の告発などの市民の権利と民主主義を護る市民運動を担った。

２００６年の大統領選挙では、オルテガが大統領に当選しＦＳＬＮが政権の座に返り咲いたが、フェミニズム運動とオルテガ政権との対立は新たな局面を迎えた。オルテガ大統領は選挙戦において「国民の団結と融和」を掲げ、カトリック教会との和解を図った。これまで合法とされていた妊娠の継続が母親の生命に危険を及ぼす場合の人工中絶に反対する立場を表明し、２００７年には刑法を改正してすべての人工中絶に罰則規定をもうけた。レイプされ妊娠した9歳の少女ロシータの事件をめぐり、フェミニストとオルテガ政権の対立が顕在化した。妊娠した少女の人工中絶をめぐり、それに協力し法律を犯したとされるＭＡＭの女性たちを政権復帰したＦＳＬＮが告訴した。こうした動きに対して、フェミニズム組織は連携して激しい抗議行動を行った。

現在、フェミニズム組織は人工中絶の罰則化反対、労働法の改正や女性への暴力に対する法的規制などの共通のテーマを媒介としながら、さまざまな組織が連帯して運動を展開し、政府に働き掛けを行っている。

（松久玲子）

【参考文献】
国本伊代編『ラテンアメリカ　二十一世紀の社会と女性』新評論　２０１５年

# 28

# ニカラグアのジェンダー平等政策

## ★前進と後退★

ニカラグアのジェンダー平等政策は、1979年のニカラグア革命以降急速に進展した。サンディニスタ革命のもとでの社会主義的ジェンダー平等政策は、女性労働者の母性保護を基本としたものだったが、1990年以降の新自由主義政権の反動的政策を経て、2007年以降のオルテガ政権では国際社会の流れに沿う政策が展開されている。

ニカラグア革命では、女性を革命過程に統合するためにFSLNのもとで女性解放運動が展開された（第27章参照）。1981年に国連の女性差別撤廃条約を批准し、1982年に「母親・父親・子どもの権利法」「離婚法」が制定された。「母親・父親・子どもの権利法」は、母親に父親と平等の親権を付与し、1983年の「養育法」では、家族の成員が性別にかかわりなく家事を負担しなければならないとした。また、労働法においても、妊娠を理由に解雇することを禁止し、産前4週間産後8週間の有給休暇が保証された。同年に制定された農業組合法では、ラテンアメリカで初めて家族内の役割とは無関係に、協同組合の成員として女性が土地配分の対象となった。売春を禁じ、女性を商業的・経済的搾取の対象とすることを禁じたコミュニケーション・メディア法も施行された。サンディニスタ革命後、最初の総選挙でＦＳＬＮが勝利しダニエル・オルテガが大統領となり、１９８７年に憲法改正が行われ、男女の平等が規定された。また、１９９０年にはサンディニスタ政権のもとで女性政策を担う部局としてニカラグア女性機構（ＩＮＩＭ）が設置された。

マナグアでパレードに参加する女性警察（撮影：2014年8月）

１９７９年のニカラグア革命から政権が交替する１９９０年まで、ＦＳＬＮの主導で女性の法的地位はかつてないほどに前進したが、社会の実態は法律に示す男女平等に追いついてはいなかった。一方、内戦の激化に従い男性が戦場に駆りだされ男性労働力の不足を女性が補い労働市場への女性の進出が進んだ。革命前に比べ１９９２年には女性労働人口は２・５倍に増加した。しかし、内戦終結とともに男性が職場に復帰し、労働市場で男女が競合すると次第に女性の失業が増大した。また、労働における性別役割分担や伝統的な女性の職種の低賃金化、管理職における女性の不在など現実の男性優位の環境は変化しなかった。特に、指導的役割を果たすはずのＦＳＬＮにおける男性優位（マチスモ）の体質は、女性への暴力やリプロダクティヴ・ヘルス＆ライツ（性と生殖に関する健康と権利）など女性独自の問題への取り組みを妨げていた。

1990年から始まる新自由主義政権では、伝統的カトリック教会の影響が増大し、保守的なジェンダー規範や家族観への回帰が見られた。男女平等政策を女性の視点から遂行するはずだったニカラグア女性機構は機能せず、女性政策は家族福祉政策の一部として社会行動省管轄の「児童と家族ニカラグア基金（FONIC）」と協力する形で、かろうじて活動を続けることができた。この間、ジェンダー平等にむけて実施されたのは1996年の女性と児童警察の設立と2000年の女性に対する姦通罪の廃止、離婚法の改正のみである。

17年ぶりに2007年からのFSLNの政権復帰とともに、ジェンダー平等政策は再び前進した。2008年に「権利と機会に関する平等法」（648号法、以下平等法と略す）が制定され、2010年にはその施行規則が政令として公布された。平等法は、女性の政治参加、男女平等の政治的権利、女性の経済活動への参加、教育・保健・司法・労働・情報への女性のアクセスに関する方針を定めたものである。政治分野においては、国政選挙・地方選挙・市町村選挙および中米議会選挙において男女50%のクオータ制を導入することを決定した。また、労働分野において女性世帯主の所有権設定、労働法における男女平等の徹底、妊娠検査の禁止、研修制度の女性への拡大などを定めた。生まれた子どもの認知を請求できる「父親と母親の責任法」や労働条件を含む最低賃金に関する労働法改正（2007年）が行われ、農村女性のためのジェンダー平等な土地購入基金創設法制定（717号法）や妊娠と多産分娩の家族保護特別法（718号法）が制定された（2008年）。2012年には、ジェンダー平等に関する15の法律を通過させ、そのなかにはジェンダー・クオータを導入する選挙法改正も

第28章

ニカラグアのジェンダー平等政策

## ジェンダー平等法の年表

| 西暦 | 政　権 | 成立年 | ジェンダー平等に関する政策 |
|---|---|---|---|
| 1979 | サンディニスタ革命 | | |
| | | 1980 | 家事労働者組合結成、母乳保護法制定 |
| | | 1981 | 女性差別撤廃条約を批准 |
| | | 1982 | 母親・父親・子どもの権利法制定 |
| 1984 | ダニエル・オルテガ大統領に当選（任期　1985.1－1990.4） | | |
| | | 1987 | ニカラグア憲法（男女平等規定）制定 |
| | | 1990 | ニカラグア女性機構（INIM）設立 |
| 1991 | ビオレタ・チャモロ大統領に当選（任期 1990.4－1997.1） | | |
| | | 1993 | 刑法、民法、労働法の改正（ホモセクシュアル関係を禁止） |
| | | 1995 | INIM再編 |
| | | 1996 | 児童と家族ニカラグア基金（FONIF）社会行動省のもとに設立 |
| | | | 女性と児童警察設立 |
| 1998 | アーノルド・アレマン大統領に当選（任期 1997.1－2002.1） | | |
| | | 2000 | 女性に対する姦通罪廃止（法律221号） |
| 2001 | エンリケ・ボラーニョス大統領に当選（任期 2002.1－2007.1） | | |
| 2006 | ダニエル・オルテガ大統領に当選（任期　2007.1－2012.1） | | |
| | | 2007 | 父親と母親の責任法（法律623号） |
| | | 2008 | 権利と機会の平等法（法律648号） |
| | | | 農村女性のためのジェンダー平等をもつ土地購入基金創設法制定（法律717号） |
| 2011 | オルテガ大統領再選（任期　2012.1－2017.1） | | |
| | | 2012 | 選挙法改正（法律790号）ジェンダー・クオータ導入 |
| | | | 家事労働者条約（189号条約）批准 |
| | | 2013 | 女性省設立、INIM廃止 |
| | | | 女性への暴力に対する総合法制定 |
| | | 2014 | 家族法（法律870号）制定 |

含まれた。

ニカラグアは、現在国際社会のジェンダー平等政策に沿った政策を推進しているが、その背後にはフェミニズム組織による政策の検証や強力な働きかけがある。最も大きな成果は、女性への暴力に対する総合法（779号法）である（2013年）。革命と内戦を経験したニカラグアでは、暴力が大きな傷跡として社会や家庭に残っている。2010年の統計では女性の3人にひとりは身体的暴力や性的暴力を経験していた。女性に対する暴力は、ニカラグアのフェミニズム運動にとって歴史的にも重要なテーマだった。1984年の選挙において家庭内・家族間暴力だけでなく、すべての女性に対する暴力が争点の一つとなり、憲法36条に「すべての人間は、身体的、心理的、道徳的に尊厳が守られる権利がある。誰も、拷問や処罰、残酷で非人間的で下劣な行為の対象とならない」という文言が入れられた。しかし、1990年の国政選挙に勝ったチャモロ大統領の選挙母体であるUNOは、女性にとって家庭内暴力からの唯一の逃げ道だった夫婦の一方の申し立てによる離婚の成立を無効にする提案を国会に提出して否決された。1992年に超党派女性議員により刑法改正提案があり、セクハラと女性への犯罪に関する法律の改正が行われた（刑法改正150号法）。しかし、実効性をもたず現実とかけ離れたもので、性暴力による妊娠中絶を合法化する要求は否決され、代替案として性暴力の加害者に子どもの養育費の支払いが命じられた。1996年には「家庭内暴力の予防と罰則化のための刑法改正と追加法」（230号法）が可決され、心理的な暴力も罰則対象とされた。しかし、加害者である「元」夫・パートナー・恋人に対する処罰規定がなく、さらに女性が働いたり勉強することを邪魔したり、女性の賃金を夫が取りあげるなどの経済的暴力に対する法律の不備が指摘された。

２０１０年に、女性組織が1万２０００人の署名とともに、国会の女性に対する暴力に関する基本構想を国会に提案したが否決された。1年後、最高裁が別の基本構想を国会に提出し、オルテガ政権二期目の２０１２年6月に、女性への暴力事件における調停を導入した改正案が可決された。調停の過程で被害者の女性は、無防備のままに犯罪者と向き合うことになり、再度精神的暴力にさらされ、その後も報復を受ける可能性がある。フェミニズム組織は調停における否定的な側面を明らかにし、この改正の違憲性を主張している。ジェンダー平等政策は、国際社会の合意に基づき実施されているが、ともすると骨抜きにされるなかで、女性組織が歯止めをかける役割を果たしている。（松久玲子）

［参考文献］
国本伊代編『ラテンアメリカ　新しい社会と女性』新評論　２０００年
国本伊代編『ラテンアメリカ　二十一世紀の社会と女性』新評論　２０１５年

# 29

# 女性の政界進出

## ★進む政界進出とガラスの天井★

２０１５年の国連開発報告書によればニカラグアの人間開発指標は１８５カ国中１２５位で下位に位置するが、経済活動の参加と機会、教育、健康と生存、そして政治への関与の４分野の社会進出における男女格差を示すジェンダーギャップ指数（ＧＧＩ）では１４５国中第12位に位置している。特に政治参加についてはノルウェーとほぼ肩を並べ世界第４位である。２００６年から２０１５年までのニカラグアのＧＧＩを見ると女性の経済参加は後退したが、教育は向上している。一方、健康は大幅に向上し、政治的エンパワーメントは２０１１年に21位だったのが２０１５年に４位に浮上した。

直近の２０１１年国政選挙において92議席中女性議員の占める割合は37議席、国会議員の40％を占めている。２０１２～13年度の国会において39議席（42・４％）が女性議員となった。また、14名の閣僚中女性大臣は７人で全閣僚の半数以上を占める。女性副大臣も４人である。地方においても１５３市町村長のうち72人が女性、62人が副市町村長を務めている（43・８％）。中米会議では、21人のニカラグア議員のうち、６人が女性である（28・６％）。国家警察の長官は２００５年以降代々女性が務め、

## 第29章
## 女性の政界進出

警察官の33％は女性である。また、最高裁判所の14人の司法官のうち、4人は女性（29％）、全国の司法機関588５カ所のうち3319カ所（57％）に女性が司法官、判事、司法秘書、調停官として働いていている。

しかし、女性の政界進出は必ずしも順調だったわけではない。ニカラグア革命直後には、戦闘に参加し革命に貢献した女性たちを中心に女性閣僚や政府の要人が登場したが、次第に国政の場から女性たちの姿が消えていった。国会議員の割合を見てみると、革命直後の国家再建政府の国会議員52人のうち女性が6人（11・5％）だった。サンディニスタ革命後初の1984年の国政選挙では、FSLNは国政選挙で19％の女性候補者を出したが国会議員は96人中14人（14％）にしかすぎない。中間レベルのFSLN執行部には女性が56％、活動家の21％を女性が占めているにもかかわらず、入閣した女性はいなかった。サンディニスタ労働組合の組合員の37％、農村労働者連合会員の40％、全国農業組合の12％が女性だったが、組合執行部への女性参加もそれに見合ったものではなかった。意思決定を行う執行部への参加にはガラスの天井が存在した。

1990年以降の新自由主義政権において国会議員に女性の占める割合は、チャモロ政権では14・8％、アレマン政権では10・8％、ボラーニョス政権では20・7％だった。そして2007年からの第二次オルテガ政権では女性国会議員は17人（18・5％）、地方議会においても女性は18人（11％）で、女性議員数は後退した。また、女性大臣は6人、中米会議の議員は9人（43％）、最高裁判所では女性司法官は5人だった。女性の政界進出はわずかながら増加傾向にあるものの、近年に見られるような劇的な変化はなかった。

２０００年以降、ニカラグアは、政党型クオータ方式を採用した。政党型クオータは、選挙で政党または政治集団が勝ち取った投票数に応じて選挙リストから当選者を出す方式で、リストの順位はいわゆるジッパー方式により男女交互にリストに載せなければならない。地方選挙、市町村選挙、中米議会の議員選挙もこれに準じる。しかし、これに反した場合の罰則規定はない。ＦＳＬＮは１９９８年に政党綱領１０６号で女性に30％のクオータを実施することを定めた。２００５年に立憲自由党（ＰＬＣ）は40％、サンディニスタ革新連合（ＭＲＳ）は少なくとも40％以上、２００６年にニカラグア自由同盟（ＡＬＣ）は30％と政党綱領において定めた。これらの政党の政治綱領では、男女の平等および女性の政治参加に言及しているが、さらに踏み込んだ女性への暴力や健康に関する権利についての記述は見られない。

女性の政界進出を決定付けたのは２００８年に公布された「権利と機会に関する平等法」（６４８号法）だった。６４８号法第9条において、すべての行政府は国家、地方、市町村、中米会議において選出される男女の公平を確かにするために必要な政策を促進することを定めた。２０１０年発効の同実施規則7条では、上記の議員の割合を男女50％にすることが定められ、２０１２年には選挙法の改正（法律第７９０号）により、政党あるいは連立政党は選挙候補者リストを男女とも50％にしなければならないと定めた。さらに、２０１２年3月9日に市町村法の改正があり、地方レベルでの女性の政界進出をさらに拡大した。しかし、これら3政党の綱領をみても男女の平等、女性の政治参加についての記述はあるが、単にクオータ制の導入だけでは、女性の政界進出も女性の政治参加が可能になる訳ではないのはいうまでもない。女性の政治参加とエンパワーメントの背景には、サンディニスタ

第29章

## 女性の政界進出

革命時代から続く女性たちの草の根運動を通じた経験と女性たち自身の働きかけが存在する。ニカラグア革命を契機に、女性たちは武力闘争も含めさまざまな政治活動に参加してきた。政府内においてフェミニストの主張する女性解放路線とFSLNとの間に対立が生じ、1990年にFSLNが下野してからフェミニズム組織は政党と距離をおき自立的な活動を展開してきた。

しかし、新自由主義政権のもとでは、女性たちはフォーマルな労働市場から追い出されインフォーマルセクターに生活の糧を求めた。女性たちは生活を守ることに追われ、小規模な女性組織の活動は次第に縮小していった。1998年にニカラグアに甚大な被害をもたらしたミッチ台風は、なすすべのない政府にかわりNGOが海外援助の受け皿となったことにより、ニカラグアのNGO活動を活発化する契機となった。ニカラグアの非政府組織や宗教団体、女性組織などにより構成される市民運動は、選挙過程への市民の参加促進、アレマン政権の汚職疑惑に対する公費のモニター制度の要求、社会施策の公聴会、アレマン＝オルテガ協定の告発、汚職の告発など、市民の権利と民主主義を護る運動を展開してきた。フェミニスト組織もこれらの活動の中核を担ってきた。

女性の政界進出は、女性の政治参加の大きな前進であり指標の一つだが、それが即女性の政治参加の拡大や社会運動への参加につながっているといえない側面がある。2000年に結ばれたアレマン＝オルテガ選挙協定いわゆる「パクト」の結果、二大政党に有利な政治状況が生まれた。二期目のオルテガ政権は直接民主主義に基づく新たな地域共同体モデルによる市民参加を基礎とした「市民政府」組織を通じて政府の開発プログラムを民衆層に普及しようとしている。一方で、それは、開発プログラムの受益者選別の役割を果たしている。オルテガが率いるFSLNにより政治の場が独占され、それと対立する女性組織は政治の場から締め出されているという批判もある。

ＦＳＬＮ傘下の民衆組織とは別に、女性に対する暴力や女性労働者問題、女性の権利など活動をしている小規模な「草の根」の女性組織は、ＮＧＯとして海外の資金援助を得て、女性労働者問題や女性への暴力などの特定のプログラムを中心に活動している。女性の権利の法制化、保健や教育に関するサービス、暴力の犠牲となる女性への対応、国家への女性の権利要求などにむけて活発なロビー活動を行っている。クオータ制の導入や女性への暴力に対する法制化、家事労働者条約１８９号の批准などの政府の女性政策の策定においても、基本構想の策定やロビー活動を行い、政策の成立を後押しした。

（松久玲子）

［参考文献］
国本伊代編『ラテンアメリカ　二十一世紀の社会と女性』新評論　２０１５年

# 30

# リプロダクティブ・ヘルス＆ライツ

★産む・産まない権利をめぐる対立★

リプロダクティブ・ヘルス＆ライツ（性と生殖に関する健康と権利）は、女性が生涯にわたって身体的、精神的、社会的に良好な状態を享受する権利である。すべてのカップルと個人が自分たちの子どもの数、出産間隔、出産する時期を自由にかつ責任をもって決定でき、差別、強制、暴力を受けることなく生殖に関する決定を行える権利でもある。また、ＨＩＶ／エイズ、性暴力、買売春、中絶、中絶に対する刑法の堕胎罪など、さまざまな問題が含まれている。

リプロダクティブ・ヘルス＆ライツに関わる統計データによれば、近年ニカラグアの出生率、乳児死亡率、ＨＩＶの感染率は改善してきた。１９９２／93年の合計特殊出生率、つまり15歳から49歳までの女性1人あたりの平均出産児数は４・６人だったが、２０１３年には2・4人に減少した。２００９年の国連人口基金（ＵＮＦＰＡ）のデータでは、出産時の妊婦死亡率は10万人あたり２００７／09年では66・7人から12年には50・9人へと減少している。１０００人あたりの乳児死亡率は、２００６／07年の29人から11／12年には17人に、幼児死亡率も35人から21人に減少していて、母親の子育て環境の改善がみられるが、2013年のHIVの感染率は0・24％で、女性の性病感染症の高い地域の一つとされている。

都市と農村の格差は大きく、都市での出生率は2・1人に対して農村は2・9人となっている。また、一般に出生率は低下しているにもかかわらず15歳から19歳の若年妊娠の割合が増加している。2011／12年の全国人口・保健調査（ENDESA）によれば、15〜19歳の女性1000人あたりの若年妊娠の割合は92人で、農村での割合が特に高い。また、初めての性交年齢は次第に低年齢化しており、2006／07年には17・4歳だったのが2011／12年には16・8歳になった。初めての同棲年齢は17・4歳、最初の出産は18・8歳である。いずれの場合も農村での平均年齢は都市よりも低い。特に、若年妊娠の割合は高く、農村において15歳から19歳で出産する割合は22・2％、都市では15・4％、妊娠の経験がある女性はそれぞれ28・9％と21・1％である。2013年のHIV感染率をみると、15〜24歳の青少年が占める割合は27・8％となっている。ニカラグアでは貧困、教育の質の低さ、ひとり親家庭などの生活環境が若年妊娠の温床になっており、青少年への性と生殖にかかわる対策が急務となっている。世銀は、学校や家での若年層への性教育の重要性を指摘しているが、避妊、人工中絶、性教育に関してカトリック教会の反対が強く、女性の生殖に関する自己決定権の問題はフェミニストと政府・カトリック保守派との間で対立軸となり、政争の道具となってきた。

すべてのカップルと個人が自分たちの子どもの数、出産間隔、出産する時期を自由にかつ責任をもって決定するための情報を得て家族計画を実施するためには、生殖や避妊に関する情報へのアクセスが不可欠である。若年妊娠の増加に対処するため、公教育における性教育の導入が図られてきた。2003年にUNFPAと教育省、健康スポーツ省の協力で『生命のための教育』という教師のための性教育の手引書がつくられた。それには、家族内のコミュニケーション、幼児期・青年期の身体的変化、責任ある親となること、性病感染やＨＩＶ、暴力や性的嫌がらせなどの内容も含まれたものだった。この手引に対して、福音派、カトリック教会などから支援されたニカラグア・プロビダ協会が強く反発した。性行為の早期化と中絶を促すと批判しただけでなく、初等、中等教育のカリキュラムにその手引を持ち込まないように政府に圧力をかけた。

合計特殊出生率と居住地域別の女性1000人あたりの出生児数

| 母親の年齢 | 出生率 | | |
|---|---|---|---|
| | 都市 | 農村 | 全国 |
| ENDESA 2006／07 | 2.2（人） | 3.5 | 2.7 |
| ENDESA 2011／12 | 2.1 | 2.9 | 2.4 |
| 女性千人あたり15〜19歳 | 74 | 117 | 92 |
| 20〜24歳 | 110 | 145 | 124 |
| 25〜29歳 | 113 | 139 | 124 |
| 30〜34歳 | 80 | 102 | 89 |
| 35〜39歳 | 36 | 49 | 41 |
| 40〜44歳 | 8 | 21 | 12 |
| 45〜49歳 | 1 | 2 | 2 |

出 典：Instituto Nacional de Información de Desarrollo (INIDE), Ministerio de Salud (MINSA).（2013）*Encuesta Nicaragüense de Demografía y Salud 2011/12*, ENDESA 2011/12. *Informe Preliminar*. Julio p.13, 2013. より筆者作成。

　政府は公的には性教育の必要性をみとめながらも、当時のボラーニョス大統領は手引の見直しを指示し、手引書の検討委員会からＵＮＦＰＡの代表をはずしカトリック教会のメンバーを委員会に加えた。新たに作成された『生命のための教育』は、最も安全な避妊法として禁欲を推奨し、普遍的家族モデルとして核家族を肯定し、ホモセクシュアルを病気、あるいは弱さと見なしている。また、人工中絶は神への背信とした点について、フェミニストから強い反発と批判があった。２００８年から学校審議会の勧告で性教育を公教育に導入することを決定したが、カトリック教会の影響を排除できていない。最近、若年妊娠を防ぐために、教育省は第5学年から第11学年の理科と公民のカリキュラムを対象として、人権、ジェンダー、HIVを含むセクシュアリティと生殖に関する新しいカリキュラムを開発している。教師の手引書の作成も行っているが、効果を上げるためには教育研修や資金の必要性が指摘されている。ENDESAの調査ではHIVに関しては98・8％が知っているが、何らかの指導のもとにHIVの知識を得た人びとは18・4％にすぎず、正確で十分な情報を得ているとはいいがたい。

性と生殖に関する自己決定権の一つとしての望まない妊娠の結果を回避するための人工中絶に関しては、さらに長期にわたる対立の種となってきた。ニカラグアでは、2007年まで母親の生命に危険がある場合には人工中絶を認めていた。しかし、2006年の大統領選挙の際に、FSLNのオルテガ現大統領は「国民の団結と融和」をスローガンに掲げ、カトリック教会との和解のために人工中絶に反対する立場をとり、2007年にはすべての人工中絶に罰則規定をもうけた。フェミニストは、この法改正に強く反発したが、オルテガ大統領は性暴力により妊娠した9歳の少女の人工中絶に協力したフェミニストを告訴した。これを機に、性と生殖の権利をめぐり現政府とフェミニストは激しく対立している。

女性に対する暴力については、2012年に女性・子ども・青年に対する暴力に関する刑法改正が行われた。ニカラグアでは、内戦の影響が尾を引き、内戦終結後も家庭内での暴力が多く見られた。2012年のUNFPAによる調査でも1年間の間に言葉による暴力を受けた経験のある既婚女性は36・7％、身体的暴力あるいは性的暴力を受けた既婚女性は22・5％にのぼっている。15歳から49歳の女性では、47・8％の女性が身体的・性的暴力にさらされた経験があると答えている。しかし、女性への暴力に対する政府の関心は高いとはいえず、実際にはＮＧＯや女性組織が対処している。政府は、女性の視点に立ってリプロダクティブ・ヘルス＆ライツを推進しているというよりは、人口政策や家族福祉の問題として捉えている。

（松久玲子）

# 31

# ニカラグアの家族

## ★シングルマザーの国★

２０１４年８月にニカラグアで家族法が公布された。この法律は、それまで個別に出されてきた家族関係法を集大成したものである。ニカラグアは、内戦の影響で１９７９年に孤児となった子どもたちのために養子法が成立したのを皮切りに、第一次サンディニスタ政権のもとで、１９８２年に母親・父親・子どもの権利法と離婚法、１９８３年に扶養法が制定された。１９９６年には、「児童と家族ニカラグア基金」が社会行動省の管轄下で設立され、家族の福祉政策を担った。２００７年以降の第二次サンディニスタ政権のもとで、未成年後見法、事実婚に関する法律、母親・父親の責任法、家庭内暴力撲滅法などが公布された。これらの法律を体系付け家族関連の法律を整理して一つにまとめる試みが行われてきたが、２０１４年の家族法は国家が「理想」とする家族像を基盤としながら、同時にニカラグア社会が直面する問題に対処する要素が組み込まれている。新家族法を検討しながら、ニカラグアにおける家族の実態を見て行きたい。

最新のものである２００５年の国勢調査によれば人口は約５２０万人、１１１万４２１９世帯となっている。１世帯は平均

性別世帯主の割合

| 年度 | 全国 | | 都市 | | 農村 | |
|---|---|---|---|---|---|---|
| | 男性 | 女性 | 男性 | 女性 | 男性 | 女性 |
| 2011 | 67.9 | 32.1 | 58.5 | 41.5 | 80.4 | 19.6 |
| 2012 | 67.5 | 32.5 | 58.3 | 41.7 | 79.7 | 20.3 |
| 2013 | 65.7 | 34.2 | 55.8 | 44.2 | 78.9 | 21.1 |

出典：FIDEG（2014,2013,2012）*Encuesta de hogares para medir la pobreza en Nicaragua*（2006）*VIII Censo de Población y IV de Vivienda: Cifras Oficiales censos nacionales, 2005*. Managua.

４・９人で構成され、３人から４人で構成される世帯が最も多く全体の約53%を占める。1戸当たりの平均居住者は５・２人で、1世帯が一つの住居で暮らしているのが主流だが、2世帯が同居する住居が４%、３世帯同居が１・２%見られる。特に首都マナグアでは2世帯から3世帯同居している割合は９%と高かった。国連のデータによれば、２０１４年現在の総人口は６０８万人で、10年間に約17%の人口増加が見られた。

２０１４年家族法は、18歳以上を成人、結婚可能な年齢とし16歳以下の結婚は認めていない。家族の定義は、男性と女性の自由な意志による結婚と2年以上の安定した内縁関係（事実婚）、親族を基礎として家族が形成されるとのべ、異性愛を基軸とした家族像が基礎となっている。１９９２年に同性愛を罰則の対象として以来、今日までホモセクシュアルなど性の多様性を認める方向は見られない。夫と妻、子どもにより構成される核家族を基本としながらも、事実婚の認定や単身親の家族、祖父母と子どもにより構成される家族を含む家族概念が見られる。

現在の家族の特徴は、女性世帯主の割合が増加し続けていることである。女性世帯主の割合は、１９９２年には24%、２００1年28・3%、2006年30・9%そして、14年34%と現在3世帯に一つは女性世帯主である。夫婦で暮らす世帯では、男性が世帯主になる割合が非常に高い（90・2%）。また、女性世帯主は都市に圧倒的に多く、離婚、別居などの父

ノンフォーマルセクターで働く女性たち（撮影：レオンバスターミナル近くの青空市場、2014年８月）

親の不在により女性が世帯主になる場合が多い。２０１３年には、都市世帯の44・２％が女性世帯主であり、農村では21・１％となっている。農村では、女性の労働機会が乏しいために男性不在家庭は都市あるいは国外に労働機会を求め移住する傾向がある。

家庭における男性不在の原因として、１９９０年代から始まった経済危機が拍車をかけている。生き残りのために農村から都市、都市から国外への労働移動が婚姻関係を不安定にしている。ニカラグアでは、法的な手続きを取る市民婚と事実婚の割合はほとんど同程度である。男女ともに一生のうちに何度も別のパートナーと内縁関係を結ぶ傾向がみられる。新たな内縁関係により子どもが生まれ、生物学的に異なる父親の子どもが父親不在のなかで一緒に育っている。

内縁関係の不安定さと周期的に変わる内縁関係という現象は、家族法にも影響をおよぼしている。２０１４年家族法は、２００７年の母親・父親の責任法を統合したものである。子どもの扶養責任を明確に保障することを目的に、子どもが母親あるいは父親が誰であるかを知る権利を認め、家族・青年・児童省へ申立てを行い、ＤＮＡ検査を実施することができる。また、家族の全成員は21歳未満の未成年者、60歳以上で収入のない老齢者および障害者に対して家事労働を含めた扶養義務がある。

また、女性世帯主世帯では貧困化の傾向が指摘されている。農村の女性世帯主は土地やローンへのアクセスが非常に難しい。女性世帯主にとって就労の可能性が高いのはインフォーマル・セクターである。女性世帯主世帯は，男性世帯主世帯と比べ、収入が不安定であるといえよう。こうした環境のなかで、都会で働く女性世帯主の場合、血縁的な紐帯だけでなく近隣や知りあいの助けあいなどを通じて危機を乗り切ろうとしている。複数家族が一緒に住むことにより互いに助けあい生計を立てている。女性世帯は子どもの数が多く、他の家族の構成員が同居している場合が多く、拡大家族の傾向が強い。一般に、男性世帯主世帯は核家族パターンが多いが、女性世帯主世帯は拡大家族の傾向が指摘されている。

ノンフォーマルセクターで働く女性たち（撮影：レオンバスターミナル近くの青空市場、2014年8月）

２０１４年家族法では、女性世帯主の保護とともに家庭内暴力についても規定している。家庭内暴力として身体的暴力、性暴力、心理的暴力、経済的暴力の禁止が規定され、家庭内暴力根絶は国家の義務として、家庭裁判所、女性と児童警察が対処する。ＥＮＤＥＳＡ（２０１３）によるサンプル調査では、女性のうち36・7％が言語による暴力を、22・5％が身体的、性的暴力を受けたことがあると答えている。また、結婚あるいは内縁関係にある女性のうちの18・7％、離婚経験のある女性の34・2％が身体的、性的暴力を受けたことがある。ニカラグアは長期にわたった内戦の後遺症として内戦終結後も暴力が社会に根付き、帰還した兵士たちが戦争のトラウマから家庭内暴力を引き起こす傾向が指摘されてきた。２００６年のＥＮＤＥＳＡの調査では、夫あるいはかつての夫から48％の既婚女性が言葉による暴力、27％が身体的暴力、13％が性的暴力を受けた経験があったと答えていた。２０１０年の女性・児童・青少年警察の記録では、家庭内暴力の告発が年間２万５７４１件にのぼっている。最も多い地域はマナグアで全体の42％を占めた。女性に対する暴力、家庭内暴力は貧困と結びつきながら、ニカラグアの社会に根深く残っている。

家族法が理想とする家族は夫と妻、子どもから構成され夫が稼ぎ手である男性世帯主を中心に家族が同一世帯に暮らす家族である。しかし、実際には多くのケースで夫がいなくなり、男性の不在が女性世帯化と貧困化を招いている。しかし、一見悲惨な状況のなかで、女性たちは血の繋(つな)がらない家族同士の新たな連帯をつくり、たくましく生き残り戦略を展開している。

（松久玲子）

［参考文献］
三田千代子編『ラテンアメリカ　社会と家族』新評論　１９９２年
FIDEG *Informe de Resultados de encuesta de hogares para medir la pobreza en Nicàragua*, 2012.

# 32

# ニカラグアの国際労働移動

## ★サバイバル戦略としての移民★

国際移住機関（ＩＯＭ）の調査によれば、ニカラグアの人口の約10％に相当する59万５０００人、非正規移民を含めると80万人近いニカラグア人が国外に居住していると推定されている。最大の移住先は隣国のコスタリカで約28万８０００人（非正規移民を含めると推定37万人）、二番目がアメリカ合衆国で24万７０００人（推定35万人）、続いてスペイン1万７０００人となっている。２０11年の調査では海外から本国へのニカラグア人の送金額は、国内総生産（ＧＤＰ）の12・５％を占めた。米州開発銀行によれば、ニカラグア移民の38％が本国の家族に月平均43・４ドル送金し、ニカラグアで全世帯の19％が送金を受け取っており、移民からの送金がニカラグアに残る家族の生活を支えている。

ニカラグアで最初の本格的国際移民調査が２００５年に実施されたが、現在海外にいる人口の大部分は１９９０年以降、多くは２０００年以降に移住した人びとだった。１９７０年代まで、ニカラグアでは入移民も出移民も人口に占める割合は３％内外だった。ニカラグアが移民送出国に転じたのは、ニカラグア革命を契機とした１９８０年以降である。さらに、構造調整が実施された1990年以降に経済的な理由による移民が急増した。新自由主義政権のもとでの一連の経済政策は失業を増大させ、経済的要因による国際労働移動を誘発した。

1990年代まで最大の受入国だったアメリカ合衆国は、反共産主義政策の一環として、中米移民のなかでもニカラグア人を政治難民として優遇した。1980年代にアメリカ合衆国に移住したニカラグア人は中間階層以上の人びとが多く、現在でもアメリカ合衆国に住むニカラグア人の20％は大学卒業資格をもち、62％が英語を流暢に話す。2011年のアメリカコミュニティ調査ではアメリカ合衆国においてニカラグア出身者の53％が市民権をもち、貧困率は18％、平均年収は4万6700ドルと、他の中米移民と比べ比較的特権的な地位を得ている。しかし、2000年代に入ると、他の中米移民と同様にビザの発給は抑制された。2005年には、中米移民に対し非正規移民の国外退去が実施され、入国管理が厳格化された。

コスタリカは、2000年以降はアメリカ合衆国を抜き最大受入国となった。コスタリカの公式統計では人口の8％が外国人で、そのうちの75・5％がニカラグア人である。コスタリカへの移民は、1980年代から農村の季節労働として始まり、移民人口はゆっくりと増加したが、1990年代から急増した。輸出農業のための労働力需要がコスタリカ側の大きなプル要因となっている。コスタリカでは、人口増加率が減少し、農村の経済活動人口が、1980年から2000年の間に6％減少した。コスタリカ労働省によれば、毎年約10万人のニカラグア人が国境を越え、コーヒー、バナナ、サトウキビ、メロンの収穫に来ている。1995～99年にはコスタリカへの移民は海外にいるニカラグア人の59％に達した。さらに、1998年のミッチ台風の際、コスタリカはニカラグア難民を受け入れ、コスタリカへの移民は40％増加した。

最近の傾向として２０００年以降、スペインおよび中米域内への移民先の多様化が見られる。２００１年９月11日以降の移民管理の厳格化がスペインへの移民を促進し、２０００年代半ばから急速にスペインへの移民が増加した。また、中米域内の移動は、２００６年に自由移動協定（ＣＡ―４）が締結されて以降、コスタリカ以外にもエルサルバドルやパナマへの移民が増加した。

　移民の出身地域を見てみると、２００５年の統計局（ＩＮＤＥ）では、マナグア県出身の移民が26％と最も多い。そのうち、42・２％がアメリカ合衆国へと向かい、次いでパナマ、コスタリカ、エルサルバドルへと向かっている。移民は、特に働きざかりの青年層が多く、15歳から34歳の青年層が73・３％を占めている。高学歴の若者ほど北へ向かう傾向があ

主要な移民先別のニカラグアの海外居住人口と推定人口

| 移民先 | 受入国の統計による居住人口 | 調査年度 | 推定人口 |
|---|---|---|---|
| コスタリカ | 287,766 | 2011 | 373,548 |
| アメリカ合衆国 | 247,593 | 2010 | 348,202 |
| スペイン | 17,455 | 2012 | |
| ホンジュラス | 12,581 | 2006 | |
| カナダ | | | 10,588 |
| パナマ | 9,798 | 2010 | 16,141 |
| パキスタン | | | 8,955 |
| エルサルバドル | 6958 | 2007 | 20,000 |
| ドイツ | | | 6,797 |
| グアテマラ | 6,721 | 2006 | |
| クウェート | | | 4,290 |
| メキシコ | 3,572 | 2010 | |
| ベネズエラ | | | 2,529 |
| OECD 諸国 | 2,446 | 2010 | |
| コロンビア | | | 478 |

（OIM　2012：38）より筆者作成

り、これらの青年層の国外流出はニカラグアにとっても大きな損失となっている。中米域内の移民は、初等教育、中等教育修了レベルの移民がほとんどである。ニカラグアでは、最近40年間に、国全体の専門職の７％に相当する13万９０００人の専門職人口が国外へ移民している。２０００年には、高等教育レベルの人材の29・６％が頭脳流失した。

移民先での職種を見てみると、アメリカ合衆国では16歳以上の移民で最も就労の割合が多い職種は、サービス、商業、事務職で51・９％を占める。このうち18・２％、つまり全体では９％しか専門職・管理職についていない。次いで製造・運輸・物流が16・２％を占める。女性の場合、サービス、商業、事務が71・５％を占めているのに対し、男性の場合は、建設、製造、運輸、物流が47・５％となっている。エルサルバドル、パナマ、コスタリカでのニカラグア労働者の経済活動分野は、特にジェンダーによる分業が顕著である。２０１１年ＭＩＮＲＥＸの調査によれば、コスタリカでは全体でサービス部門に22・９％、家事労働20％、農業労働６％、建設10・３％となっている。男性は農業と建設業に多く、男性移民の30％がこの分野では働いている。

コスタリカにおけるニカラグア移民の推移

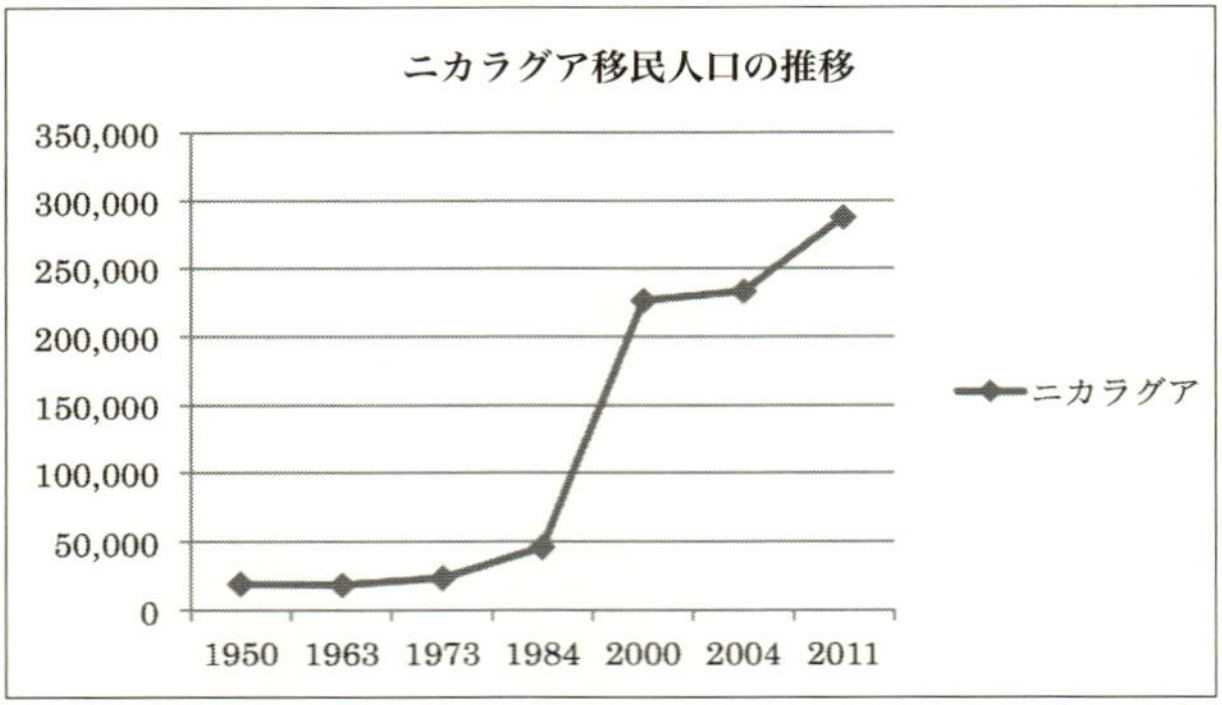


1950 ～ 2011 年の国勢調査より筆者作成

最近の傾向として、女性移民の増加が顕著に見られる。移民に占める女性の割合は、スペインで76％、パナマでは59・3％、コスタリカでは女性53％である。女性が最も就労しやすい職種は、最低限の食住が確保できる家事労働者で、労働条件は国により差があるが、一般に労働時間は長く、最低賃金を下回り、正式な契約書がない場合が多い。女性移民労働者は男性と比べ、危険にさらされる率が特に高い。言葉や国籍により差別を受けるだけでなく、子どもを国において出てくることが罪悪感となり、女性を苦しめる。一方で、家庭内暴力から逃げるために移民を選ぶ女性もいる。スペインやコスタリカでは、女性が教育レベルの向上とともに労働市場に参加する割合が増えている一方で、人口の高齢化が進み、家族以外に再生産労働を担う女性移民労働力が必要となる。移民女性は、子どもの教育や家族の家計保持のために移民を選択し、移民した女性の家庭内での役割を祖母や叔母などの親族女性が支えるという構造が出来上がっている。

ＯＩＭは、ニカラグアの国際労働移動は21世紀中頃まで続くと予想している。国際労働移動は、受入国側に社会保障費の増大や人種・民族差別などさまざまな社会問題を引き起こすだけでなく、送り出し国側にとっても人的資源の喪失や家族崩壊、家族構造の変化などを引き起こしている。ニカラグアでは遅ればせながら、青年を対象として雇用創出などの施策を展開しているが、国家間の経済格差がよりよい生活を求める人びとの移動を否応なく引き起こしているのが現状である。

（松久玲子）

［参考文献］
OIM *Perfil Migratorio de Nicaragua 2012*, Managua 2013.

# 33

# ニカラグアの教育制度

## ★フォーマル教育とノンフォーマル教育★

ニカラグアの教育は、常に政争の渦中にあった。ニカラグアにおいて、教育政策はまさにイデオロギーとイデオロギーが激しくぶつかり合う場であり、政権が変わるごとに、大きな教育方針の転換が行われた。

ニカラグア革命で政権の座についたサンディニスタは、ソモサ政権下の教育を180度転換した。それまでの教育は、一般民衆を顧みず、少数のエリートを対象としたカトリック色の強い保守的な教育が行われていた。ニカラグア革命により、民衆こそが革命を担う教育対象としてクローズアップされた。そして、それまで教育を受ける機会のなかった成人を対象として学校教育以外のノンフォーマル教育が重視された。学校教育（フォーマル教育）においても、ノンフォーマル教育においても、サンディニスタ革命が理想とする社会へ、既存の社会を変革するための「新しい人間」を養成する労働と結びついた人材育成が実施された。しかし、1990年にFSLNが下野すると、それまでの社会主義的性格をもつ教育は否定され、カトリック教色の強い教育が復活した。サンディニスタ時代の教科書は、当初革命に関する言葉や記述が黒塗りされて使用された。また、新自由主義政権のもとで、構造調整による教育予算の削減や教育の民営化・地方分権政策が実施された結果、私立学校が増え、公立学校で一部授業料の徴収と親たちの経営参加による学校自治が導入された。現在のニカラグアは、基礎教育を重視する国際教育援助の流れのなかで、教育改革を推し進めている。オルテガ大統領とカトリック教会との和解により、教育における政治的対立軸は弱まってきている。

2013年の教育レベル別純就学率

| | 全国 | 都市 | 農村 | 男性 | 女性 |
|---|---|---|---|---|---|
| 初等教育 | 86.1 | 87.9 | 84.4 | 85.1 | 87.4 |
| 中等教育 | 54.5 | 67.2 | 41.5 | 50.7 | 58.2 |
| 大学教育 | 17.4 | 24.7 | 8.7 | 14.1 | 21.0 |
| 平均修学年限＊ | 6.1年 | 7.3 | 4.6 | 6.0 | 6.2 |

出典：FIDEG *Encuesta de hogar para medir la pobreza en Nicaragua : Informe de nesultados* 2013.
＊10歳以上の人口が修了した教育の平均年限

現行の学校教育制度（図）は、初等前教育、初等教育、中等教育、技術教育、高等教育により構成されている。高等教育以外は、教育省の管轄下で実施されている。就学前教育は6歳以下の子どもを対象とし、3年間が義務・無償教育である。初等教育は7歳から12歳までの6年間、中等教育は13歳から17歳までの5年間である。基礎教育は、初等前教育、初等教育および前期中等教育で構成されている。前期中等教育は、全日制、夜間、通信教育の種類がある。その後は大学進学のための2年間の後期中等教育（高校）、3年間の技術中等教育、教員養成教育に分かれている。高等教育は、5年間の学士教育とその後の大学院教育、3年間の技術高等教育からなる。

政権交替によって方針が変わる教育政策と構造調整・重債務国という財政的な圧力は国民の教育レベルの向上を妨げている。２０１３年のニカラグアの平均就学年限は6年で、10歳以上の非識字率は15・7％、初

## ニカラグアの教育制度

### フォーマル教育

<table>
<tr><td>年齢</td><td>学年</td><td colspan="3"></td></tr>
<tr><td colspan="5">高等教育</td></tr>
<tr><td>25</td><td>7</td><td></td><td colspan="2" rowspan="2">修士課程</td></tr>
<tr><td>24</td><td>6</td><td>医学博士</td></tr>
<tr><td>23</td><td>5</td><td rowspan="5">学士課程</td><td colspan="2" rowspan="2"></td></tr>
<tr><td>22</td><td>4</td></tr>
<tr><td>21</td><td>3</td><td colspan="2" rowspan="3">高等技術教育</td></tr>
<tr><td>20</td><td>2</td></tr>
<tr><td>19</td><td>1</td></tr>
<tr><td colspan="2">後期中等教育</td><td colspan="3">多様化課程（大学準備課程・技術士）</td></tr>
<tr><td>18</td><td>3</td><td></td><td rowspan="3">技術教育</td><td rowspan="3">教員養成</td></tr>
<tr><td>17</td><td>2</td><td rowspan="2">Bachillerato<br>（人文・科学）</td></tr>
<tr><td>16</td><td>1</td></tr>
<tr><td colspan="2">前期中等教育</td><td colspan="3">基礎教育</td></tr>
<tr><td>15</td><td>3</td><td colspan="3" rowspan="3"></td></tr>
<tr><td>14</td><td>2</td></tr>
<tr><td>13</td><td>1</td></tr>
<tr><td colspan="2">初等教育</td><td colspan="3">基礎教育</td></tr>
<tr><td>12</td><td>6</td><td colspan="3" rowspan="6">義務教育</td></tr>
<tr><td>11</td><td>5</td></tr>
<tr><td>10</td><td>4</td></tr>
<tr><td>9</td><td>3</td></tr>
<tr><td>8</td><td>2</td></tr>
<tr><td>7</td><td>1</td></tr>
<tr><td colspan="2">就学前教育</td><td colspan="3"></td></tr>
<tr><td>0～6</td><td>3年</td><td colspan="3"></td></tr>
</table>

MED ホームページより筆者作成

### ノンフォーマル成人教育

成人基礎教育

<table>
<tr><td colspan="2">中等教育</td></tr>
<tr><td>夜間速成教育プログラム</td><td>3年</td></tr>
</table>

<table>
<tr><td colspan="4">初等教育</td></tr>
<tr><td>第一サイクル</td><td>2年</td><td rowspan="3">夜間速成教育プログラム</td><td rowspan="3">3年</td></tr>
<tr><td>第二サイクル</td><td>2年</td></tr>
<tr><td>第三サイクル</td><td>2年</td></tr>
</table>

識字教育

博物館見学するグラナダ市の小学校生徒（撮影：2015年8月）

マナグアで物売りをする子どもたち（撮影：2014年8月）

等教育純就学率は86・1%である。ミレニアム開発目標に向けラテンアメリカ域内の教育レベルが著しく上がってきているなかで、ニカラグアの教育レベルは低迷している。特に、都市と農村の格差は大きく、平均就学年限は都市で7・3年に対し農村では4・6年、非識字率は都市11%に対し、農村では21・4%である。特に55歳以上の年齢層の非識字率が高い。男性の非識字率は14・9%に対して女性の非識字率は16・4%である。ただし、就学率においてはどの教育レベルでも女性が男性を上回っている。

また、貧困により子どもの教育を受ける権利が侵害されている。ILOは、5歳から17歳の未成年者23万8000人が児童労働に従事していると発表している（2013年）。国連の統計によれば、5歳から14歳、つまり義務教育期間の児童労働の割合は8・4%で、10万9380人の児童労働が把握されている。同年齢集団の子どもの就学率は84・9%で7人に1人が就学していないことになる。労働しながら就学している児童は7%で、初等教育を修了する子どもの割合は80・4%である。児童労働の主要な分野は、コーヒー、バナナ、サトウキビの収穫などの農業労働や、家畜の世話・漁などの家族労働、建設現場の手伝い、家事労働、道端の物売り、ゴミ収集場での分別収集などで、人身売買や性的搾取の犠牲者になる場合もある。児童労働者の多くは、留年、中退により学校教育を受ける機会を失う。

こうした教育を受ける機会を失った者、あるいは中退者のために、政府は多様なノンフォーマル教育を提供している。青年・成人基礎教育（ＥＢＡ）は、地域共同体や職場と連携し、ボランティア教員により個人の家や教会、地域の学校などで実施されている。３レベル６年間の教育で、初等教育修了資格が得られる。12歳から30歳以上の青年のための夜間速成教育プログラムは、３年間の初等教育レベル、３年間の後期中等レベルの教育を修了すると、基礎技術教育に接続し、その後はフォーマル教育の中等技術教育に進学することができる。また、大西洋岸の少数民族のために二言語異文化間教育が提供され、母語での教育のほかに第二言語としてスペイン語を学習する。

成人の識字教育に関しては、２００７年にＦＳＬＮが政権に復帰すると、再びキューバの協力を得て、２００８年から教育省が「大識字運動：マルティからフィデルへ」という識字プログラムを実施した。２００５年の国勢調査によれば、15歳から65歳の非識字者は20％に達していた。キューバの教育者レオノーラ・レリスによってつくられた「私にもできる」プログラムを採用し、キューバからの人的応援を得て実施された。このプログラムは、ラジオとテレビ・ビデオを使用した８～10週間の視聴覚教育プログラムでベネズエラ、パナマなど他のラテンアメリカ諸国にも採用されている。市町村が中心となり、サンディニスタ系市民運動の協力を得て、教育省の支援のもとでこのプログラムを運営した。２００７～08年までに約42万５０００人が参加し、非識字率は10・５％に低下した。識字化した人びとの半数は女性であり、80・８％は農村地域に居住する人びとだった。教育省は、この教育方法を使用した継続的識字プログラムや先住民のための識字プログラムを引き続き実施している。
しかし、こうした教育施策は財源を海外援助に依存しており、援助終了後の財源確保が問題となっている。第二次サンディニスタ政権では、グローバリゼーションの波がニカラグアに深く浸透し、貧富の格差はますます大きくなりつつある。教育省は、教育の自由化・民営化を進めつつ、教育レベル、就学率の嵩上げ（かさ）という貧困層へ教育対策のプログラムを次々と打ち出している。教育は、人間の安全保障の一部であり、人間の成長と可能性を保証するための選択肢を拡大する人間開発という普遍的な側面と、その時代に規定された既存社会の再生産の役割を果たす側面を合わせ持っている。オルテガ政権の新自由主義的な性格が、ニカラグアの教育政策にどのような影響をもたらすのか、今後、注視する必要がある。

（松久玲子）

【参考文献】

牛田千鶴「ニカラグアにおける『民衆教育』以後の社会状況と教育実践」牛田千鶴編『ラテンアメリカの教育改革』181―199頁　行路社　2007年

# 34

# ニカラグアの宗教と北部高地ポストコンフリクトエリア

## ――★女性たちのライフヒストリー・インタビューを通して★――

ラテンアメリカは、一般的にカトリック人口が多い地域である。ニカラグアの場合、１９９６年カトリック信者が全人口の77％であったが、２０１３年になるとその割合は47％になり、過去18年間で30％も信者の数を減らし、ラテンアメリカで最もカトリック離れが進んでいる国である。同じく１９９６年、ニカラグアのプロテスタント信者は11％であったのに対し、２０１３年には全人口の37％にまで上昇した。ラテンアメリカにおいて、「キリスト教は、貧しい人びとの人間解放のための宗教である」という教えをもち勢力を伸ばした宗派であった解放の神学は、ニカラグア国内では内戦時、サンディニスタ民族解放戦線（以下、ＦＳＬＮ）の階級闘争的思想や政治運動と結びつくことによって信者を増やしていった。このカトリックから派生した１９７０年代から80年代にかけてラテンアメリカで勢力を伸ばしていた解放の神学は、ニカラグアにおいては、内戦中、都市の貧困層を中心とする人びとのなかで勢力を伸ばしていった。それに対し、リベラル政党支持、もしくはコントラ軍に参加したニカラグア北部高地の村々の貧困層は、それまでニカラグアに伝統的に存在してきたカトリック、もしくはプロテスタントを信仰する者の割合が高かった。内戦時、ゲリラ戦が激しく行われた北部高地の村のなかでも筆者が調査したサン・ホセ・デ・ボカイ（以下、ボカイ村）は、プロテスタント信者の割合が他のニカラグアの地域に比べてかなり高く、2014年時点での宗教的なバランスは、カトリック信者が40%弱、プロテスタント信者が60%強と両宗派の形勢は完全に逆転している。ちなみに、ニカラグアでいう「カトリック」とは、必ずしもローマカトリック教会のことを指すわけではない。カトリックとプロテスタントの違いは、偶像崇拝を行うかどうか、聖母マリアがイエス・キリストの母であると信じるかどうかといった基準によるものである。

このボカイ村はリベラル政党の牙城とも呼ばれ、リベラル政党支持が強かった市町村がFSLNに惨敗した2011年11月に行われた市長村長選挙においてさえも圧倒的な強さを見せた。この村には、2014年時点においてカトリック教会が45堂、プロテスタント教会は265堂存在する。これらの教会の9割以上が内戦以降建設された教会である。ボカイ村の教会数は、公式人口5万5000人に対して多いだけでなく、カトリック教会の5倍以上建設されているプロテスタント教会の数の多さとしても目を惹く数字である。また、この村では村に存在するプロテスタント教会の約8割の牧師が、コントラ軍兵士からの帰還者であることも注目すべきデータである。

1970年から89年まで行われたニカラグア内戦とは、43年間独裁を続けたソモサ政権を打倒するためにFSLNが中心となって戦った第一次ニカラグア内戦（1970〜79年）と、第一次ニカラグア内戦後、政権をとったFSLNと反革命を標榜するコントラ軍が戦った第二次ニカラグア内戦（1979〜89年）に大別される。第二次ニカラグア内戦時にゲリラ戦が激しく行われた地域の一つが、ニカラグア北部高地である。1980年代、中米戦略の強化を訴えたレーガン政権時のアメリカは、ニカラグア、エルサルバドル、およびグアテマラにも隣接するホンジュラスにコントラ軍の前線基地をつくり、中米地域の社会主義化の阻止に力を注いだ。そのため、東西冷戦中に勃発したこの内戦は「米ソ冷戦時代の代理戦争」と位置付けられることもあった。ホンジュラス国境に近いニカラグア北部高地は、ボサワス森林保全地区と呼ばれる熱帯雨林のジャングルが広がっており、こうした地政上の理由も村々を激しいゲリラ戦の舞台となることを加速した。元々、約20年にもおよぶFSLNとリベラル政党支持者たちの直接的な対立関係の原因は、土地問題を含む利害関係であった。ニカラグア内戦後の平和活動について調査を行ってきたムーリーによると、FSLNが協同組合組織形成のための農地没収、強制的な徴兵義務、(農村的ではなく)都会的な政治方針、そして従来の教会権力に反対する考え方に特徴づけられたのに対し、北部高地のリベラル政党支持地域は、小作農民が多く、もともと教会に親和的な考え方をもつものが多いことが特徴であると指摘している。

通常コントラ軍とは、ソモサ独裁政権時代に傭兵として雇われた人びとが中心となるニカラグア民主軍、FSLNから分裂した民主革命同盟、ミスキートなどカリブ海岸の先住民族で構成されたグループといった三つのグループから形成されているといわれてきた。しかし、北部高地の村々では、これらの三つのグループ以外からも女性や子どもを含むコントラ軍への参加者が少なからず存在していた。筆者は、2009年から14年までに女性コントラ兵士へのライフヒストリー・インタビュー調査をボカイ村で行っている。この調査において、インタビュイーたちは、内戦の記憶のみならず自らの人生を語るときに、神や宗教観に関する語をことあるごとに口にしており、宗教観が女性たちに与えた影響を明確に見ることができた。

「私にとっては信仰が重要で、人生のなかで一番重要なものは何かと聞かれたら、それは『救済』だと答えます。まず、第一に神、そして神が与えてくれた働く力があってこそ、子どもたちが育てられるのです」

同様に同村において、筆者は、コントラ軍に参加していない女性たちにもライフヒストリー・インタビュー調査も行っている。この調査においても、すべての女性たちから内戦の記憶と神とのかかわりを示す発言が頻繁に見られたのが印象的であった。

「『なぜ（8人の幼い子どもを連れてホンジュラスへ国境越えをする）勇気と行動力があったか』って？それは、神がいたから前に進めたのです」

ニカラグア北部高地ポストコンフリクトエリアの女性たちの和解や組織化に関する研究では、これまで政治意識とジェンダー意識の観点から分析されることが多かったが、最近の調査や研究では、村人たちの宗教観に注目したものがいくつか報告されている。こういったことからも、女性や子どもを含む村人たちがコントラ軍に加わったり、コントラ軍を支持したりした行為には、「米ソ冷戦時代の代理戦争」としての内戦といった政治的な観点からの分析だけではなく、宗教的な要因を含む文化や歴史性との関連を考えていくことも大切である。ポストコンフリクトエリアの分析には、国家レベルの政治動向分析からだけでは見えにくい実情が複雑かつ繊細に絡み合っている。人びとを行為へと方向づける動機について注目し、内戦という現象について分析することは、ポストコンフリクトエリア研究をより現地の文脈で考える上で重要となる。

（小林かおり）

［参考文献］

小林かおり「開発援助としての人間の安全保障――UNTFHSプログラムの形成過程を通して」博士学位論文　2015年

Latinobarómetro, *Las religiones en tiempos del Papa Francisco. Santiago de Chile*: Corporación Latinobarómetro, 2014.

Mouly, Cécile, The Nicaraguan Peace Commissions: A Sustainable Bottom-Up Peace Infrastructure, *International Peacekeeping*, Vol.20, No.1 pp.48-66, Taylor&Francis, 2013.

## ボサワス森林保全地区と人々の生活

コラム1

小林かおり

ボサワス森林保全地区（以下、ボサワス）は、約2万平方キロメートルあり、ブラジルのアマゾンに次ぐ西半球で二番目の広さをもつ熱帯雨林のジャングルである（図1）。ボカイ川、ココ川および、その支流に囲まれたこの地域は、ニカラグアの国土の約15％をも占める。ボサワスの住民は、白人と先住民との混血であるメスティーソが治める行政区と先住民族が統治する自治区に二分される。自治区はさらにミスキート先住民族系地域、マヤングナ先住民族系地域に分かれる。自治区先住民族の自治は三つの地域、マヤングナ・サウニ・ブ、ミスキート・インディアン・タスバイカ・クム、キプラ・サイト・タスバイカの代表グループが輪番制で行う。

行政区のなかでも村役場などがある村では電気は届くが、停電になることもしばしばある。先住民族の村には基本的に電気はなく、外部とのやり取りにはポイント地点にある無線機を使用する。家の建築スタイルは、枠組みが竹のものが多い。壁は木や竹、屋根は木製や竹製のものもあればバナナなどの葉を利用したものもある。水辺に住居を構える先住民族地区では高床式の家が多い。行政区・自治区を問わず、人々はフリホーレス、トルティージャ、バナナおよびプランテインを主食として食べる。行政区には村の保健施設があるが、自治区では保健省の医師たちが舟で巡回式医療を行う。

この地域の生業は、自治区のほとんどの住民が自らの所有地で農業に従事しているのに対し、行政区では約9割の就労人口が農業に従事し、そのうちの4割は未だ自らの土地をもっていない小作農民である（2014年9月時点）。

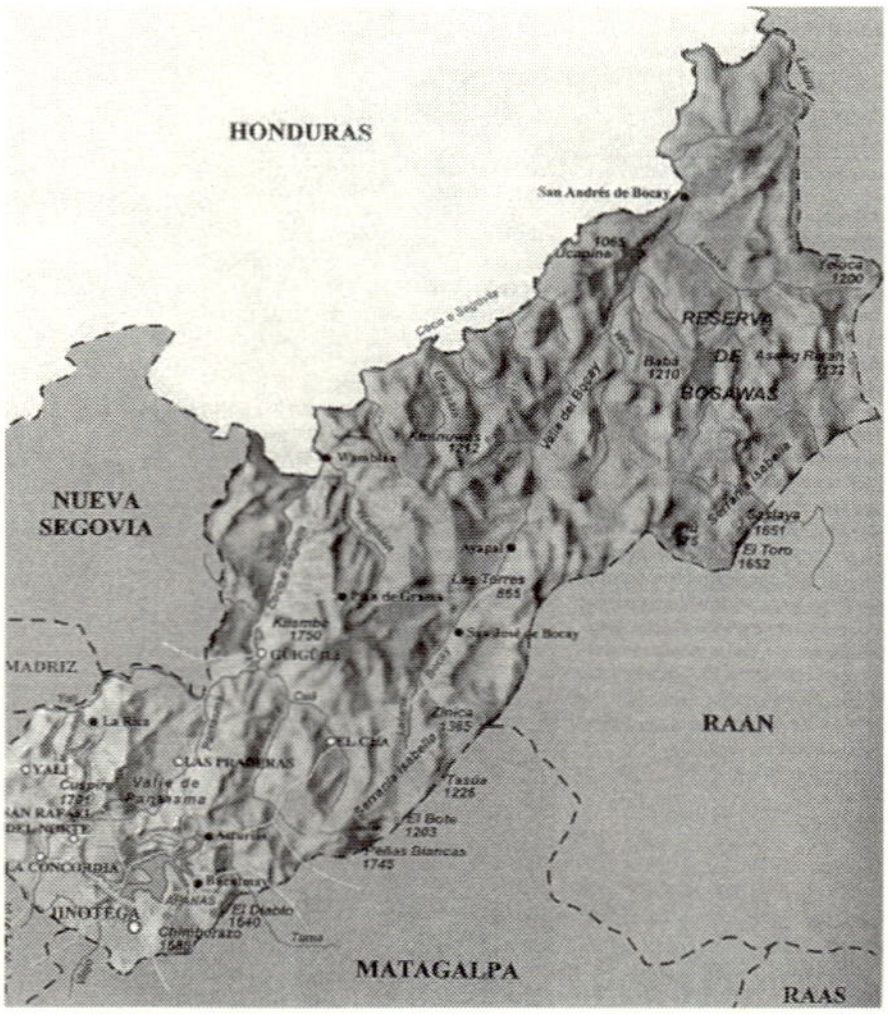


図１　ニカラグア北部、ホンジュラス国境に位置するボサワス自然地区（出典：Asamblea Nacional de la República de Nicaragua）

行政区に住む農民のなかには、生活のためコーヒー、カカオ、およびバナナの大農園で、移動式の季節労働に従事している者もいる。そのため、こういった季節労働に従事している人々の子どもたちの多くが、十分に学校教育を受けられないといった事態も生じている。

ボサワスの住民でも、特に先住民族は、川を利用して移動し、川で水浴びをし、川で洗濯をする生活を送っている。川と山にある自然資源を大切に使い、まさに彼（女）らの生活はボサワスの自然とともにある。1年のうち約10ヵ月は雨季であり、この時期の人々の川を利用した移動は、水かさが増しているため危険が伴う。乾季にはそういった危険は少なくなるが、水かさが極度に減る場所もある。この時期、アヤパルという行政区にある舟乗り場始発点から、マヤングナ系先住民の拠点の一つであるマヤングナ・サウニ・ブまでモーターを取りつけた木製の舟でワニが泳いでいる川を移動する際には、往路が9時間、復路は14時間かかり、移動は困難を極める。このアヤパルの船着き場から先住民族自治区まで運行している木製の舟は、出航スケジュールが不確定かつ現地住民にとってかなり高額であるため、それほど航行距離が長くない場合、先住民たちは自ら木をくりぬいて製作した小舟を用いて川を移動する。

自治区の場合、宿泊所はなく、また警察の管轄外であるため一般の旅行者の訪問は勧めることはできないが、行政区には数軒の簡易宿泊所がある。自治区では、ボサワスの自然および、先住民族の文化を保持することに力を入れ、他地域からの訪問者受け入れに消極的な者が少なくない。行政区では、近年、温泉の源泉も発見され、豊かなボサワスの自然をエコ・ツーリズムのような観光資源として活用し観光客を呼び込むことはできないか検討しているグループもいる。

水辺に建てられた先住民族の住居

木の棒とマチェテといわれる農作業用鎌を使用してカカオの中身を取り出しているところ。行政区住民男性の左後ろに見えているのがマチェテ

# 35

# 治安情勢

## ★中米で最も治安がよいといわれる国の実情★

1980年代の内戦とラテンアメリカ全体の麻薬や凶悪犯罪のイメージから、ニカラグアとの関係が希薄な日本では「ニカラグアは危険」との漠然とした印象をもたれがちである。しかし、その一方で、近年、治安がよいことを理由の一つとして、海外からの直接投資が増えている一面もある。果たして、ニカラグアにおける治安の実情は、一体どのようなものなのか。

現在のオルテガ大統領が政権を勝ち取ってから8年、元は革命政権でもあることから、軍事関係者からの支持が根強いオルテガ大統領は、政権奪取後、国軍、国家警察のコントロールを強化し、治安の改善に努めた。2015年現在、ニカラグアの治安のよさは中米一と謳われるほどになり、国際的な犯罪統計資料でも証明されている。世界平和指数2015では、ニカラグアはラテンアメリカ・カリブ地域において6番目に治安がよいと評価され（全調査対象162カ国中74位）、中米内では、アメリカ国務省の報告によると、グアテマラ、ホンジュラス、エルサルバドルでは2013年に10万人中34人、79人及び43人の殺人が発生しているなか、ニカラグアではわずか9人である。治安のよさは世論調査でも示されており、2015年時点で自分

の居住区が安全と評価している回答者は80％を超え、また、一年前に比べ治安は改善しているとの評価は60％以上となった。一方、ニカラグアは経済規模が小さいこともあるが、世界平和度指数２０１５によると、暴力抑制に費やす国家予算は約16・4億ドルであり、この予算額は、隣国ホンジュラスの約83・6億ドル及びコスタリカの約39・2億ドルと比較すると非常に少額である。また、国家警察と並び国内治安維持の一翼を担う国軍予算は対ＧＤＰ比でも０・69％と比較的低い。以上のように、予算を抑えつつも大統領が強い権限を発揮し、国家警察及び国軍の士気を高めると同時に徹底した治安統制が行われることにより、周辺国に比較して犯罪率の低いニカラグアの現状を作り上げている。また、こうした大統領による治安当局のコントロールの強さによって、ラテンアメリカ諸国に蔓延する汚職にニカラグアは周辺国ほど蝕まれていないのかもしれない。

ニカラグアの主要な犯罪は怨恨や喧嘩による衝動的な殺人・傷害であり、国家警察の発表によると、これら一般犯罪の件数は減少傾向にある。しかし、犯罪の認知件数のうち約40％は首都マナグアで発生していることから、首都での移動はことのほか注意を要する。また、北部山岳地帯では、警察部隊と武装集団の武力衝突が時折発生していることから、地方でも異種の危険が存在することを忘れてはならない。近年の犯罪リスクは治安に関する世論調査でも実証されており、２０１３年時点で、３年前に比較し拳銃強盗の増加を感じると答えた回答者は22・7％増加、窃盗については、10人中7人が不安に感じると答えている。また、ＤＶも含めた暴力への脅威は33・2％が悪化したと回答している。なかでも、女性が街頭で最も不安に感じる犯罪は拳銃強盗で、その他、ストーカー、待ち伏せなどにも脅威を感じている。ただし、２０１４年、全体の約30％を占めた女性の殺人は、対策強化を図った

麻薬の押収現場（提供：La Prensa）

結果、２０１５年は統計上約５％にまで減少している。

近年、増加傾向にあるのは武器や薬物の密輸および密売などの組織犯罪である。国家警察および国軍はたびたび組織犯罪を摘発しており、政府は２０１４年には約３０００件摘発したと発表しているが、犯罪実数は摘発件数より圧倒的に多いと見られる。治安当局は、中米は麻薬生産地である南米と最大消費地である北米に挟まれた地理的条件により、組織犯罪による麻薬密輸の通過点となっていることを強調しており、政府は取り締まり能力向上のため、組織犯罪対策用に軍用機取得を検討するに至っている。一方で、オルテガ大統領は国軍および国家警察に強い影響力を維持し、この両機関との関係は他の政府機関以上に強く、よって軍・警察の意識は高い。これにより、カリブ・太平洋両岸での麻薬密輸摘発が有効的に実施され、加えて外国の支援もあるため、当地の麻薬組織の数は周辺国に比べ少ないと考えられる。麻薬・組織犯罪対策には、アメリカおよびロシアから支援があり、例えば、アメリカ政府は近年、ニカラグア海

軍への麻薬・組織犯罪取り締まりのため高速艇の贈与（ニカラグア当局が麻薬密輸組織から押収した輸送船を改造のうえで提供）を続けており、当地アメリカ大使は今後も支援を継続するとしている。

このように、国際犯罪統計などでは治安の改善が顕著に表れ、実際に数年前には肌身で感じられた街の危険な雰囲気も最近では随分緩和され、一般犯罪は減少しているものの、南北から流入し増加傾向にある麻薬・組織犯罪も含め、まだニカラグアの治安は楽観視できるものではない。年々、首都を中心に街灯が増え、日本の開発支援によるマナグアの新たな都市計画も準備されつつあることから、今後よりよい治安状況となることが期待されている。

（森田実希）

［参考文献］

*Global Peace Index 2015*, Institute for Economics and Peace, 2015.
*Informe de Gestión Anual año 2014*, Ministerio Público de Nicaragua, 2015.
*Nicaragua 2015 Crime and Safety Report*, U.S. Department of States, 2015.

コラム2

# 交通事情

森田実希

国内の道路舗装率は10％といわれており、舗装道路であってもマンホールの蓋がない、いたる所で陥没しているなど、市内中心部であっても油断できない道路状況も見逃せない。また、排水状態が悪い、あるいはそもそも排水溝のない道路が多く、降雨時には多くの道路が冠水する。このため、住居の浸水、車両の水没は後を絶たない。また、ニカラグアは自動車保有率がラテンアメリカにおいて最も低い国の一つであるにも関わらず、その運転規則に対する無知、マナーの悪さ及びインフラ未整備による問題から交通事故が絶えない社会となっている。以上の理由により、道路上で歩行者はまったく優先されていないので、青信号でも十分な左右の確認が必要である。また、同乗者との会話や携帯

車がせめぎ合うマナグア市内ロータリー

電話を使用しながらの運転など、注意散漫な運転が多く見られ、追突事故や接触事故が多発している。特に首都に数多く設けられているロータリーでは、我先に進入しようとする車とこれを阻止せんとする車のせめぎ合いにより、毎日のように交通事故が目撃される。なお、首都の大通り、モダンなショッピングセンター前を馬車が走る光景は、ニカラグアののどかさを象徴する一面ともいえるであろう。

住宅街を通行する馬車

# 36

# 医療事情

## ★発展する保健医療の今★

2015年6月、国内最大規模病院の一つとして、総コスト2000万ドル以上にのぼる東芝製を主とする最新医療機器を揃えた新軍病院が開院した。国家人間開発計画において医療サービスの拡充を目標に掲げているニカラグアにとって、新たな一歩ともいえる医療施設の完成である。一方で、ニカラグアの医療水準は中南米においても高いといえず、例えば、医療水準の判断材料ともなる乳幼児死亡率は出生1000人中24人と中米内で高いことが明らかになっている。こうしたニカラグアの保健医療はどのような現状に置かれているのか。

ニカラグアでは、憲法、保健法、保健政策において医療の無償性及び普遍性について定めており、公立病院や保健センターなど、公的保健医療施設での医療サービスは無料にて提供されることになっている。保健サービスの提供は保健省が中心となっており、全国を17の保健行政地域に分割し、それぞれの地域に保健センター、公立病院、試験所などに加え、これらを管理統括する保健省の出先機関として保健局を設置している。近年、医療施設は建設ラッシュともいえる状況にあり、日本を含む諸外国及び国際機関の支援も得て、毎年、何十もの保健医療

施設が地方を中心に新設されている。また、僻地での医療サービス提供拡大に加え、インフラなどの国内整備も進んでいることから、現代医療へのアクセスは増加している。保健医療サービスの普及が進む一方で、首都マナグアにある大規模病院はアメリカなどでの留学・研修経験のある医師を多く配置し、最新医療器材を投入してニカラグアの医療レベルの向上に貢献している。いまだ資力のある者はアメリカやコスタリカなどで手術、治療を受けることが一般的ではあるものの、一部の医療機関では、ＩＣＵ（集中治療室）に先進国並みの環境を整備し、十分な医師と看護師を揃え、救急病棟の対応も一般的な先進国の総合病院と比較し引けをとらない。また、血液透析に係る器材にはＮＩＰＲＯ製品が使用されるなど、日本の最新医療技術が取り入れられていることも多い。

しかし、国民誰もがこうした最新鋭の病院を利用しているとはいえない現状にある。新軍病院は国軍関係者および社会保険加入者には無料でサービスを提供しているものの、いまだ社会保険加入者は３割に満たず、社会保険加入条件となる正規雇用体制が未熟で収入が十分とは言い難いニカラグアにおいて、高額な療養費などを必要とする軍病院を選ぶケースは非常に稀(まれ)である。また、私立病院は、基本的に自由診療であり高額となるため、優秀なスタッフと最新医療機器を備えていても、やはり多くの国民が利用

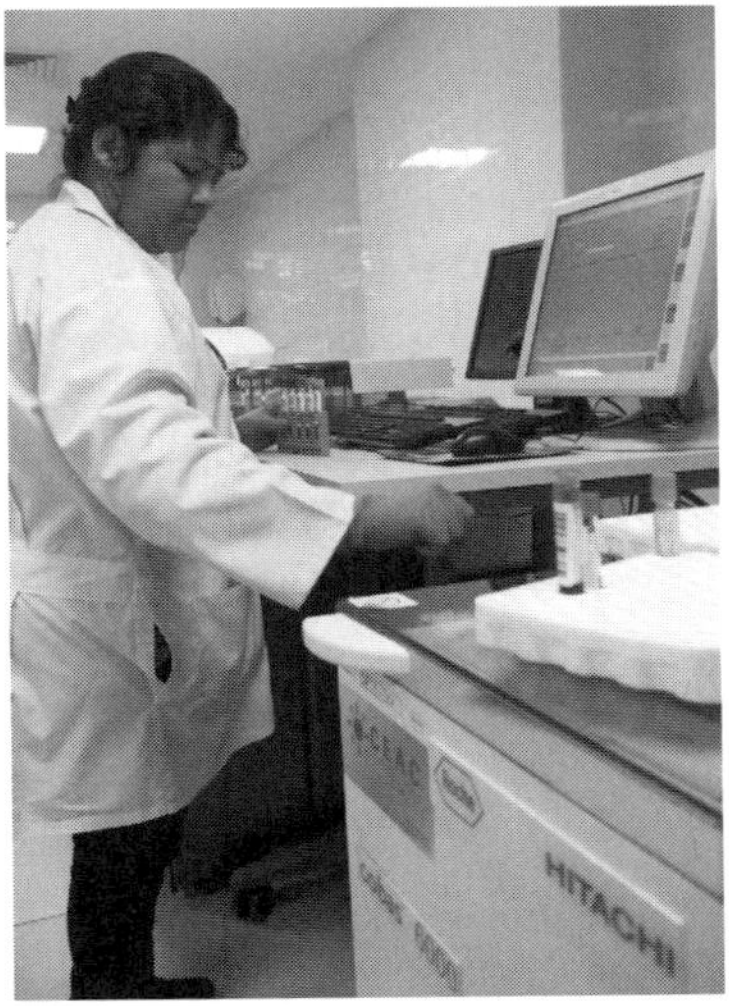
日本製医療機器を備えた軍病院

するのは無料の公立の保健センター、病院である。公立施設には日々多くの地域住民が通い、一般的に、保健センターでは基本的な診療と処方、各県の基幹病院では第二次医療レベルとしての対応が行われている。

1997年、日本の無償資金協力により地方都市グラナダ県に公立の基幹病院として「日本ニカラグア友好病院」が建設された。病床数は139と、完成当時は適切な範囲であったものの、15年余りで人口が増加し、現在、約20万の人口を抱えるグラナダ県の患者すべてを受け入れることは難しい。また、設立時には医療機材の多くが日本から提供され、第二次医療レベルとして最新設備が整えられたが、現在では日本の医療器材の多くは古くなり、国際金融機関からの借り入れにより保健省が購入した医療器材が並ぶ。日本ニカラグア友好病院は公立施設であるため、診察から入院、手術まで無料で提供されることに加え、入院患者と付添1名には3食が提供される。ただし、神経外科や透析など高度な医療を要する治療は行えず、その場合は首都の病院に行かねばならない。また、予算の問題から、医療器材などの更新に充てる資金が少ないため老朽化が進んでいる。さらに、24時間対応の総合病院であるため、救急患者が搬送されることも多いが、病院所有の救急車は1台のみであることなど多くの課題を抱えている。

こうした現状は多くの公立施設で散見されるものであるが、保健医療の課題はこれに限らず、医療スタッフの質や手当の拡充も重要な点であろう。公務員の給与が決して高いとはいえないことから、純粋に公立施設のみで働く有能な医師は少なく、優秀な人材はよりよい生活環境や経済環境を求める結果、特に地方の公立施設に有能な医師は集まりにくい。また、全国的に見ても、心臓や脳血管の手術ができる医師は少なく、癌(がん)治療の専門医もわずかである。

このように、医療施設が大幅に増加し、最新医療設備を揃えた施設ができることに医療レベルの着実な進歩が見られ、国としての発展の息吹が感じられるなか、基本的なサービスすら危ぶまれる一般国民向け保健医療サービスの現状があることは見逃してはならない。ただし、地方の公立保健医療現場でも、限られたリソースのなかで日々変わりゆく医療状況に沿ったサービスが提供できるよう努める様子も認められ、課題点を協議し改善を検討する医療スタッフの姿にはニカラグアの医療の今後を期待させられる。

（森田実希）

［参考文献］
World Health Statistics 2015, WHO, 2015.
El Nuevo Diario 紙
La Prensa 紙

## コラム3
# カサ・マテルナ

森田実希

十分な医療環境が整っていないこと等の理由から、ニカラグアには「カサ・マテルナ」と呼ばれるお産前後の妊産婦待機施設がある。1987年にNGO「AMNLAE」によって開始されたカサ・マテルナは、医療の整った病院へのアクセスが容易でない地方都市に広がり、これまで多くの妊産婦が利用してきた。現代医療のもとでの出産を推進する政府は、これまで一部にしかなかった同施設を2013年より保健省の管轄施設として全市での設置を決め、2015年末時点で153都市ほぼ全市に設置されている。公立の総合病院が各県中心部に一カ所しかないニカラグアでは、遠方に住む、もしくは交通の便の乏しい妊産婦は出産が近くなると、同施設に身を寄せ出産の時を待つ。ま

カサ・マテルナ前の妊婦さんたち（提供：La Prensa）

た、各県の公立病院の病床数は非常に限られているため、出産後間もなく退院となった母子は、自宅に戻る環境が整うまで、産前同様、カサ・マテルナにて一時滞在することも多い。ただし、政府系カサ・マテルナは保健省や市役所からの予算で経済的に問題なく運営されている一方で、NGOが母体となっているカサ・マテルナは政府からの助成もなく運営は難航、周辺保健施設からの医療サービス支援もなく、援助団体から協力を得るなどして食糧提供及び施設維持に尽力しているが、資金不足から光熱費を賄えず電気の配給が止められる施設もあるのが実態である。定期的な食糧配給、海外のボランティア団体等から寄贈されるベビー服等の配布に加え、保健所から一日二度の診察、看護師の常駐、妊産婦教育が行われる政府系カサ・マテルナと比較し、資金不足のNGO施設では、各妊産婦の持ち寄る食材を分け合い、その日を乗り越えることに苦心している。

# 37

# ニカラグアの郷土料理

## ★多彩な食材と料理法★

ニカラグアの郷土料理は混淆の結果生まれたもので、太平洋岸に面するスペイン植民地に属した地域と、アフリカとカリブの影響を受けるカリブ海側の、おおよそ二つの地域に分けることができる。

スペインは植民地時代に、先住民がそれまで知らなかった食材を持ち込んだ。牛肉と乳製品、豚肉、米、小麦、サトウキビ、コーヒー豆などだ。ニカラグアで食材として最もよく利用される、アメリカ大陸に由来する農産物は、トウモロコシ、プラタナス、インゲンマメ、ユッカ、マランガ、カカオ、ヤシの実、トマト、ヒョウタンなどである。果物については後に紹介する。

このような食材の混淆を象徴する完璧な例としては、ナカタマルという料理がある。ハーブと柑橘類で香料のきいたトウモロコシの生地に、豚肉、米、ジャガイモを入れて、プラタナスで巻いたものだ。

私たちは日常、植民地時代から受けついだ、牛肉、鶏肉、豚肉などを食するが、アメリカ大陸由来の、エキゾチックな肉も大好きだ。その例として、イグアナ、ガロボ（イグアナの仲間）、海亀の肉と卵、鹿、ニカラグア湖に生息する魚のグアポテなどである。

カリブ海側の料理は、香辛料が強いうえに、ココナッツのミルクと油を使うので、香りと味に独特の風味がある。料理に米、フリホル豆を利用するほか、海から獲れる魚類の揚げ物をスープに入れ、海亀の肉と卵、貝類、カニ、ココナッツのパン、チーズパイなどを食するのが特徴になっている。ユカ、マランガ、プラタナス、ヤシの実などのほかに、オーブンで焼いた菓子類もよく知られている。このようにニカラグア全体の郷土料理にはさまざまな種類があるが、ビゴロン、バオ、インディオ・ビエホ、ナカタマル（写真）のような、太平洋岸の料理が、より親しまれているようだ。

ナカタマル

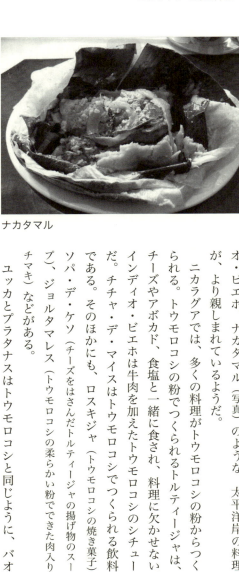

ニカラグアでは、多くの料理がトウモロコシの粉からつくられる。トウモロコシの粉でつくられるトルティージャは、チーズやアボカド、食塩と一緒に食され、料理に欠かせない。インディオ・ビエホは牛肉を加えたトウモロコシのシチューだ。チチャ・デ・マイスはトウモロコシでつくられる飲料である。そのほかにも、ロスキジャ（トウモロコシの焼き菓子）、ソパ・デ・ケソ（チーズをはさんだトルティージャの揚げ物のスープ）、ジョルタマレス（トウモロコシの柔らかい粉でできた肉入りチマキ）などがある。

ユッカとプラタナスはトウモロコシと同じように、バオ

ピノリージョ

（牛肉と熟したプラタナスの料理にキャベツとユッカのサラダを添えたもの）、焼肉に添えるサラダ、ビゴロン（豚肉の揚げ物とユカを煮たものに、キャベツのサラダを添えたもの）などに利用される。

カカオは主に飲料となる。カカオとトウモロコシの粉を混ぜ合わせた冷たい飲料は、ティステ、ポソル、ピノリージョ（写真）などと呼ばれる。カカオとトウモロコシを混ぜ合わせ、ゴフィオ、ロバのミルクと呼ばれる菓子をつくる。

スープはとても人気のある料理で、チーズ・スープ（ソパ・デケソ）は聖週間など宗教上のお祭りの際によく出される。日曜日と月曜日には、鶏スープ、牛スープ、カニスープ、モンドンゴスープ、団子状のパンの生地の入った鶏肉スープなどのさまざまな種類のスープが販売される。

太平洋岸では、料理に唐辛子のような香辛料はあまり使用されないが、オレンジ、香草、酢、レモン、コエンドロ、砂糖などをよく利用する。またアチョーテは着色料、香辛料としてなくてはならないものである。肉料理も、トウモロコシの生地も、無色ということはなく、アチョーテを使って赤茶色を加える。

ニカラグアのガジョピントは、米とフリホル豆の揚げたものを混ぜ合わせて時間をかけて料理し

カヘータス

たものだが、肉や鶏卵を加えて食することもできる。またトルティージャにチーズを加えたものを、添えることもある。ガジョピントは朝食、就寝前の夕食として出されることが多い。私が海外にいたころよく「何が一番恋しいと思いますか」と尋ねられ、「ガジョピントと家族」と返事したものだ。

ニカラグアには食用に供される果物は、151種類といわれているが、そのなかでもよく知られているものとして、マンゴ、ホコテ、アボカド、パイナップル、ピタヤ、タマリンド、イカコ、グラナディージャ、マモン、スイカ、メロン、パパイヤ、バナナ、マンダリン、グアヤバ、メロコトン、グロセージャ、ビワ、オレンジ、レモン、トロンハ、ココナッツなどだ。果物は飲料やお菓子の材料として利用される。

ニカラグアの郷土菓子としては、イカコス、トロンハ、クスナカ（ミルクと蜂蜜に入れたカシューナッツ）、カヘータス（果物のタフィー）などがある。

（サグラリオ・チャモロ）

# 38

# 葉巻

## ★キューバ産に追随する勢い★

葉巻をたしなまれる方であれば、アメリカの有名な葉巻雑誌『シガー アフィショナード（CIGAR AFICIONADO）』のトップランキングにニカラグアの葉巻が常に登場することに気がつかれたことであろう。たとえば、エル・セントゥリオン　H―2K―CT　トロ（93点、最高点）、エンクラベ・チャーチル（92点）、ティエラ・ボルカン・コルト（92点）、イルシオネ・ウルトラOP・№4（92点）、ロッキー・パテル・サン・グロウン・マドゥロ・ロブスト（92点）、パドロン・セリエ1926（91点）、アレック・ブラッドリー・ニカ・プーロ・ロサード・トルペド（91点）、ラ・アロマ・デ・クーバ・ミ・アモール・ベリスコ（91点）、オリーバ・セリエ　O　№4（91点）等々である。また、ビンテージ・シガーのカテゴリーでは、パドロン・ミレニアム（1999）が98点の高評価を得ている。（同誌2016年2月号）

ニカラグアの葉巻は、今やキューバ産葉巻にも追いつき追い越そうという勢いである。『ヨーロピアン・シガー・カルト・ジャーナル』などでも常にハイランキングされ、欧米での葉巻愛好家の間では人気ブランドとして定着している。ニカラグアの葉巻は、上品でマイルドな味わいが特徴で、キューバの葉巻の強い香り、深い味わいとはまた別の、独自のアイデンティティーを有している。最高級銘柄のパドロンは、キューバとの比較自体が意味をなさないほど、完成の域に達しているのである。ニカラグアはじつは知られざる「葉巻の天国（シガーヘブン）」なのである。葉巻は、主にニカラグアの北部エステリ県のエステリでつくられている。エステリは、1685年に創立された歴史のある古い町で、人口は10万人。葉巻タバコの企業が17社ほどあり、雇用者数は2000人以上にものぼり、葉巻はエステリの主要産業である。またエステリ県北部のハラパでは、ラッパー（外巻葉）用のたばこが栽培されている。

ラッパーには特に質の高い葉が要求され、ラッパーを生産できる国は、キューバ、ニカラグア、カメルーン、エクアドル、アメリカ、ブラジル、メキシコ、インドネシアなどに限られているが、そのなかで葉巻のラッパー（外巻葉）、バインダー（中巻葉）、フィラー（塡充葉）というすべての葉を独自に生産し、葉巻をつくれるのは、世界でもキューバとニカラグアだけなのである。

ニカラグアの代表的な葉巻

エステリ以外の都市、たとえば南部のグラナダでも葉巻はつくられているが、ニカラグアでは、エステリのものが最良とされている。穏やかな丘陵や緑の多い山に囲まれた同市は気候と土壌、熟練した豊富な労働力という、葉巻づくりに欠かせない三条件がそろっており、キューバの葉巻生産地ブエルタ・アバッホにも通じるものがある。エステリの雨雲は、暑い南部のグラナダほど高いところに発生せず、降ってくる雨がたばこの葉を傷めることがないので、これらの自然条件が最高の葉巻をつくり出す要因となっている。これらの葉巻企業は、キューバ系ニカラグア人が主に経営している。歴史的には、かつてキューバ革命により、多くのキューバの葉巻関係者が種子と資本とノウハウをニカラグアに持ち込み、栽培を始めたことにある。キューバの最高の葉巻技術とキューバに似た気候条件、種などが最良の葉巻をつくり出してきたのである。なお革命政権時代（1979～90年）には、キューバと密接な関係はあったが、土地の接収や青カビの被害などがあり、さらにエステリもサンディニスタ政権に反対するコントラ勢力との戦火に見舞われ、葉巻産業にとっては厳しい時代であった。

エステリでの葉巻の生産がさかんなもう一つの理由は、これらの企業がフリーゾーンの免税措置を受け、輸出できる特権をもっているからである。同市で生産される葉巻はほとんどが輸出用で、空港で限られた量が手に入るほかは、国内でも容易には入手できない。首都マナグア市内で手に入る葉巻の多くは、格下の質の落ちる葉巻銘柄のものやキューバの偽物で、注意が必要である。葉巻の輸出は1993年には37万4000ドルであったのが、2000年には695万ドルに急増している。輸出先は大半がアメリカであり、その他の国ではドイツ、ホンジュラス、アイルランド、スイス、エルサルバドル、ドミニカ共和国、スペインなどとなっている。加えて、葉たばこや紙巻きたばこもニカラグアから大量に輸出されている。

## 第38章
## 葉巻

エステリには、プラセンシア、ニックシガー、ホーヤ・デ・ニカラグア、パドロン、タンボール社など多くの葉巻会社がある。筆者はそのうちプラセンシア・グループ社（PLASENCIA銘柄）を訪ねてみた。社長の御子息のネストール・プラセンシア・ジュニアが次のように説明してくれた。アメリカとドイツに主に葉巻を輸出しており、エステリ北部のハラパのラッパーを使った葉巻もつくっている。プラセンシア氏は、欧米のほかにも日本への販路の拡大に大いに関心を示していた。葉巻工場は、カテドラル（大聖堂）と呼ばれ、コロニアル風の白とベージュの建物の壁がまぶしい太陽に映えるきれいな工場で、なかも広く、広い廊下や床もよく掃除がされており、清潔で、200名ほどの労働者が葉の入荷、発酵、熟成、選定、ブレンド、葉巻づくり、色分け、箱詰めなど各工程で働いていた。特に葉巻ローラーたちの巧みさには、驚かされた。朝六時から夕方四時まで仕事をし、熟練者は、一日に200本も巻くとのことであった。皆エステリ市内の住民で女性が大半を占めていた。やはり、葉巻を巻くのは、きめ細やかな女性の手の方があっているとのことであった。

プラセンシア社の秘密兵器は、オーガニック・シガーである。無農薬で有機栽培による自然にやさしい特別な葉巻である。ロブスト・タイプ（太く短いサイズ）を吸ってみたが、色と形、若草の香り、やさしくマイルドなほんのりとした大地を想起させる味、スムーズな煙の通り、ロブストゆえに燃え方が速く熱くなることはあったが、まさに絶品といえるのであった。一本一本セパレートとなっている丁寧なつくりの丸みを帯びた木箱も満足感をさらに広げてくれる。

また、アメリカで最も評価の高い、最高級葉巻パドロンの工場も訪ねた。創業は1964年、キューバ系のパドロン家の名を冠した葉巻である。エステリにある工場は、パドロンの名ではなくキューバ・ニカ会社という名で、黄土色の壁の意外に質素な工場で、エステリの従業員260名が働いていた。北部コンデガ、ハラパにある29の農園からの選りすぐりの葉を使い、日産1万5300本を生産し、すべてマイアミに輸出している。ホンジュラスの工場でもニカラグアから葉を持ち込み日産5000本を生産し、やはりマイアミに輸出している。無農薬葉巻で、葉を湿らす水も塩素の入った水道水は使わず雨水を使うなど、徹底したこだわりがある。営業部門はすべてマイアミにあり、ニカラグアには葉巻生産の工場のみがあり、1979年から89年までの革命、内戦時代も閉鎖せずに地に足のついた操業をしてきた。工場長がふっと漏らした、「パドロンは、初心者の葉巻ではなく玄人のものだよ」との言葉に、品質への誇りと自信がうかがえた。長男のホルヘ・パドロン氏は、マイアミからの電話で日本市場への販路拡大に関心を示していた。創業者の生年を記念した1926シリーズも発売されている。これらの葉巻工場を視察しても、ニカラグアの葉巻が世界に誇る第一級の品質を誇っていることがよく納得できた。現在、パドロンやプラセンシアの葉巻は、日本の葉巻関係者の長年の尽力により、日本市場に出まわっており、葉巻を愛する人びとに至福のときを届けているのである。

（渡邉尚人）

［参考文献］
渡邉尚人『葉巻を片手に中南米』（TASC双書）2014年
渡邉尚人「葉巻の手引き」たばこ総合研究センター『TASC Report』3号 1997年
Shanken, Marvin R. (ed.), Cigar Aficionado, 2016.

V

# 豊かな芸術の世界

# 39

# ルベン・ダリオ

## ★ニカラグアが生んだ世界の大詩人★

プロフィール

内戦の傷跡も残る1991年、ニカラグアのグラナダを訪問したときのことである。ニカラグア湖の島めぐりの船着き場で、船に乗ろうとすると、小さな女の子がよってきた。7、8歳の粗末な身なりの裸足の女の子。おそらく小銭でもねだるのかと思っていると、何かしゃべり始めた。リズムのあるしゃべり。そう、それは詩であった。「マルガリータ、海は美しく、風はレモンのかすかな香りを運ぶよ。私は心のなかでひばりが鳴くのを感じる。お前のアクセントさ。マルガリータ、お前に一つお話をしてあげよう」で始まる「マルガリータ・デバイレに」という詩を滔々（とうとう）と朗読してくれたのである。裸足の小さな女の子が詩を懸命に朗読する姿は、もはや小さな妖精のようでもあり、私は、いたく感動してしまった。この熱帯の小さな国の詩の文化とその美しい詩に。それがルベン・ダリオの詩であった。

ルベン・ダリオ（Rubén Darío）は、1867年1月18日にニカラグア北部のマタガルパ県メタパ、現在のシウダー・ダリオに生まれた。父親は商人であったマヌエル・ガルシア・ダリオ、母親はロサ・サルミエント・アレマン（1895年、エルサ

第39章

# ルベン・ダリオ

マナグアの国立劇場前にあるルベン・ダリオ像

ルバドルで死去）である。両親はダリオの生まれる1カ月前に離婚し、身重な母親が荷車で、シウダー・ダリオの親戚の家に運ばれ出産した。ダリオの生家は、今では博物館となっており、当時の荷車やダリオが寝かされていたベッドが昔のまま置かれている。生まれた年の3月には、レオンに移り洗礼を受け、フェリックス・ルベンと命名されている。その後ホンジュラスで母親とともに数年暮らした後は、レオンの叔母ベルナル・サルミエントのもとで15歳まで育てられた。レオンに現在も博物館としてあるコロニアル風の大きな家である。

幼少のときから神童だったようで、3歳にして読み書きし、少年時代の読本がドン・キホーテや千夜一夜物語、スペインの古典喜劇やホラー小説だった。しばしば大きな声で本を朗読し、言葉の音楽的響きや美しい表現をつかもうとしていたようだ。また、少年時代よりお祭りで聖者の行列が通るときに割られるくすだまのなかの紙片に詩を書いて人気を博していたようである。その詩は誰に習ったわけでもなく、自らのなかから自然にわき出たもので、完璧に韻を踏んでいたといわれている。13歳の頃は少年詩人として、ダリオの名声は中米に広まっていた。数学は赤点だったけれど、その詩は女学生に大いにうけたようである。

15歳のときに国立宮殿で「本」と題する無神論的で反宗教的な100の8音節の10行詩を披露している。欧州留学議会決議が流れたかと思えば、エルサルバドル大統領と会談したり、ニカラグア大統領の秘書室に勤務したりした。また国立図書館に勤めている間に、スペイン文学を読みあさり、スペイン王立アカデミーの辞書を暗記した。失恋がもとで、19歳で出国し、以来、雑誌社『ラ・エポカ』や新聞社『エラルド・デ・バルパライソ』、アルゼンチンの『ラ・ナシオン』紙特派員などの仕事の傍ら『青』など多くの詩や散文形式の物語の創作活動を続けた。中米でも雑誌『中米新聞』『午後の郵便』などで活動した。

1893年、26歳からはパリに出国し、アルゼンチンの新聞の論説委員、また特派員として長年西欧諸国に暮らす一方、創作活動を続け、モデルニスム詩人としての地位を不動のものとするのである。1907年、40歳のときには凱旋帰国をしている。

私生活では1891年、24歳のときにラファエラ・コントレーラスと結婚、8月には息子ルベン・ダリオ・コントレーラスをもうけたが、1893年1月26日、死に別れている。

2カ月後の3月8日、無理矢理結婚したロサリオ・ムリーニョとはうまくいかず、息子ダリオ・ダリオも夭折（ようせつ）してしまう。１８９３年６月７日、フランスに出発、離婚をしようとしたが、うまくいかず、議会が離婚を可能とするダリオ法まで制定したが結局離婚はできなかった。１８９９年、32歳のとき、スペインで生涯の伴侶フランチェスカ・サンチェスと暮らすようになった。しかし、子どもとの縁は薄く、１９００年、長女カルメン、１９０３年、長男ルベン・ダリオ・サンチェス〔フォカス〕、１９０７年、次男ルベン・ダリオ・サンチェス〔ギチョ〕を授かるが、長女カルメン、長男フォカスは早くに死なれてしまっている。

また、論説委員、詩人としてのほかに、新大陸発見４００周年代表メンバー（25歳）、汎米会議代表メンバー（39歳）としても活躍、そのほかラ・プラタ市駐在ニカラグア領事（１８９３年、25歳）、ブエノスアイレス駐在コロンビア総領事（１８９３〜１８９５年）、パリ駐在ニカラグア領事（１９０３年、36歳）、ニカラグア・ホンジュラス国境仲裁代表団員（１９０６年）、駐スペイン・ニカラグア公使（１９０７年、40歳）、パリ駐在パラグアイ総領事（１９１３年）などの公職を務めている。そして、１９１６年２月６日、故郷レオンで49歳の生涯を閉じている。

幾度も諸大陸を往来し、詩人の目から、記者の目からまた外交官の目からイスパニア世界を見つめイスパニア文学を作り上げていったのである。ダリオは、生涯を通じ、きわめて旺盛な創作活動を続け、詩、散文、短編物語、論評、小説などに多数の作品を残している。

## モデルニスム

モデルニスム（近代文芸主義）は西欧的近代社会成立の兆しが見え始めた19世紀末にイスパニア文学

世界に現れた文芸運動である。1898年、米西戦争の敗北によりスペイン帝国の没落が決定的となり、ラテンアメリカ諸国が独立するなか、スペイン再生への焦燥がスペイン文学をして、1898年世代（ウナムーノ、アソリン、バリェインクランなど）に見られるように、伝統への回帰に閉塞させていくなか、ときを同じくして出現したモデルニスムは、ヨーロッパ、特にフランス文学・言語への接近を通じてより独創的で開かれたイスパニア世界文学を構築するものであった。

モデルニスムは、感傷的なロマンチシズムから脱却してフランス象徴派（ボードレール、マラルメ、バーレーン、オスカー・ワイルドなど）、直感的な音楽的響きをもつ言語高踏派の唯美主義の影響を受けている。洗練主義、神秘、新世界主義、万国主義、象徴主義、官能、響きのある自由な韻律と言葉の洗練、芸術礼賛、ラテンアメリカの地域的現実よりの脱却、ラテンアメリカ世界の運命の高揚、フランス嗜好などが特徴である。

## ダリオの詩の特徴

ダリオの詩は、リズム感と響きのある多様な韻律（11音節、強弱弱格など）により、洗練された調和ある明瞭な言葉で、視聴覚に訴える色と光と反射効果をもち、仏語なまりや古語や礼拝用語、さらには新造語の多用により、絵画や彫刻、音楽の世界が詩空間に表現されている。

また、ギリシャ神話や中世の伝説（人魚、キメラ、妖精、魔法使い、お姫様など）、東洋や日本までの時空間を超えたダイナミックなエキゾティスムを抱擁するコスモポリタンなテーマ、ラテンアメリカ世界の運命と時代を常に意識する姿勢（パリやロンドンというラテンアメリカを希求）、たくましいバイタリ

## 第39章
## ルベン・ダリオ

ティと想像力、芸術の美の高揚が見られる。

特にルベン・ダリオの作品集『青…』『俗なる詠謡』『命と希望の歌、白鳥たちとその他の詩』『秋の詩、インテルメッゾ・トロピカル、その他の詩』『流浪の歌』『アルゼンチンへの歌』などには独特の言葉のリズム感、音楽性、きらめく色彩感覚が満ち満ちており、そこから作り出されるエキゾティックで幻想的な、時として官能的な世界のなかではあくまでまばゆいばかりの芸術の女神ミューズが礼賛され、ミューズの優美な扇に詩情が舞うのである。特に、『マルガリータ・デバイレに捧ぐ』『凱旋行進』『命と希望の歌、白鳥達とその他の詩』『秋の詩』『狼の理由』『心の奥の韻律』『帰郷』などは現在でも好んで朗読されている。散文風の短編には『青い鳥』『マブ女王のベール』『ブルジョアの王』『ルビー』『梱』『蜂鳥の物語』『妖精』『花束』『復活祭の物語』『クリスマス・イブのお話』など珠玉の作品が数多くある。

### 日本との関係

ルベン・ダリオの生まれた年と亡くなった年は偶然にも明治の文豪夏目漱石と一致している。ともに、西欧文明の感化により、独自の文学世界を作り上げていったということも共通しているのである。灼熱の熱帯の国の詩人は、じつははるかな東洋の日本にも熱い思いを寄せていた。

ルベン・ダリオは、彼の作品のなかで何度も日本にふれている。富士山の壮麗さをもつモモトンボ火山、帝（みかど）の話や日本人の特質をもつ兵士のこと（『ニカラグアへの旅』）、古風な日本のお姫様や（『俗なる詠謡』たわごと）、日系キューバ人女性のこと（『俗なる詠謡』キューバ人女性へ）、日本趣味のブルジョアの王のこと（『青』ブルジョアの王）、日本の絹の屏風（『青』冬）など。ダリオはパリ万博（1900年、『ラ・ナシオン』紙の特派員として取材）が開催され、ジャポニズムが流行したフランスから日本文化の多くのモチーフを彼の作品に取り込み、モデルニスムに合体させていたのである。

また、1904年のアルゼンチンの『ラ・ナシオン』紙に掲載された「新・旧日本」という記事では、伝統的な日本（古事記、黄金と絹の国、菊や桜や藤、着物、茶、北斎画、儒教、酒、芸者、三味線、侍、大名、神道、仏教）が開国により西欧文明化し伝統を忘れて軍事・帝国主義国家になっていく様子を憂いている。ラフカディオ・ハーンの作品にもずいぶん親しんでいたようで、驚くほどに日本についての情報をもち、日本文化に憧憬を抱いていたのである。

ルベン・ダリオの生まれた詩の国ニカラグアは、ともすれば、かつての内戦や貧困のイメージで見られがちであるが、日本をはじめ援助国の支援と自助努力により、震災や内戦の痛手から立ち直り現在は、平和な国家となり、経済発展を模索中である。2016年は、ルベン・ダリオ没後100周年であるところ、ダリオがかつて夢見た日本との文化交流がさらに活発になることを期待したい。

（渡邉尚人）

［参考文献］

Ruiz Barrionuevo, Carmen (ed.), *Rubén Darío Antología*, Colección Austral, 1993.
Valle-Castillo, Julio, Sánchez Mejía (eds.), *Rubén Darío Cuentos Completos*, Editorial Nueva Nicaragua, 1994.
——, *Rubén Darío Poesía*, Editorial Nueva Nicaragua, 1993.

# 40

# 詩人の国ニカラグア①

## ★モデルニスム期まで★

ニカラグアは、イスパニア文学界の巨星ルベン・ダリオを生み、多くの詩人を輩出してきた国である。詩人の多くがジャーナリストや政治家として活躍し、ナショナリズム高揚、ソモサ政権打倒やサンディニスタ革命、民主化など歴史的節目で強い詩による主張を行い、政治的社会的影響を与えてきた。戦争や平和の時代を通じて詩が力強い社会の牽引力、国民の活力、さらにはアイデンティティーにもなってきたのである。

この歴史的伝統は今も続いており、週末には、新聞に必ず詩の特集が掲載され、小中学校でも詩の朗読がさかんで、行事のたびに詩の朗読や朗読コンクールなどが開かれる。文学のなかのみならず市民生活においても詩の占める地位は特別であり、詩のカーニバルや詩祭などが大々的に開催され、まさに詩と詩人の国であるといえよう。

### 詩の系譜――先住民の詩

ニカラグアの詩の伝統は、はるか昔にさかのぼることができる。先住民の残した絵文字の古文書では、音声はわからないが、コロンブスのニカラグア発見当時、スペイン人が書き留めた先住民の神や太陽への祈りや生け贄（にえ）の儀式での歌、ニカラグアの名前の由来である先住民の酋長（しゅうちょう）ニカラオがスペイン人に世界や宇宙観、宗教観につき饒舌（じょうぜつ）に質問し、いち早くスペイン語を覚えたという逸話、さらにスモ、ミスキート、ラマ、ガリフナ族などの先住民族の、肉親の離別や再会、自然や恋人への思いを綴（つづ）った歌などはまさに詩歌といえるものである。たとえば、「母の死を悼む」の詩は次のようだ。


ああ、お母さん！　かわいそうなお母さん！　ああ、お母さん！　どこに行ってしまったの？

ここで息子達が、あなたのために泣いているよ。

きのう一緒におしゃべりしたのに、今はそこで横たわっている。

ああ、お母さん！　僕達に怒って行っちゃったの？　もう僕達のことを好きじゃないの？

ここに、あなたの夫が頭を傾けているよ、
そして、女達は頭を覆ってる。

みんなあなたを愛しているため。でも
あなたは僕達を置き去りにした。

ああ！　もう、あなたの顔を二度と再び見ることはないのだろう
あなたの声を二度と再び聞くことはないのだろう！

（スモ族。フィデル・コロモ訳）

# 第40章
## 詩人の国ニカラグア①

「ミスキートの若者の手紙」

僕は、椰子の木よりももっと高い
なぜなら僕の目は椰子の葉に届くから
椰子の木が捕まえたがる鳥たちにまでも届くから。

僕はワンキ川よりも長い
なぜなら海の遠いささやきを追うのだから
それとも目を閉じて輝く浜辺を再現するのだから。

僕はアラミカンバの雌ライオンよりも大きな胸を持っている
なぜなら僕の綴られた胸の痛みはその吠え声よりももっと向こうにとどくから
ビルワスカルマにいる僕のあの娘の手にまでも。

（パブロ・アントニオ・クアドラ訳）

### 植民地時代の詩人

植民地時代は、スペインから宗教劇や賛美歌、祈祷(きとう)、ロマンセなどの文学や詩の様式が伝わった。スペイン詩を模倣しつつスペイン王や総督を称えたペドロ・ヒメナやホセ・アントニオ・ベラスコなど、さらに、グラナダやレオンの栄光を称えた無名詩人の詩や独立の英雄ラレイナガの碑石の詩作などがある。

**グエグエンセ（Güegüence）**

植民地時代を通じ、特に注目されるのは、グエグエンセという仮面舞踏劇である。ヌエバ・エスパーニャ（メキシコ）で修道士の始めた先住民による宗教劇が起源といわれているが17世紀から18世紀の間に、スペイン語とナワトル語（当時の先住民の共通語）で書かれた作者不詳の風刺喜劇である。

グエグエンセという道化役の老人（職業は一種のエンコメンデロ［勅許によりインディオの教化・徴税を委託された者］か。実は、密輸商品の取引などペテン師まがいのことをしている）が、ゴベルナドール（知事）やアルグアシル（警吏）の権威に従順を示しつつも、息子と継子とともに、植民地支配者への辛辣な皮肉や揶揄（やゆ）、ささやかな抵抗をこめ、二重の意味のあるナワトル語のスラング・隠語を交え、軽妙なやりとりを行い、陽気な音楽にのって、色とりどりのきらびやかな衣装と仮面をつけて滑稽味ある踊り（ラバの面をつけたマチョ・ラトンの踊りなど）を演じるものである。

内容は、市参事会や市民裁判所での歌舞音曲に許可を必要とし、グエグエンセから取り立てようとするゴベルナドール（知事）やアルグアシル（警吏）とこれを避けようとするグエグエンセとのやりとりを中心とし、知事の娘スチェ・マリンチェとグエグエンセの息子フォルシコとの婚礼の祝宴で終わる。

現在でも各地の祭りで踊られ、民族舞踏となっている。ピカレスク的なグエグエンセ像は、歴史的に植民や独裁など圧迫の歴史を歩んできた庶民の支配者への抵抗とニカラグア人の二面性（面従腹背）

を示すものといわれている。

## ロマン派詩人

最初の詩集を出したニカラグアの詩人は、フランシスコ・キニョネス・スンジンの『詩』（1826年、グアテマラで出版）といわれている。『マリアに』などの愛の詩で人気を博したが、スペインで流行していた新古典派の詩形式の月並みな模倣の域を出ていないといわれている。19世紀のロマン派の詩人には、フランシスコ・サモラやフアン・イリバレン、カルメン・ディアス、アントニオ・アラゴン、フランシスコ・ディアス・サパタ、グレゴリオ・ファレスなどがいる。

ルベン・ダリオ像（撮影：田中高）

## ルベン・ダリオ

スペイン文学からの模倣を脱し、自立した独創的な文芸主義モデルニスムを完成させたのが前述のイスパニア文学の巨星、ニカラグアの英雄詩人ルベン・ダリオ（1867〜1916年）である（第39章参照）。この時代はコーヒー産業の隆盛により、ニカラグアが世界の資本主義経済の流れに組み込まれ、欧米の先端科学技術や流行の文化が流入し、国家や経済社会が進歩と近代化に入る時代であった。政治も30年にわたる保守党時代（1860～93年）の後、自由党（1893～1910年）に移る時代である。

## モデルニスムの詩人

ダリオの時代には、マリアーノ・バレト、フェリックス・メディーナなどスペインのロマン派詩人の影響を受けた詩人たちやサムエル・メサ、アンセルモ・フレテスなどの俗謡民衆詩人もいたが、ダリオのモデルニスム詩が新潮流をつくるのである。

ダリオの作品の流布に力を尽くしたラモン・マジョルガ・リバスやマヌエル・マルドナド、サンティアゴ・アルグエリョ、ファン・デ・ディオス・バネガス、ラモン・サエンス・モラレス、さらにアントニオ・モラレス、リノ・グティエレス、女流ではロサ・ウマーニャ・エスピノサなどの多くのモデルニスムの詩人がレオン、マナグア、マサヤを中心に台頭するのである。

モデルニスムの後期には、『水の影に』『泡と星達』『道』などのキリスト教的真理や人道主義に貫かれた詩作が特徴の司祭アサリアス・H・パレ（1884～1954年）や『窓』『空間の歌』など幻覚、形而上的で浮遊感ある詩作で有名な精神障害を患っていたとされるアルフォンソ・コルテス（1893～1969年）、さらに『見知らぬ兵士』『ピンダロの回想』などの詩作のある口語散文表現、ネオポプリスム、政治社会批判、古典、土着など多くの要素を併せもったサロモン・デ・セルバ（1893～1959年）の三大詩人を輩出している。しかし、ルベン・ダリオの威光と名声の下に、モデルニスムの詩人たちは隠れてしまった観がある。

（渡邉尚人）

# 41

# 詩人の国ニカラグア②

## ★バングアルディア運動以降★

### バングアルディア運動の詩人

ルベン・ダリオの後に、バングアルディア（前衛）運動（1931〜33年）がグラナダの都市部の若い知識人を中心にわきあがる。『ルベン・ダリオをたたえる歌』のホセ・コロネル・ウルテチョ（1906〜94年）、『機関車の夢』などのアルベルト・カブラレス（1901〜74年）、『横顔』などのマノロ・クアドラ（1907〜57年）、そして後年ルベン・ダリオ以降のニカラグア最大の詩人といわれるパブロ・アントニオ・クアドラ（Pablo Antonio Cuadra, 1912〜2002年）の『鳥と婦人の歌』『ニカラグアの詩』などである。

バングアルディアの詩人たちは、ルベン・ダリオという巨星への反発からモデルニスムをフランスかぶれの時代遅れとし断絶、反アカデミーグループを結成し、欧米の前衛主義の技法を積極的に取り入れつつ、詩のダイナミックな刷新、国民文学精神の高揚を掲げ、芸術クーデター的な活動を繰り広げる。馬の顔や景色を詩文でなぞったグラフィック的な詩もある。

この時代は、世界恐慌や第一次世界大戦、ロシア革命、アメリカのニカラグアへの海兵隊派遣、サンディーノ将軍の反米抵抗運動、マナグア大地震（1931年）などが起きた時代であり、前衛詩人たちは、反米、反植民主義からさらに自国の文化、アイデンティティー保持のための文芸運動を進めるのであるが、やがて、コロネル・ウルテチョ（José Coronel Ultecho）を中心に政治活動に向かい、結果的にはソモサ独裁政権発足への支援ともなってしまう。後年、前衛運動の詩人たちは、若気の至りであったダリオへの表層的な批判を反省し、ダリオの国民文学創設者としての価値を見直している。

40年代詩人

バングアルディア運動後にもギリエルモ・ロスチュッ『父方の家』、アウラ・ロスタンド『ブルーフィールズの正午』など多くの詩人が輩出するのであるが、特に40年世代といわれる辛辣な政治社会風刺詩を特徴とするエルネスト・メヒア・サンチェス（1923～85年）『祈祷療法（きとう）』、カルロス・マルティネス・リバス（1924年～）『孤独の反乱』、エルネスト・カルデナル（Ernesto Cardenal, 1925年～）『零時』『マリリン・モンローへの祈り』の三詩人が有名である。カルデナルは、反ソモサ独裁、反米、革命イデオロギーに貫かれた政治風刺詩が特徴で、後に革命政権時代の文化大臣を務めることとなる。

50、60年代詩人

50年代、60年代と大学を中心にじつに数多くの詩人たちが輩出している。アルマンド・インセル『澄んだ空気』、フラビオ・ティヘリーノ『文体論演習』、オクタビオ・ロブレト『マリティータ』、オラシオ・ペーニャ『必ずしも広島でではないよ、私の愛する人よ』、ホルヘ・エドワルド・アレリャーノ『詩集、才能の傾倒』（１９４６年〜、現言語アカデミー会長）、フリオ・バリェ・カスティーリョ『最初の武器』などである。

### 70年代、女性詩人の台頭

70年代はまた、女性の台頭がめざましい時期であった。女性の性と官能を詠ったジオコンダ・ベリー『エロティシズムの小レッスン』『エロティックな左派』、革命活動家のデイシー・サモラ『ラジオ・サンディーノ』、ロサリオ・ムリーリョ『私は泥の女』、ヴィダルス・メネセス『私が結婚したとき』などがある。彼女たちは一様に革命運動に参画している。

セルヒオ・ラミレス
(Sergio Ramírez, *Margarita, Está Linda La mar*, Grupo Santillana de Ediciones S.A., 1998)

### 革命時代の詩人

そして72年のマナグア大地震後の混乱、79年の革命、その後10年間の内戦時代に入る。革命時代の詩は、独裁政権打倒、革命勝利への力強い応援歌となっていくのである。サンディニスタ革命政権時代のオルテガ大統領やセルヒオ・ラミレス（Sergio Ramírez）副大統領（小説家）、トマス・ボルヘ（Tomás Martínez Borge）内務大臣、エルネ

詩のカーニバル（撮影：棚瀬あずさ）

スト・カルデナル文化大臣など革命政権の主要幹部は、ほとんど全員詩人であった。カルデナル文化大臣の主導する詩工房などからは革命賛美の自薦他薦の詩人たちを数多く輩出したが、反面言論出版の自由の制限など詩人の自由な活動には厳しい時代でもあった。

一方でパブロ・アントニオ・クアドラを代表とする詩人、言論人が報道の自由、民主化運動の柱である『ラ・プレンサ』紙など言論界で活躍するのである。特にパブロ・アントニオ・クアドラは、バングアルディア運動以降も２００２年に89歳で亡くなるまで、詩人、随筆家、評論家、論説員などとして幅広い文筆活動を続け、ニカラグアの文学界を率い、ルベン・ダリオ以降の当国最大の詩人、言論人といわれている。先住民の詩文化を同化した『鳥と婦人の歌』（１９２９～31年）、宗教心と祖国と貧しき者への連帯心の吐露である『時の本』（１９４６～54年）、インディオ神話とギリシャ神話世界の融合を彷彿（ほうふつ）とさせる『ジャガーと月』（１９５９年）、『シファールの歌』（１９７１年）など、ニカラグア独自の文化、アイデンティティーの再評価とその普遍化に尽力し、92年、ノーベル文学賞候補ともなっている。

## 90年代以降現在まで

90年の民主化移行後、平和の時代に入り、現在では、エルネスト・カルデナルやホルヘ・エドワルド・アレリャーノなど40年代以降の作家や、ジオコンダ・ベリー、ロサリオ・ムリリョ、デイジー・サモラ、ビダルス・メネセス、ヨランダ・ブランコ、イソルダ・ウルタードなど女性作家の執筆活動も再び盛んとなっている。またカルロス・トゥーネルマン（随筆、教育家）、アレハンドロ・セラーノ・カルデラ（随筆、哲学者）、エミリオ・アルバレス・モンタルバン（Emilio Alvarez Montalván 随筆、政治評論家、2014年没）など現代ニカラグアを代表する知識人の執筆活動も盛んである。ルベン・ダリオやパブロ・アントニオ・クアドラ、コロネル・ウルテチョ、小説では、セルヒオ・ラミレスなどの大御所は依然人気がある。今後90年代生まれの民主化世代が成人となり、新たな詩の潮流が生まれるのではないかと期待されている。

（渡邉尚人）

[参考文献]

Arellano, Jorge Eduardo (ed.), *Antología General de la Poesía Nicaragüense*, Ediciones Distribuidora Cultural, 1994.
Arellano, Jorge Eduardo, *Literatura Centroamericana*, Diccionario de Autores Centroamericanos, Colección Cultural de Centro América, 2003.
Guido, Alicia Casco (ed.), *Baile de el Güegüence o Macho Ratón*, Editorial Hispamer, 1998.
Solis, Pedro Xavier, *Movimiento de Vanguardia de Nicaragua*, Colección Cultural de Centro América, 2000.
Valle Castillo, Julio (ed.), *Poetas Modernistas de Nicaragua*, Editorial Nueva Nicaragua, 1993.

# 42

# 小説家としてのセルヒオ・ラミレス

## ★『さよなら若造たち』の紹介★

ニカラグアは多くの文学者、作家を生みだしてきた。そのなかでも現役で国際的に知名度の高い人物の一人として、本章で取り上げるセルヒオ・ラミレス・メルカードの名前を挙げることに、疑問をはさむ余地はないだろう。ラミレスは後述のように、ニカラグアを代表する文化人であるとともに、革命政権時代に副大統領（1985～90年）の職にあった、政治家でもある。

まず簡単に彼の人となりを紹介する。ラミレスは1942年マサヤ県マサテペで生まれた。マサヤ県は首都マナグアと国内第二の町であるグラナダのほぼ中間に位置する。今も火山活動を続けるマサヤ火山があることでも知られている。父親はソモサ派の政治家で、マサテペ市長を歴任した。一説によると、ソモサが私的に提供した奨学金で、レオンにある国内で最も歴史のある国立レオン大学の法学部で法律を学んだという。しかし学生時代は文学活動に熱中し、思想的には反ソモサ独裁に傾いていったようだ。18歳のときに、友人とともに『ベンターナ』という文芸雑誌を創刊する。

学生運動にも積極的にかかわり、そのせいもあり、独裁政権の迫害を逃れるために隣国コスタリカに移住する。その時彼は

第42章

## 小説家としてのセルヒオ・ラミレス

生涯の伴侶となる、心理学者のジェルトゥルデス・ゲレロ・マジョルガとすでに結婚していた。コスタリカでは中米高等教育審議会事務局長などの要職に就くが、ラミレスにとり、東ドイツ政府（当時）から提供された、ベルリンでの2年間の留学が、その後の人生に大きな影響を与えたようである。

コスタリカの首都サンホセにあったラミレスの自宅は１９７０年代、反ソモサ運動の活動拠点の一つとなり、彼自身もその先頭に立った。１９７９年７月に革命政府が樹立されると、執政委員会のメンバーに加わり、広報・文化活動で活躍する。１９８５年に大統領選挙が実施され、ダニエル・オルテガが大統領に就任すると、副大統領として政権運営に参加した。しかし90年の大統領選挙でオルテガが敗退すると彼も下野し、その後ＦＳＬＮとたもとを分かつ。96年の大統領選挙に自らが創設したサンディニスタ刷新運動党（ＭＲＳ）から出馬し、大差で落選。それから今日まで政治活動からは身を引いて、作家活動に専念している。

作家としての代表作は、『仮面の舞踏会』（*Un baile de mascaras*, 1995）、『マルガリータ、海が美しいよ』（*Margarita, está linda la mar*, 1998）、『ただ影だけ』（*Sombras, nada más*, 2002 寺尾隆吉訳、水声社、２０１３年）などがある。２０００年にキューバのカサ・デ・ラス・アメリカス文学賞、２０１４年にメキシコのカルロス・フエンテス国際文学賞などを受賞している。

小説の題材としては、ニカラグアの歴史上の出来事を舞台にしながら、政治性を帯びた人間の生と死について描写している。管見の限りラミレスの作品で唯一邦訳されたのは前述の『ただ影だけ』である。ラミレスの作品は彼の博覧強記ぶりに加えて、時間を前後して錯綜しながら人物が登場する傾向もあり、必ずしも読みやすい内容ではない。その点を踏まえてここで紹介したいのは、ラミレスがニカラグア革命と自身の関係を綴（つづ）った自伝的な回想録、『さようなら若造たち——サンディニスタ革命のある思い出』（*Adiós Muchachos- Una memoria de la revolución Sandinista*, 1999. 以下本書）である。

本書はラミレス自身の革命運動との関わり合いを、当事者の目線で記録したノンフィクション作品である。ラミレスと親交のあったベネズエラのペレス、パナマのトリフォス、アメリカのカーターなどの大統領たちとの個人的な会話が生き生きと描かれている。そのなかでも繰り返して登場するのが、キューバのフィデル・カストロ議長である。カストロがニカラグア革命を支援していたことは公然の秘密であるが、ラミレスは、「キューバの寛大さは無比のもので、こちらから要請したものを拒否されたことはなかった。教師、医師、道路建設、学校、住宅、奨学金、肥料、農業器具、印刷機などあらゆる方面に及んだ。あるときは石油事情がひっ迫したため、キューバのカイートにあるフィデルの別荘にまで訪ねて行き、石油の支援をお願いした。すると副官を呼んで数分後には、キューバ自身がやりくりできないでいた貴重な備蓄から10万バレルを分けてくれると約束してくれた」という。ベネズエラのカルロス・アンドレス・ペレス大統領は、毎月10万ドルを現金で支援してくれたとも語る。

著名な政治家たちとの生々しい話題が満載されているものの、本書のモチーフは、ラミレスと面識のあったイダニア・フェルナンデスという女性の活動家とその娘クラウディアとの邂逅（かいこう）であろう。イダニアはクラウディアがわずか4歳のときに、革命闘争で亡くなった。そのため母親の記憶はほとんどなく、クラウディアがラミレスの子息と交流があったため、母親の実像を確かめるために、ラミレスに面会にやってくる。場所は当時ラミレスが客員教授をしていたメリーランド大学のある、アメリカの首都ワシントンであった。

## 第42章

## 小説家としてのセルヒオ・ラミレス

イダニアは革命政権が成立する直前の1979年2月、パナマ人の夫と別れ、ホンジュラスを経由して革命運動に参加した。政府軍との戦闘で負傷し、落命した。ラミレスはパナマで彼女に会っていたが、その笑顔が印象に残ったという。イダニアはゲリラとして潜伏していた場所から秘密ルートで、クラウディアに手紙や録音テープを送っていた。そこには自分がなぜ革命運動に参加しているのかを書き綴っていた。最後に送った手紙には、「闘争が終わって平和になったら、マサヤの人形を買って公園で一緒に遊びましょう。ニカラグアで一緒に暮らせたら、すべてがうまくいくでしょう。そして学校に行って、たくさんのことを学びましょう」とあった。

舞台はワシントンでのクラウディアとの面会の場に移る。市内にあるコーヒーショップで、ラミレスはイダニアの面影を残すクラウディアに、母親の思い出を伝える。ラミレスは別れ際に「あなたは母親の犠牲について、どう思っているのか」と控えめに尋ねた。するとクラウディアは即座に「私も同じことをすると思う」と答えたという。そして「母親の犠牲は無駄ではなかったし、利己的な動機ではなくて、多くの人たちの幸せのために、純粋な気持ちから革命に参加したと思う。現代のように理想のない時代には、なおさら大事なことだと思う」と語ったという。

ラミレスはこの言葉に強く心を動かされたようだ。本書に通奏低音のように流れるのは、革命に翻弄された普通の人びとの息吹を、彼の技法で伝えようとしていることである。本書をニカラグア理解のための一書として一押しする理由は、そこにある。邦訳されることを期待したい。

（田中　高）

# 43

# ニカラグアの造形芸術①

## ★国立芸術学校と造形芸術★

西洋の画風を受けたニカラグア絵画の潮流は、1950年代に、**ロドリゴ・ペニャルバ**（1908～79年）が設立した国立芸術学校のもとで姿を現した。芸術を深く愛したペニャルバは、米国、メキシコ、イタリアで学び、帰国後は、最新の芸術の動向を普及させ、ニカラグアの近代絵画を育んだ。

国立芸術学校の成果はたとえば、ペニャルバの無二の親友である、画家で彫刻家でもある**フェルナンド・サラビア**（1922～2009年）の作風である、虹色を主体とするアイコン色の風景画で明らかにされている。森、火山、湖、ブーゲンビリアを描く色彩の様式は、夏の光線により生き生きと色づけられたものである。またこの作風は同時に、刺繍（ししゅう）や彫刻の分野にも影響を与えた。美術評論家のフリオ・バジェ・カスティーリョはサラビアの作風について、「彼の主観主義は、日本の芸術の感性の影響を受けている」と述べている。サラビアは画家としてのキャリアの後半には、ネオ・表現主義の風景画家の特質を失わないで、色彩と作画は、抽象主義的な表現主義に傾いた。

ペニャルバの教え子には、**アルマンド・モラレス・セケイラ**（1927～2011年）がいる。モラレスはまだ若かった195

アルマンド・モラレス・セケイラ

ロドリゴ・ペニャルバ

0年代に、すでに独自の画風を確立し、国際的にも高く評価された。第1回中米ビエンナーレ（グアテマラ、1954年）、第2回ハバナ・ビエンナーレ（1956年）、第5回サンパウロ・ビエンナーレ（1959年）に出品し、モラレスの「手法」や「現象」と呼称された。初期の彼の作品は抽象主義であった。しかしモラレスは幼いころから自分を取り囲む世界を、ばらばらになった物体ではなく、一つの統一体として眺める能力を備えていた。このことは、彼の作品全体を通して明らかであるが、特に彼が抽象主義を止めることなく、真剣で誠実に具象主義の絵を描いた過程において、より鮮明だ。アルマンド・モラレスはラテンアメリカの国境を越えて活躍した。パリのクロード・ベルナルドは長年にわたり彼の作品を扱う画廊であった。彼の作品はヨーロッパの個人所蔵となっているだけでなく、米国、ラテンアメリカの主だった美術館で展示されている。

画家、素描家、色彩家である**オマール・デレオン**（1929年〜）は、混血（メスティソ）が豊穣（ほうじょう）にもつ、直截の表現を用いる。抽象主義としてスタートした彼は、黒を基調としながら、赤、青、灰色をモチーフに使い、熱帯の果物や花を、インディオの原風景を連想させるような画風として確立した。90年代になると彼の絵には、活気に満ちた色彩で、単純化され、とっぴな表情をもつ人物が登場するようになった。

1960年代の初めには、実践派が生まれた。このグループを率いたのは、**アレハンドロ・アロステギ**（1935年〜）で、**セサール・イスキエルド**（1937〜2015年）、**レオネル・ベネガス**（1942〜89年）、**ヘナロ・ルゴ**（1933〜2010年）、**レオンシオ・サエンス**（1935〜2008年）、**アルノルド・ギジェン**（1941年〜）、**ルイス・ウルビナ**（1937〜2005年）、**オルランド・ソバルバロ**（1943〜2009年）、**ロヘル・ペレス・デ・ラ・ロチャ**（1949年〜）が参加した。彼らは国立芸術学校の美術を手厳しく批判し、ニューヨーク学派、ヒスパニック絵画やポリャク、タマヨ、トレス・ガルシア、アントニオ・タピエス、アントニオ・サウナスなどの、スペインやヨーロッパの芸術家の物質主義の潮流に心酔していた多くの知識人達の考え方に、疑問を呈した。

アロステギは、廃棄された缶を使いながら、金属のプラークと銀メッキを青と緑に対置させて、精密なスケールで風景や聖像をコラージュにする。基本は抽象的だが、間違いなく、私たちニカラグア人の往時と同時に現代を調和させる、具象的な世界を提示している。イスキエルドは土地を愛し、構成物に含まれる影の部分とフリンジ、飾りの部分、複雑な光の曲線に完全に調和するような、厚手の織物を利用することで、芸術的な使命感を遂行している。

ベネガスは「ここが宇宙の中心にある」という寓意に取りつかれて、謎の銀河と同時に、具体化された別の世界へと私たちを連れて行ってくれる。幾何学的で、ネオ・インディヘナの色彩と、深く土地に根ざしたシンボリックな構成で満たされ、先住民のアイデンティティーを即座に想起させる。サエンスは画家であると同時に、間違いなく強靭（きょうじん）な壁画家である。わずか一つの同じ平面のなかに、大胆にも、黒色で中立化し、輪郭を引いたレリーフの曲線と強烈なオレンジと赤色が、見事に描かれている。

画家、彫刻家、壁画家でもあるソバルバロは、常に宗教的、土着的で、詩人のような人物である。彼の作品は、正しくは静的なものを逆説的に、動的な動きのあるように見せるものである。秘儀の雰囲気のなかで、磨かれたテラコッタに取り囲まれた世界、人間を取り巻く眩惑（げんわく）のなかで、早朝の勤行を抽象化しながら、有機的なものと幾何的なものを、より具象的なものにしている。

（サグラリオ・チャモロ）

# 44

# ニカラグアの造形芸術②

## ★過渡期を迎えたニカラグアの絵画芸術★

1970～80年は、ニカラグアの絵画芸術の過渡期であった。フランスとイタリアのアトリエで教育を受けた**ウゴ・パルマ**（1942年～）、**ベルナルド・ドレイフス**（1940年～）の二人は、先住民（インディヘナ）文化を理想化するのでも、またヨーロッパ文化を賞賛するのでもなく、ユニバーサルな言語で、実験的で個性的なニカラグア独自の作風を開拓した。しかしそれは基本的には、混血（メスティソ）にたどり着いた。

パルマの絵には、いくつかの文化の歴史から現れたユニバーサルな人物像が描かれている。それらの人物像は、植民地独特の荘重で大胆な青色と、日焼けした土色の傍にある器により、特色が出ている。しかし人物像はインディオでもスペイン人でもない。おそらくはクリオージョ（植民地生まれのスペイン人）かメスティソ＝混血であろう。

どの会派にも属さない独立系の画家である**アルベルト・イカサ**（1945～2003年）は絵を描き始めてから、色調に明暗色を使う「アカデミック」と呼ばれる技法を用いて、他の画家たちと一線を画している。イカサの教え子である**イルセ・オルティス・デ・マンサナレス**（1941年～）は、高名な画家達と交流した最初の女流画家の一人である。彼女は、完璧な意味ではないが、抽象主義的な性格をもつ独自の作風を確立した。というのも「壊れた固体」という実物の道具を通して、感情、痛み、美徳、勇気、大胆さ、象徴的な想像物を、明瞭なメッセージとして伝えているからである。折れた金属の管、南京錠、槍（やり）、錆（さ）びた鎖、壊れた固形物、球体などが、灰色の明暗の階調で描かれている。おそらくこれらは、彼女自身の魂の強さを、繊細に表現しているのだろう。

他方、ニカラグアの絵画の世界で常に重要な地位を占めているのは、**素朴画**である。**アシリア・ギジェン**（1887〜1964年）は63歳となった1950年に、スター画家となった。彼女はグラナダの生まれで、女友達と刺繍（ししゅう）を描いていた。それをある美術評論家が発見して、絵筆で描くように、国立芸術学校で学ぶことを勧めた。このときから、素朴画は、ニカラグア絵画の主役に抜擢されたのである。

1970年以降は、詩人、作家、カトリックの神父でもある**エルネスト・カルデナル**が、ニカラグア湖の火山島である、有名なソレンティナメの群島にアトリエを設立し、そこが拠点となった。カルデナルが振興し、ペレス・デ・ラ・ロチャが指導したこのアトリエからは、芸術家としての地位を

アシリア・ギジェン

確立した素朴画の画家である、**エドゥアルド・アラナ**、**カルロス・ガルシア**、**マリナ・オルテガ**、**ドニャ・サルバドラ・エンリケス**、**ドニャ・アデラ・バルガス**などの世代が誕生した。

１９８０年になるとニカラグアの素朴画は国際的にも知れ渡り、**メルセデス・エストラダ**、**マリオ・マリン**、**アルバロ・ガイタン**、**カルロス・マレンコ**、**エドムンド・イ・ハビエル・アルブロラ**、**イルダ・ボヘル**、**マリアナ・サンソン**、**マヌエル・ガルシア**、**フリイ・アギレ**、**オルガ・マラディアガ**、**ルイス・アルバラド**、ニカラグア大西洋岸出身で素朴画の代表的な画家となる**ジュン・ビア**（ブルーフィールズ出身。１９３５～86年）などの、生まれながらの画家達が活躍し、高い評価を受けた。

１９９７年にマナグアで、オルティス・グアルディアン財団第1回ニカラグア絵画ビエンナーレが開催され、**デニス・ニュネス**（１９５４年～）が優勝した。彼の特徴は、ポラック派のアクション・ペインティングの作風を基調として、大きな絵に白を基調に抽象表現を用いて描いたものである。彼の作品は、作業工程からも分かるように、領域の先端部分を消すことなく、統一されたものとなっている。

建築家、芸術家、画家として多才な**ダビド・オコン**（１９４９年～）は、ポップアートの影響を強く受けた。自然な灰色と冷たい配色を巧みに使い分けて、非常に幅広い技法を用いた。オコンは常にさまざまな技法を実験することに熱心で、概念芸術に傾斜している。

具象主義で自然表現の**エルネスト・クアドラ**（１９５０年～）は、筆づかいと配色の動きに、強い関心をもつことが特徴で、直接性と躍動感を際立たせるため、境界線を描いている。カナダ在住の**レオニダス・コレア**（１９６５年～）は、アクリル製の樹脂を吹き付けて、具象的な素朴画の繊細さと完璧さの印象を与える。原色を使い果物の図柄が有名である。**マリア・ガジョ**は神秘派の女性画家であると同時に、作家でもある。深みがかった暗色、赤、青により照らされた金色で、植民地時代の祭壇を連想させる。

**サグラリオ・チャモロ**（1967年〜）は具象主義の画家で、独特の色づかいで知られている。ニューヨーク美術学校（NYSS）の校長は彼女の作品について、「私たちの視覚に入る殺風景な景色を、さまざまな色彩を用いて精神的なものに表現する、詩心をもつ画家である。彼女の寛容さは偉大で人間的であり、叙情的なものを模索している」と述べている。

サグラリオ・チャモロ

**ハビエル・バジェ・ペレス**（1973年〜）は若い世代の画家のうちでも最も若手である。彼の画風は抽象的で創作力に富んだ筆で、色彩を駆使して描写している。しばしばあどけない筆づかいで戯画した、独特の空の模様を描いている。バジェ・ペレスは、巧みな色づかいで、意図的に幾何学的な模様で地表を描く。

**アリシア・サモラ**（1978年〜）は木彫りに固執していて、そのことを隠そうとはしない。現代アートに明瞭な、観念による芸術家で、素手による創作を愉しみながら、私たちを常に驚かすような手法を用いている。

（サグラリオ・チャモロ）

# 45

# ニカラグアの彫刻芸術

## ★多彩な彫刻芸術家たち★

ニカラグアには彫刻に特化した教育機関や教育活動はほとんどない。彫刻にたずさわるのは、国立芸術学校出身の画家や造形作家たちである。

**ノエル・フロレス**（1941年～）と**マルカ・ゴメス**（1924年～）は国立芸術学校出身の数少ない彫刻家である。二人とも外国に留学している。1958年、ノエル・フロレスは著名な賞を受賞し、奨学金を得てローマとフロレンスで学んだ。そこで人物像の描き方の厳しい教育を受けた。しかしフロレスはアルベルト・ジャコメッティを崇拝していて、彼の手法を最大限に活用し、調和と気品のある作品をつくる。抽象的あるいは具象的な作風で、抽象的な場合は像を連想させ、具象的な場合は、私たちを抽象のイメージで圧倒する。

作品はさまざまな方法を試みているが、最近は鉄を鍛造したものである。首都マナグアにある公共の記念碑に、多くの銅像を出展している。たとえば、エル・グエグエンセ、エル・ペリオディスタのロータリー、旧ゴンザレス劇場正面にある労働者への称賛の像などである。

フロレスの愛弟子（まなでし）にあたるのがマルカ・ゴメスである。彼女は1991年から毎年、ニューヨークのナショナル・アカデミーでレッスンを受けている。大きなサイズで、伝統的なキャスティングの手法を用いながら、ブロンズ像に仕上げる彫刻家である。彼女が日常的に扱うテーマは、独特の魂のある頭部をもつ人物像で、すばらしい縮尺で表現している。ゴメスは同時に、10年ほど前から、不可燃物廃材を利用して、抽象的なイメージをつくることを実験している。

散発的であるが、非常に高い芸術性のある彫刻に取り組んでいるのは、**フェルナンド・サラビア**（1922〜2009年）だ。アメリカのネバダ国際賞（1996年）を受賞した作品では、コカ・コーラの消費を題材にしている。サラビアは表現主義を貫き、火山を鎮火させるためにコカ・コーラを出現させる、寓意表現の彫刻を制作した。

詩人、カトリック神父、彫刻家、画家である**エルネスト・カルデナル**（1925年〜）は、ニカラグアの彫刻家のなかでは、国際的に評価された貴重な存在である。ワシントンにあるパンアメリカン・ユニオン・ギャラリーに、1957、58年の2回、出品した。「ニカラグアの芸術家」というカタログで、ホセ・ゴメス・シクレは「詩人、作家であるエルネスト・カルデナルの独創的な簡潔さ」という短い言葉で称賛している。カルデナルは独学の詩人・彫刻家として著名であるが、動物の群れと植物群を表現する彫刻作品で、私たちに自然のもつ潜在的な美しさを教えてくれる。サギ、虎、サボテン、その他の記念碑的な花、魚類を用いて、キリストと修道士という彼の宗教観に根ざした、非常に奥深い瞑想的な倫理観を、私たちに伝えている。

画家の**オルランド・ソバルバロ**（1943〜2009年）も、彼の経歴としてはすこし遅く、90年代のはじめ彫刻に参加し始めた。彼の作品は、ブロンズ、アルミニウム、金属を多彩に使いながら、キュービズムの影響が見られる。彼のキャリアでは、彫刻はそれほどの重きを成さなかったが、とても上手に夢想的な雰囲気をもたせ、非常に独特な雰囲気をもっている。

**アルノルド・ギジェン**（1941年～）の彫刻は写実的かつ肖像的である。彼の作品の多くは、卓越した人物を称えるような一連の胸像、モニュメントだ。これらの作品は解剖的な緻密さと擬人化を特徴としてつくられている。その作品例として、グラナダにあるエレナ・アレジャノ、マナグアにある中米大学のアマンド・ロペス、国家宮殿のフィデル・コロマ、オモテペケ島にあるファン・スミス師像などがある。

**ミゲル・アンヘル・アバルカ**は、もっとも若い世代に属しているが、1993年にルベン・ダリオ国立劇場で最初の個展を開いた。「情死」で第9回造形芸術祭コンクール、1994年には「キリスト磔刑（たっけい）」で彫刻賞をそれぞれ受賞した。実験的にさまざまな素材を利用して彫刻をつくっている。

彫刻家としてだけでなく画家としても著名な**アパリシオ・アルトラ**は、果断で強烈な個性をもっているが、1993年に最初の彫刻と絵画の個展を開いた。美術評論家のポルフィリオ・ガルシア・ロマノは「アルトラは、ダダイズムの要素を再現しながら、表現主義の技法を利用して、テーマと技術を見事に一体化させている」と的確に述べている。彼の作品では、1993年にフリオ・コルタサル劇場に出品した「ノー、ノー、ノー」、ニカラグアと中米の作家たちと一緒に、英国の画廊での巡回展覧会に出品した「嵐の土地」などが有名である。

彫刻の範疇には、**ルイス・モラレス・アロンソ**を含めることができる。浅浮き彫りの彼の作品は、統一的で粘り強く、大変意味深いものである。彼の金槌(かなづち)を使う手法は、コロンブス到来以前の、岩面への彫刻に着想を得ていて、それを連想させるものである。モラレス・アロンソは「ドキュメンタリー彫刻」というタイトルの作品で、2001年の第3回ニカラグア・ビエンナーレ視覚芸術祭の最優秀賞を受賞した。

**エラスモ・モジャ**は彫刻の分野で大変活躍しているが、大理石の破片を載せる技法で成功した。作品はショッピングセンター、銀行、庭園などに置かれている。彼の作品は巨大で、楽しくて茶目っ気のある、太った女性像が特徴である。

（サグラリオ・チャモロ）

［参考文献］

Bermúdez, Juanita, *III Bienal de Artes Visuales Nicaragüenses 2001*, Teatro Nacional Rúben Darío, Fundación Ortiz-Gurdian, 2001.
Chamorro, Sagrario, www.sagrariochamorro.co.
Torres, María Dorrores G., *La Modernidad en La Pintura Nicaragüense 1948-1990*, Banco Nicaragüense, 1995.
*El Nuevo Diario*, 20 de marzo, 1999, (“Porfirio García Romano”).
Valle Castillo, Julio, *Artes visuales de Nicaragua en el siglo XX*, Fundación Ortiz-Gurdian, 2006.

# 46

# ニカラグアの素朴画

## ★革命と芸術が結んだ地方NGOの草の根交流★

ニカラグアの素朴画は、既に1980年代初頭には国際的に高い評価を受けるようになり、今や同国を代表する芸術の一つである。それは、近代画法を無視したある種「稚拙」な筆致ながらも、どれも丹念に描かれた色鮮やかな情景の美しさを備えている。見る者は、描かれている風景のなかにいつの間にか惹きこまれ、何故か温かい気持ちになる、そんな魅力あふれる絵画ばかりである。しかし、日本で、ニカラグアの素朴画と聞いて、すぐにイメージできる方はどれくらいいるだろうか。

私がニカラグア素朴画と出会ったのは、1990年代のことで、数年ぶりに実家のある名古屋に戻り生活を始めた頃、「名古屋ニカラグアに医療品を送る会（以下、『ニカラグアの会』）」というNGO組織が主催した素朴画展に顔を出したときのことだった。この組織はもともと、米国の経済封鎖によってニカラグアの医薬品が不足して子ども達が犠牲になっているというニカラグアの窮状を知った名古屋の大学生が1985年に立ち上げた小さなグループだった。私を含めた創設メンバーの多くは翌春に大学院進学のため名古屋を離れたが、その後は、故レナト・ステファニ神父（1937～2003年）らが中心となり、緊急支援から連帯・自立支援へと活動内容を進化させ、その輪を着実に広げていったのである。

そして、名古屋だけでなく日本各地において長年にわたりニカラグア素朴画を紹介し、その認知度の向上に貢献してきたのも、この「ニカラグアの会」だった。彼らの尽力、なかでもステファニ神父の人柄と行動力のおかげで、１９８８年３月に名古屋で最初のニカラグア美術展が大手百貨店で行われたことをきっかけに、ニカラグア素朴画は、一般の人びとの目に留まり、日本においてその芸術的価値を証明できる大きなチャンスを得ることになった。当時はまだ「連帯」運動としての性格が色濃かったが、この美術展は、地元メディアで取り上げられたことも奏功し、来場者数６０００人、絵画売上げも７００万円近くにのぼり、大成功を収めることとなった。

「ニカラグアの会」発行の素朴画カレンダー（2016年版）

この最初の美術展は、他の連帯組織との協力のもとで、当時のニカラグア革命政権の文化大臣（１９７９〜87年）エルネスト・カルデナル神父を招いて開催されたものだったが、与える側と受ける側ではなく協力し合う関係を築くことを目指していた「ニカラグアの会」は、その後も、素朴画の普及と販売に積極的に取り組むことになった。私が素朴画と出会った１９９６年５月の展示会

ニカラグア素朴画展示会にて制作実演中の画家（1993年12月）

開催期間には、革命政権期に外務大臣（１９７９～90年）を務めたミゲル・デスコト神父を招いて講演会も行っている。彼は、「ニカラグアの会」の現地協力ＮＧＯの代表であり、国外での素朴画普及に尽力してきた人物でもある。また、絵画の展示販売だけでなく、美術展をきっかけとして、「素朴画カレンダー」と絵ハガキを制作・販売するようになり、素朴画を手軽に鑑賞できるカレンダーは今日でも会の主要な事業収入として支援活動の支えとなっている。

　素朴画は、今日でこそニカラグアの代表的な芸術としての地位を確立しているが、世界的に注目されるきっかけとなったのは、革命政権の文化政策によるところが大きい。しかし、それは、単なる官製芸術として革命政権によって作り上げられて普及されたものではない。今日の発展の直接的な契機は、１９７９年に成立した革命政権の初代文化大臣に任命されたカルデナル神父によって展開されることになった芸術を通した啓発運動である。その源流には、カルデナル神父自身が１９６０年代半ばからニカラグア湖の南端に浮かぶソレンティナメ諸島に宗教共同体をつくり、そこで暮らす農民や漁民の啓発運動として絵画や詩の制作を通して行った識字教育と自立支援の成功体験があった。そして、その発端は、カルデ

## 第46章
## ニカラグアの素朴画

ナル神父が、農民の使う食器に描かれた絵を見てその色彩感覚と芸術性に感銘を受け、彼に紙と色鉛筆を渡して絵を描かせたところ、素晴らしい絵を描いてきたことにあった。そこで、生活の苦しい島の農漁民に生計を立てる手段として絵画制作を奨励し、１９７０年代半ばまでに、数多くの農漁民素朴画家を育て上げていった。彼らは、芸術活動を通して、字が読めるようになるとともに、社会的な問題に対する自覚も高め、ソレンティナメの素朴画家達のなかには、「サンディニスタ民族解放戦線」による革命運動に参加する者も出てくるようになっていた。そのため、ソモサ政権による弾圧の対象となったが、島に残った者たちは、その後も密かに質の高い芸術作品を生み出し続けていた。

革命政権発足前後の一時期には、革命闘争を題材にした絵柄を描けば即ち「素朴画」であるという風潮が高まったものの、カルデナル文化大臣の指導のもとで全国的に展開された芸術教育政策のおかげで、今日では、ソレンティナメだけでなく、各地に芸術性を備えた素朴画家集団が形成され、ニカラグア絵画といえば、素朴画といわれるまでの知名度を得るようになったのである。１９９０年にサンディニスタ政権が和平合意に基づく選挙に敗北して下野した後も、素朴画の火は消えず、その芸術性はむしろ高まりを見せてきている。この成功ゆえに、農漁民からプロの画家となった者も多く、農漁民の素朴な感性の喪失を危ぶむ声もある。しかし、彼らは今もなお、私達を惹き込むような魅力的な素朴画を数多く描き続けている。「ニカラグアの会」会報（１９９６年４月第46号）で紹介されたある素朴画家は、「自分達の目の前にある世界を描くのではなく、自分達がこうなって欲しいと望む世界や社会を描いているのです。つまり自分達が実現させたい夢を描くのです」と述べていた。

残念ながら、現実の世界においては、１９９４年以降、素朴画運動の父といえるカルデナル神父と、素朴画普及に尽力してきたデスコト神父とは、サンディニスタ勢力の路線対立を受けて袂（たもと）を分けたままとなっている。しかし、二人とも健在で、それぞれ、素朴画に留まらず、幅広い芸術振興事業にNGOなどを通して関わり続けていることは、救いである。最近では、デスコト神父が2014年に「ニカラグア芸術・歴史・文化・精神性センター」を設立し、新たに素朴画集を出版しており、このとき、「ニカラグアの会」は神父直筆の献辞入り画集を寄贈されている。

一方、近年の「ニカラグアの会」は、手づくりソーラーパネル技術の移転事業を通した自立支援を現地で行いながら、国内では1989年版から続く「素朴画カレンダー」の制作・販売、会報発行、国際交流イベント参加、素朴画展や慈善コンサートや学習旅行などを通じて、草の根交流活動を続けている。デスコト神父からの画集寄贈も、こうした長年の活動を通して築き上げられてきた信頼関係の証といえよう。

（中川智彦）

【参考文献】

小柳玲子企画・編集『夢人館シリーズ02 Nicaragua Arte Primitivo ニカラグア ナイーフ』岩崎美術社　1989年3月
名古屋ニカラグアに医療品を送る会『ニカラグア素朴画の歩み――夢は果てしなく』名古屋ニカラグアに医療品を送る会　2000年3月

# 47

# ニカラグアの革命音楽家

## ★メヒア＝ゴドイ兄弟★

１９８９年6月、私はホンジュラス代表のグループ「ラスカニグアス」の一員として、グアテマラで開かれたラテンアメリカ平和音楽祭「オロフ・パルメⅡ」（II Festival Olof Palme in Memoriam）に参加した。このとき、同じステージに立ち、私を含めその場に居合わせたすべての人に絶対的な感動を残していった男がいる。彼の名はルイス・エンリケ・メヒア・ゴドイ（Luis Enrique Mejía Godoy, １９４５年～）。あのニカラグア革命の時代、兄カルロス・メヒア・ゴドイ（Carlos Mejía Godoy, １９４３～）とともに文字どおり歌とギターを武器に、自由と尊厳のため民衆とともに戦い抜き、今も愛する祖国のために戦い続ける男である。

１９４０年代、ゴドイ兄弟は、ニカラグアのホンジュラス国境近くの町ソモトにマリンバ職人の息子として生まれた。家庭環境により、ごく自然に音楽を身に付けた二人は父とともに村の集会場などで、政府からなんの援助もない辺境のかれらの貧しい村のため、道や学校、教会や病院を建てようと音楽をとおして村人たちに訴えるようになった。こうして二人は、音楽が社会をつくる力になることを学んでいった。弟ルイスは、高校を出ると医学を学ぶため隣国コスタリカに留学した。兄カルロスは、10代後半になると、学生運動のリーダー的存在になるとともに、ラジオやテレビでも活動を展開するようになっていった。

時代の流れが二人を革命に目覚めさせた。当時、ニカラグアは１９３７年以来続くソモサ一家による独裁政権下にあった。国の主要な工場や土地はソモサ家のものとなり、そして、その独裁と富の集中に反対を表明する人は、ソモサの私的傭兵と成り下がっていた国家警備隊により闇から闇へとほおむりさられていった。

１９７０年、南米チリでは、自由選挙による世界初の社会主義政府が成立した。ビオレッタ・パラ（Violeta Parra, １９１７～67年）にはじまるヌエバ・カンシオン（新しい歌運動）は、ビクトル・ハラ（Víctor Jara, １９３２～73年）らにひきつがれ、歌による社会改革運動が熱く展開された。

１９７２年12月23日未明、マグニチュード６・２の直下型大地震発生。首都マナグアは壊滅的な大打撃を受けた。そして、世界中からニカラグア救済のために送られた多額の援助が、独裁者ソモサの私的懐をあたためるために使われた。壊滅した祖国、そのなかで何の援助も受けられず死んでいく人びと。一方、ひたすら私腹を肥やす独裁者。そのようななかで多くの正義をもつ人びとが革命への道を決意した。

兄カルロスは、ソモサ政権と戦うため革命組織サンディニスタの門を叩くが、サンディニスタは、君たちには君たちしかできない戦い方がある、それは歌うことだ、と説得した。こうして、村々を回り、音楽による戦いがはじまった。当局による監視が厳しくなるなか、その戦いは危険をきわめた。あるとき、カルロスが逮捕された。そして、その知らせが流れると、カルロスを慕う人びとが町に繰

ホンジュラスのグループ・ラスカニグアスとのインタビューに応えるルイス・エンリケ・メヒア・ゴドイ　1989年6月グアテマラ・シティーにて

り出し、カルロスを釈放せよとデモを起こし、当局はやむなくカルロスを釈放した。

1975年9月11日、チリでクーデター発生、アジェンデ大統領率いる社会主義政権は、アメリカを後ろ盾にしたピノチェトによる軍の武力によって潰され、ビクトル・ハラをはじめとする社会正義を求める青年たちが殺された。そんななか、ニカラグアでも、ソモサによる恐怖政治が厳しさをましていった。

兄カルロスは、いったん、ニカラグアを離れる。77年には、スペインで行われたイベロアメリカ音楽コンクールOTIに優勝し国際的な注目を集め、全ラテンアメリカそしてヨーロッパからその戦いのための支援を獲得した。また、コスタリカで弟ルイスと合流し、ソモサとそれを操るアメリカとの戦いを宣言した『武装したギター』（Guitarra Armada, 1979年）を録音した。このアルバムは、銃器の扱い方を農民のことばで説明するような曲もある直接的な革命歌集で、当然ニカラグアへの持ち込みは禁止されるもこのアルバムもまたゲリラ的に、ニカラグアに入り、サンディニスタのラジオ局が流し、ニカラグア各地で本格的な武装蜂起が始まった。

## Ⅴ 豊かな芸術の世界

1979年7月17日。ソモサ、アメリカに逃亡。19日、あの独裁恐怖政治の象徴、首都マナグアの国家宮殿前の国家広場に十数万の市民があつまり、はじめて味わう自由に歓喜し、サンディニスタ解放軍の凱旋入場を迎えた。そして世界中が腐敗した独裁政権の終わりを祝った。

その後、アメリカのレーガン政権はニカラグアを敵対国とみなすようになり、国家再建のために外国からの協力が必要な革命政府は、ソ連やキューバからの支援を受けるようになっていった。そしてアメリカは隣国ホンジュラス国内に反革命軍コントラを組織して国境を侵すようになり、ニカラグアは再び長い内戦にひきずりこまれたのだった。

ここに挙げる3曲は、それぞれ、革命闘争時、革命直後、そして、コントラとの内戦時代に、ゴドイ兄弟によってつくられ、そして、歌われてきたものである。

革命後、サンディニスタ政権のもと国会議員を務め素朴派の画家としても知られる兄カルロス。そして、天才的な音楽的鋭さをもち文化省の音楽行政をつかさどった弟ルイス。

グアテマラの国立劇場でルイスは私に次のことを語ってくれた。「私たちは戦いを望んだわけでもないし、好戦的なわけでもない。しかし、あの時代、ほかにどんな方法があったのだろうか、自由と尊厳をつかむために」と。

きらめく太陽のもと
芽生えたトウモロコシのごとく
われらサンディニスタは立ち上がった

# 第47章

## ニカラグアの革命音楽家

トウモロコシの一粒一粒は弾丸となり
鍬を持つ手を銃にかえる
自由と平和をつかむその日まで
「チロリート・ティエルノ」

ああ　ニカラグア　ニカラギータ
君は　今　美しく輝く深紅の花
ディリアンへの魂
血をもってつかんだ自由の祖国
「ニカラグア・ニカラギータ」

愛と戦いの日々
国境線に掘りあげた塹壕のなか
われらの心はひとつになる
罪深き軍団の侵略から祖国を守りながら

奴らを通すな
正義は必ず勝つ

明日こそ　こどもたちの
歓喜の歌を響かせるんだ
たとえ友が　そして私が殺されようと
決して奴らを通してはいけない

愛と戦いの日々
勇敢な魂がニカラグアを包み
田に畑　牛に山羊を守る
爪を立て　歯まで武装して　国境を守り抜くんだ
奴らを通すな
「ノー・パサラン」

（冨田　晃）

［参考資料］
Carlos y Luis Enrique Mejía Godoy, *Guitarra Armada*, Pentagrama (Mexico), 1979.（音楽アルバム）
Various Artists, *Abril en Managua*, Fonomusic (Spain), 1984.（音楽アルバム）
*II Festival Olof Palme in Memoriam*, CUSCA (Costa Rica), 1989.（記録映画）

VI

# 復興と成長に向けた国際社会と日本の協力

# 48

# 従業員1万人の日系企業

## ★矢崎総業レオン工場★

ニカラグアと日本との経済的な結びつきは、全体的にみるとそれほど強いものではない。2014年の日本とニカラグアの貿易総額（輸出入を合わせた金額）は130億円ほどで、日本とメキシコの貿易総額約1兆5800億円と比べても、僅少である。現地に進出している日系企業も、矢崎総業だけである。とはいえ、これから紹介する矢崎総業の現地工場では実に1万人の従業員が働いている。空前絶後の規模といってよいであろう。もちろんニカラグアで最大の民間企業であると同時に、最大の輸出企業でもある。

筆者は2015年2月、首都マナグアから90キロほど離れた古都レオンの同社工場を見学した。事前に矢崎総業の海外事業を統括する部門の関係者にブリーフィングをしていただいた。そのとき関係者から、「従業員は約1万人です」という言葉を聞いて、椅子から滑り落ちそうになった。いささかオーバーな表現かもしれないが、そのくらい驚いた。

ニカラグアの総人口は620万人で、工場のあるレオンは国内四番目の大きな町ではあるが、人口は40万ほどである。このように小さな規模の国で、しかも地方都市にある一つの会社に

第48章

## 従業員1万人の日系企業

1万人が働くということ自体が、想像の域を超えたのである。かなり以前に、矢崎総業の合弁会社がレオンで自動車に使うワイヤーハーネス（各種の電子機器をつなぐ組み電線）工場を設立したというニュースを情報誌で読んだことがあったが、記憶では数百人が雇用されているということだった。

レオンにあるこの合弁会社の概要は次のようである。正式の名称は「ＹＡＺＡＫＩ ｄｅ ＮＩＣＡＲＡＧＵＡ Ｓ・Ａ」で、設立は２００２年２月。発足当初の従業員数は３３０人ほどだった。レオンには本部工場を含めて４つの工場がある。従業員の総数は２０１５年時点で約１万人で、わずか10年ほどで30倍に増加した。これだけの規模の工場であれば、おそらく日本でも有数の大きさだろう。単純な計算では、レオンの町の40人に１人がここで働いていることになる。従業員１人の家族を４人と仮定すると、町の人口の10人に１人がこの工場で得た収入で家計を支えていることになる。

なぜ１万人もの従業員が働いているかというと、ワイヤーハーネスは工程の大半が、手作業だからである。筆者も実際に現地で作業風景を拝見させていただくまで、まったく無知であったが、自動車の中枢神経にあたる電線は、一人一人の作業員が肉眼で確認しながら、一本一本手にして丁寧に組み立てていく。自動車の組み立て工場では、ロボットなどの自動化も進んで、かなりの工程が省力化されている。しかしながら、自動車の神経とも血管とも例えられるワイヤーハーネスの生産は、グローバルな競争力を維持するために、優秀かつ低廉な労働力が豊富な国へと拠点を拡大していった。

こうした流れのなかで、矢崎総業ではメキシコでの合弁事業などを経て、中米への工場進出を検討した。ニカラグアを選んだ理由は、労働力が豊富で、技術移転ができ、政治的に安定していると判断したこと、物流ルートの優位性などである。レオン工場で生産された製品の大半は、米国市場向けに陸上輸送される。

従業員の7割は女性で残りの3割が男性である。工場を見学したとき、作業場の横で新規採用者の実技訓練をしていたが、若い女性が目につくものの、中年の工員の姿も見かけた。従業員の平均年齢は26歳。文字が読めること、視力がよいこと、精神的に安定していることなどが、採用の最低条件とのことだ。矢崎総業では賃金のほかに、生活協同組合を設けて日用品・食品の補助、通勤自転車の一括購入、クリスマス会、社内スポーツ大会、日本で開催するサマーキャンプへの参加などの福利厚生にも力を入れている。

同社の社是は「世界とともにある企業」「社会から必要とされる企業」である。ニカラグアにとっては、もし何らかの事情で同社が撤退するような事態が起きれば、国の経済を揺るがしかねないほど巨大な存在になりつつある。文字通り「必要とされる」不可欠な雇用先である。

アメリカ人のフォトジャーナリストであるネル・ファレルの作品『ニカラグアの過去と現在』(Farrell, Nell, *Nicaragua Before Now*, University of New Mexico Press, 2010) は、マナグアのマキラドーラ（保税輸出加工区）の縫製工場で働く5人の女性の日常生活を、ファレル自身が彼女たちの家に住み込んで取材した秀逸のルポルタージュである。

彼女たちの話では、賃金は月100ドル前後。これという職場が他になく、それなりに労働基準を満たしているので、強い不満は出ていない。しかし労働環境は厳しくて、「5年間働いたら、あとは診療所通い」という言葉もあるという。縫製工場のため繊維が飛散するので、呼吸器に悪い影響をあたえるという。登場人物にほぼ一致することは、工場の仕事はあくまでも将来のより高度な仕事とより豊かな生活を得るためのファースト・ステップと考えていることである。

ワイヤーハーネス工場は縫製工場とは異なり、労働環境はそれほど厳しいものとは見受けなかった。同社のエルサルバドルのサンタアナにある工場を見学したとき関係者から、「２００６年に不況でやむを得ず一時的に操業を中断したが、２０１３年に再開したときには、７００人いた以前の従業員のうち、４２０人が戻って来てくれた」という話を聞いた。しかし多くの従業員は、よりよい高度な仕事とよりよい生活を目指していることは、縫製工場の労働者の気持ちと基本的には同じであろう。労働力をどのように確保していくか、そのための将来への布石をどう準備していくかが、矢崎総業のみならず、ワイヤーハーネス業界全体の、大きな課題だと思う。

２０１５年11月、矢崎総業会長はニカラグアを訪問し、オルテガ大統領との会談の席上、従来のワイヤーハーネス事業に加えて、森林資源を活用した事業の検討や太陽熱を利用した冷暖房システムの普及の可能性について言及した。今後の動きに注目したい。

（田中　高）

# 49

# ニカラグア復興への国際協力

## ★急増した援助★

1990年、国連の平和維持活動の一環として、大規模な監視のもとで大統領選挙が実施され、大方の予想を裏切って、親米派のチャモロ政権が誕生した。自然の成り行きで、アメリカをはじめとする西側諸国の対ニカラグア援助が急増した。世界経済の情勢としては、この時期はちょうどソ連や東欧諸国の市場経済への移行期でもあり、経済援助に資金を支出する余裕のある先進国は限られていた。80年から90年にバブル経済に沸いた日本も、その数少ない国の一つだった。

近年、国際協力や政治経済学の研究者の間で「移行期の正義」「平和構築」「国家再建」といったテーマが研究対象となることが多い。内戦や地域紛争が終結した後の、国土復興に向けての取り組みを、国際社会がどのように進めていくかということである。事例研究の多くはアフリカ諸国などで、ニカラグアはあまり分析の対象になっていないのは残念ではある。しかし以下述べるように、参考になる点もあるだろう。

OECD（経済協力開発機構）加盟国の、国際機関などの多国間援助は含まない、対ニカラグア援助のデータによると、90年には2億8850万ドルであったものが、翌91年には7億77万ドルに急増した。しかしその後は3億ドルから4億ドル程度にとどまっている。2013年には1億8800万ドルにまで減少した。

91年になってアメリカの援助額が3億7900万ドルに急増するものの、その後は減少し近年では1億ドルに届いていない。さらに注目されるのは、スウェーデンやデンマークといった北欧諸国の援助が、減少傾向になっている。北欧諸国はアフリカの最貧諸国に援助を優先的に向けているようで、援助機関の事務所もスタッフも、アフリカに移動させている。日本については、1997年と2000年のようにトップドナー（最大の援助国）になった時期もあったが残念ながら減少傾向にあり、2013年のデータでは援助額は1900万ドルである。

1990年にチャモロ政権が発足した時点で、ニカラグアの抱える累積対外債務は約100億ドルと見積もられていた。これは年間輸出額約3億ドルの33年間分に相当し、事実上の債務不履行状態だった。90年12月に債権国と債務国が話し合う場であるパリクラブに出席したラカヨ大統領府大臣は、インフレ阻止のために実施した諸措置（為替レートの大幅切り下げと通貨供給量の抑制、緊縮財政、行政改革、セーフティネットの拡充など。構造調整プログラム＝ＥＳＡＦとも呼ばれる）を熱心に説明して、債権者側の理解を求めた。

97年1月に発足したアレマン政権時代には、チャモロ政権に引き続いてＩＭＦの提唱する構造調整プログラムを継続した。同時にＩＭＦに対して重債務貧困国（ＨＩＰＣｓ）支援プログラムの適用を申請して、債務の削減あるいは棒引きを求めた。そのためにはＩＭＦとの間で貧困削減戦略書（ＰＲＳＰ）を作成して、承認される必要がある。ありていにいえば借金を棒引きしてもらう代わりに、ＩＭ

Fや世界銀行の求める、貧困対策の努力目標を受け入れなければならない。貧困削減とはいうものの、ニカラグアにとっては、国際金融機関の構造調整プログラムは継続して実施する必要があり、公務員数の削減、電気や水道、公共交通機関などの公共料金は値上げされることとなった。この結果幸いなことに2004年には対外債務の84%が削減された。日本の保有する債権も129億円が削減された。

2013年12月にIMFが公表したニカラグア政府との協議に基づく報告書では、近年のマクロ経済政策を評価し、中期の成長政策についても好意的な判断をしている。また電力部門やその他の公共部門への政府補助金の一層の削減の必要性も指摘した。報告書は、ベネズエラからの経済援助への過度の依存への懸念や、援助金の支出内容の透明化の必要にも触れている。

ニカラグアは中国ではなく、台湾と外交関係を継続している（第19章参照）。両国はどのようなスタンスで、対ニカラグア経済支援を進めようとしているのであろうか。

台湾政府の公表する経済協力のデータには、プロジェクトの内容についての記述があるのみで、金額や専門家などの派遣といった、具体的なデータは明らかにされていない。台湾はニカラグア外務省や大統領官邸の建設資金を提供するなど、かなり顕示的な援助の実績はある。

中国については、中国政府統計局のデータベースには、外交関係がないためか、援助相手国としてニカラグアは記載されていない。社会開発や地理情報システム、保健衛生分野など24のプロジェクトを実施しているようである。両国に共通するのは、政府開発援助（ODA）という枠に限定されない援助協力の在り方であろう。

ニカラグア運河の建設の背後に、北京政府の影響のあることは周知の事実となっている（第23、24

章参照）。台湾は過去に、グアテマラやエルサルバドルで、政府与党の有力政治家に政治資金を提供し、大きなスキャンダルとなった。いずれにしてもニカラグアをめぐる中国と台湾の動きは、両国を取り巻く国際情勢を見るうえで大変興味深い。

（田中　高）

# 50

# 日本の対ニカラグア協力の軌跡

## ★復興に大きな役割を果たした日本★

日本が対ニカラグア政府開発援助（ＯＤＡ）を本格化させたのは、１９９０年のチャモロ政権発足後と考えて差し支えない。逆にいうと、それ以前のニカラグアへの援助は極めて小規模であった。国際協力機構（ＪＩＣＡ）の資料によると、ＪＩＣＡがマナグアに事務所を設置したのは１９９１年11月。青年海外協力隊（以下協力隊）の派遣取り決めは91年7月。技術協力協定の締結は２００１年5月になってからであった。隣国のエルサルバドルが協力隊の派遣取り決めを結んだのは１９６８年、ホンジュラスは１９７６年である。ニカラグアとの取り決めの時差はどのような事情によるのだろうか。まず思いつくのは、79年まで続いたソモサ独裁政権との関係である。ソモサが日本の経済協力を避けたのか、あるいは反対に、日本サイドが避けたのだろうか。

外務省の資料によると、１９７２年度から90年度までの対ニカラグアＯＤＡの実績は、有償資金協力としてモモトンボ地熱発電（75億円）、無償資金協力は総額で35億９８００万円である。その主な内訳は、食糧援助、災害緊急援助、幼児栄養改善計画、低所得者住宅建設などである。現地の日本大使館が直接実施する、草の根援助はわずかに1件で、金額も５００万円の小規模なものであった。

いずれにしても中米諸国のなかでは、ニカラグアは日本のＯＤＡの拠出相手国としての優先度が低かったことは間違いない。とはいえその希薄であった分を取り返すかのように、対ニカラグア援助は急増した。協力隊の場合２０１５年までの派遣隊員数の累計は５５０名で、そのうち女性隊員は３４８名、エルサルバドルは５１３名でうち女性隊員は２４０名である。僅か20年余りの間に、先輩格のエルサルバドルを追い抜いてしまった。

本格化した日本の対ニカラグア援助の重点目標は、農業・農村開発、保健衛生・医療、教育、防災、道路・交通インフラ、民主化支援の６分野であった。ニカラグアはラテンアメリカのなかで、ハイチに次いで低水準の貧困ラインにある国で、それだけＯＤＡの需要も強いものがあった。かくして１９８９年から２０１３年までの対ニカラグアＯＤＡ支出額は総計でおよそ11億ドルに達した。

ここで紹介したいのは、加賀美充洋氏（２００３～07年、在ニカラグア日本大使）が現場の様子をまとめた著書である、『貧困国への援助再考——ニカラグア草の根の援助からの教訓』（アジア経済研究所　２００９年）のなかの、草の根援助のパートである。草の根援助は従来のＯＤＡの種別にあった「小規模援助」を１９８９年に改称したもので、ＮＧＯ（非政府組織）、地方公共団体、学校、病院などが対象となる。1件１０００万円までの規模である。しかしその後復興、難民問題などの人間の安全保障の理念が取り入れられ、一定の条件を満たせば、1億円まで上限が引き上げられた。

特徴は現地の日本大使館が直接申請を受け付け、申請団体と大使館が契約を結ぶ。そして工事終了までの期間が1年以内ということである。加賀美元大使によれば、ニカラグアの場合は申請されてきた案件に援助の優先分野、人間開発指数に照らした妥当性、申請団体の評価などを考慮して、点数による評価を行う。この方法は「ニカラグア方式」と呼ばれるほどにまで、日本の援助関係者の間で定着しているという。

草の根援助については、現場のニーズに即応できること、即効性などの点で現地サイドでの評価も高い。しかし実施体制には専門性を備えたスタッフの不足など、今後の検討課題もある。ニカラグアではないが、筆者（＝田中）はある中米の国でこんな事例があったという話を聞いた。小学校の増築にかかわる草の根援助の申請があり、プロジェクトの仕様書をよく見ると隣接する崖の造成費用が大部分を占めていた。担当者が不審に思い、現場を調べるとその土地は私有地で、申請者のファミリーが所有していたという。そうしたリスクを回避するためにも、現地の言語ができるだけでなく、事情にも精通したスタッフが不可欠であろう。いずれにしても、民主化後のニカラグアが必要とした経済協力を、日本が広範囲の分野で積極的に支援したことは、両国の関係者や草の根のレベルの人びとの間では広く知れ渡り、現地では高く評価されている。しかしながら近年日本のＯＤＡは総額自体が縮小傾向にあるうえに、アフリカなどの最貧国に重点的に向けられるようになってきた。将来は民間ベースの貿易や投資の拡大がより重要になるのではないだろうか。ニカラグア政府も日本企業の投資に強い期待感をにじませている（第48章参照）。両国間でウィン・ウィンの関係を強化する経済通商モデルの構築が、必要になってきている。

（田中　高）

# 51

# 高まる自然災害リスクに直面する人びと

## ★世界気候リスク第４位のニカラグア★

### 火山と地震

ニカラグアの山々は魅力的だ。長く優雅な稜線が特徴的な最高峰のサンクリストバル山、すっきりと均整のとれたモモトンボ山などは富士山を彷彿（ほうふつ）とさせるほどに美しく、また威風堂々とした山々も多い。だがいずれの山もしばしば噴煙をあげ降灰をもたらす活火山だ。２０１５年にはテリカ山やサンクリストバル山の噴火が観測されている。ニカラグアの太平洋側には多くの火山が列をなしており、噴火と地震による被害が多い。１５２０年代のマサヤ火山の噴火、そして当時の首都だったレオン市の地震被災の記録が文書に残る最初のものだが、その後も数多くの地震、噴火、降灰などの被害が記録されている。

現在の首都マナグアも地震被害を多く受けてきた所だ。１９７２年の大地震（マグニチュード６・２）では死者およそ1万人、負傷者2万人、家屋倒壊は75％にのぼり、当時の市人口49万人の半数にあたる20万から25万人が住処（すみか）を失い、被害額はおよそ８億８０００万ドルに上った。この大災害に対するソモサ政権の態度、対応の拙さに人びとの不満は爆発、サンディニスタ革命勃発の引き金になったのだが、ときに自然災害は政治体制を

ハリケーン・ミッチによる洪水で破壊された家屋の残骸。右に見える川までは３段（およそ７メートル）の高台に建てられていたが、土石流で流されてしまった。正面奥の丘陵はパッチワーク状に森林伐採が進んでいるのが分かる

も変えるほどのインパクトをもたらすのだ。

## ハリケーン、大雨、洪水

世界気候リスクインデックスによれば、１９９５年から２０１４年までの20年間の被災平均についてニカラグアは世界第4位だ。総人口６２０万人のこの国で災害による死者は年平均１６０名と突出しており、自然災害に対するリスクが極めて高いとされた。２０１４年の単年の順位は11位と少し下がったものの、予断を許さない。

地震被害もさることながら、ニカラグアの自然災害の多くはハリケーンや暴風雨による土砂崩れと洪水である。カリブ海で発生した熱帯低気圧やハリケーンは西または北西に進んでニカラグアを縦断しながら北上していくため、特に北部地域が大きな被害を受けやすい。１９９８年のハリケーン・ミッチは中米全域に大きな被害をもたらした巨大ハリケーンだったが、ニカラグアでは北部地域や大西洋側地方に土石流や河川氾濫、洪水など甚大な被害をもたらしたほか、太平洋側ではカシータ山の大崩落を引きおこし、近隣村落の消失を含

被災者のための再定住地区。新しくコミュニティづくりが必要であること、また収入源の確保など生活再建が課題だ

め死者３２００名の犠牲を出した。被災者は10万人ともいわれ、道路は寸断され多くの橋が流されるなど被害総額は15億ドルに上った。２００１年の暴風雨、２００５年のハリケーン・ベータ、２００７年のハリケーン・フェリックス、２００９年のハリケーン・アイダと、特に大西洋側を中心に復旧、復興する間もなく被害を受け、また基盤産業である漁業へのダメージも大きくなっている。ハリケーン威力の増大と短時間の降雨量の多さが目立つようになり、高波高潮被害も報告されるようになってきている。しかしその一方で、国全体では今後、気候変動にともない降雨量は30％もの減少が予測されている。平原地では雨を伴わないトルメンタ・セコが吹き荒れる。雨に代わって落ち続ける雷と竜巻まがいの強風がセットになったもので筆者も一度遭遇したことがある。土石流や洪水の危険性はないものの生きた心地がしなかった。

森林減少

集中豪雨による土石流や洪水被害を招いているのが森林の減少だ。国土に占める森林面積は2013年には26％にまで縮小している。森林減少の原因としては放牧地や牧草地の拡大、畑地への転換、木材輸出のための不法伐採のほか、薪や炭としての利用などがあげられる。太平洋側沿岸では大豆やサトウキビなどのプランテーションが広がり、中央部にかけてはコーヒー農園や放牧地が広がる。過伐採や過放牧によって山林の雨水を蓄える力が低下すると、大雨に耐えきれなくなり土砂崩れや土石流が発生する。そして下流域では川の増水や氾濫をもたらすのだ。牧草地は利用したのち放置される粗放型だ。植生が自然回復してくれればよいのだが、地面が見えるほどに草が食べつくされてしまうと回復は難しく、暴風雨により土壌侵食や劣化に拍車がかかる。ニカラグア経済の基盤は第一次産業だが、環境を無視したやり方が自然災害による被害を拡大させ、これによって農牧業や漁業が損失を蒙(こうむ)るという皮肉な状況を招いている。

森林や生態系の保全にむけて

森林資源を守るために植林活動が展開され、不法伐採の取り締まりも行われている。しかし不法伐採対策のために中部地方から大西洋側までの広い地域を見回ることは容易ではなく、近隣住民からの通報に頼るしかない。チェーンソーや重機で作業をしている伐採者を相手に直接阻止しようとするのは極めて危険だ。かといって監督機関などへ村びとが通報や告発をすれば後々報復を受ける恐れもある。なかなか摘発できないのが現状だ。とはいえ、住民が密かに不法伐採者の動向を監視しておいて適切なタイミングで自治体職員を呼びよせ、伐採の許認可を受ける手続をするよう行政指導に持ち込んだ事例もある。このとき実は筆者の農村視察がダシに使われたのだが、ある村の後背地の山林に点在する牧草地を視察する途中で、偶然に不法伐採現場に出くわしてしまった。事前に何も知らされていなかったため驚愕（きょうがく）する筆者を後目（しりめ）に、同行していたガイドの村びとや自治体職員たちは実に冷静に業者たちと渡り合い、伐採許可を受けるための手続き開始に持ち込んでいった。視察からの帰り道で、偶然を装えば摘発の危険を防げるし、行政手続きができればそのあとは許可基準にのっとって取り締まりを続けていけるのだと説明を受け、その手際のよさに心底感心した。行政指導だけではたしかに不十分なのだが、闇で行われているものを表に引っ張り出し、管理ができるようにしたことは大きな成果だ。こうした芸当ができたのは村民と自治体職員の間に信頼関係がしっかりと築かれ、日頃からの連携も強く、何よりも双方の問題解決能力が高かったからにほかならない。一方で、伐採された木材の多くが先進国へと輸出されていることからすれば、森林保全のための責務は私たちも担わなければならないはずだ。災害リスク軽減には住民と

太平洋岸に広がる大豆プランテーション。美しい緑の曲線が見渡す限り続く

自治体のエンパワーメントが不可欠なのだが、そこには国際社会の関与も欠かせない。

北西部では生態系を保全するコーヒー栽培に取り組む農民たちがいる。コーヒーの木を他のさまざまな樹木と一緒に育て、生態系の多様性を保ちながら有機コーヒー豆の栽培を行っている。コーヒー豆の市場価格は変動が大きく、暴落の危険と隣り合わせだ。これに対して生産量は少なくても、フェアトレードと結びつくことで市場価格に左右されずにすみ、生活は安定する。日本でもニカラグア産フェアトレードコーヒー豆は販売されており、生産者についても知ることができる。私たちも無理なく草の根の国際協力に参加することができるのだ。

ニカラグアの植林事業に対しては、住民による森林管理活動ができるように日本政府も２００６年から技術支援を行っている。だが、厄介なのは不在大地主の存在だ。自営農民が植林や環境保全型の農業を営もうと努力しても、大農園が相変わらず生態系無視のやり方をとっていれば、災害リスク軽減の効果は期待できない。ニカラグアの土地所有や社会構造の歪みもまた災害リスクを高める大きな原因の一つなのである。

（重冨惠子）

【参考文献】

DARA, *Analysis of the capacities and conditions for disaster risk reduction, Risk Reduction Index (RRI) Project*, 2011, Madrid

Sönke kreft & David Eckstein, *Global Climate Risk Index 2016*, Germanwath, 2016.

# 52

# 災害リスクの軽減とコミュニティ開発

## ★住民ベースの地道な取り組み★

### 生活と災害リスク

自然災害の被害の程度は、生活水準や社会の在り方によって大きくも小さくもなる。火山の多い太平洋側には総人口の6割弱が居住しており、その多くが首都をはじめとする都市部に集中している。これまで繰り返し地震が発生してきた地帯だ。しかし農村部では生活を立てていける見通しがたたず、よりよい生活環境を求めて人びとは都市へと移住してくるのだ。郊外には貧しい人びとの居住地域が広がっている。市街化計画範囲を大きく超えた人口集中にインフラ整備は追いついていない。基礎工事も十分でない日干しレンガ積みの家の耐震性は低く、増水すれば流される危険性が高いような河川脇にも家が建てられている。2014年のニカラグアの貧困率は約29・6%だ。状況は徐々に改善されているものの、まだ国民の3割近くが貧困状態にある。浸水被害を想定した嵩(かさ)上げや耐震性を備えた住宅を建てるような余裕はない。

今後、全般的には降雨量の減少が予測されており、さらに森林面積も小さくなってきていることから、水資源の枯渇が心配されている。地下水位の低下や灌漑(かんがい)用水の減少など農業へのダメージのほか、都市住民の生活水や飲料水の不足も懸念されている。特に貧困層への影響は大きい。一方で下水処理や排水処理は進んでおらず住民の衛生意識の低さも問題となっている。

貧困層や農村部では主な燃料は薪だ。そのため林の木々を伐採し尽くしてしまうこともある。こうなれば斜面の崩落や洪水リスクは高まってしまう。貧困と環境悪化そして災害発生の悪循環だ。

## 住民による防災の開始

大きな革命を経験したニカラグアでは住民や市民がさまざまな委員会を形成して活動を展開してきた歴史がある。1982年に設立された軍の外郭団体、市民防衛機構（EMNDC）は、各地の市民防衛委員会を通して緊急時の対応にあたってきた。とはいえ、広範囲にわたる自然災害に対して十分な備えができるようなものではなかった。

ハリケーン・ミッチによる未曾有の被害のあと、国家防災システム（SINAPRED）が設立された。気象庁の役割も果たしている土地調査局（INETER）と連携して、住民、自治体、政府をつなぐ警報システムの確立と周知、防災意識向上などの啓発や研修、また関係各機関の横の連携を強化するなど防災体制づくりに取り組んでいる。気象予測や解析、地震計測などについては日本の技術協力も行われてきた。

とはいえ、大きな土石流が生じて避難した人びとも土地や生業を放棄するわけにはいかず、ときがすぎれば同じところへ舞い戻りがちだ。貧困率の高い中部地方や大西洋側では住民の約6割が農村に暮らしており、集落は広範囲に散在している。交通網や通信網が整備されているわけではないので洪水時には孤立しやすい。災害が起きたときにはまず自分たちで対処しなければならない。そこで始められたのがコミュニティを中心とした住民による防災への取り組みだ。これまでの防衛委員会の経験を活かし、避難場所の検討や整備が進められ、通信手段の確保や自治体との連携、救急救命研修などが行われるようになった。

零細農家に対する牛の検査と指導の様子。森林保全と一体となった飼育方法の啓発により、生活改善と環境保全の双方をめざしている

## 防災を意識したコミュニティ開発

住民に対するセミナーや研修にはよく小学校が使われる。教室が狭かったり暑かったりする場合には校庭の木陰で行われることもある。近隣の住民たちが三々五々と集まれば、ときにお菓子売りまで現れる。子どもたちは校舎周りの草っ原を走りまわっては、時折親のところへ戻っていく。防災支援の一環としてＪＩＣＡが協力支援したプロジェクトもそんなのどかな風景のなかで行われた。農業や牧畜の技術指導と資金援助を行っている現地ＮＧＯのスタッフが、冗談を交えながら村びとたちと村落開発計画づくりのためのワークショップを開いていた。グループに分かれ村の災害マップをつくりながら、自分たちがどのような災害リスクを抱えているのか明らかに

小学校の教室で生活改善と防災についてのセミナーを受ける女性たち

していく。さらに、生活改善のために何が必要か、どのような資源を活用することができるか、活発に意見が交換されていった。グループ別の議論や全体討論を重ねながら、村独自の開発計画案をＮＧＯと住民とが協力してつくり自治体へ提出しようという試みだ。

ニカラグアに対しては被災時の救助や救出、医薬品や食糧支給などの緊急支援のほか、シェルターの建設や整備、衛生的な飲料水確保のための貯水槽整備など、防災面でもさまざまな団体や機関が国際支援を行ってきている。また住民自らが災害リスクを把握しこれに対応するために住民参加型の研修も行われてきた。しかし蓄えの一つもなく日々を送るのがやっとの生活では、そもそも災害に備えることもままならない。特に農村部の生活が改善されなければ都市への人口流出は避けられず、都市部の環境悪化にも歯止めがかからない。防災と生活改善の双方に取り組むことが必要なのだ。

とはいえ、村落や集落ごとに置かれた状況はそれぞれに異なるし災害リスクも同じではない。大農園周辺に点在する集落の住民は季節労働や農園内の作業に従事する土地なし労働者が多く、雇用は不安定だ。作物運搬用の道路はあっても集落への生活道は整備されていないことも珍しくなく、避難路や備蓄の検討から始めなければならない。季節によって男性が出稼ぎに出てしまう場合、災害時の対応をはじめとして生活改善や村落開発も女性が担うことになる。女性たちのイニシアティブが不可欠だ。彼女たちの状況に着目した改善策をつくっていくことが必要になる。被災民の再定住村では災害リスクの把握よりもコミュニティづくりの方が重要になる。住民は別々の村や集落からやってきた見知らぬ者同士だからだ。生活再建のための新たな収入源の確保も必要になる。一方、自営農民の村では、耕作地や放牧地などそれぞれの状態に即して改善案をつくっていかなければならない。

排水用として利用されている不衛生な小川。雨期には溢れ出してしまう

## 災害リスク軽減に向けて

村びと自らが開発計画案の作成に関わり、それを自治体の開発計画のなかに盛り込んでもらうことで自治体と村との連携を図るという試みは、それぞれの実情に即して行わなければならず、とても地道で時間と手間のかかる作業だ。だがコミュニティのエンパワーメントの点からは非常に重要だ。気候変動の影響が大きくなり自然災

害が増していくことを前提とするならば、防災と開発を統合したコミュニティ開発は今後さらに重要性を増すだろう。さらに、災害リスクを軽減するというこれまでの観点だけでなく被災後の回復力を増強すること、すみやかに立ち直れるようにするという視点も必要となってきている。洪水と違って見極めが難しく長期間にわたるのが旱魃だ。昨今は旱魃(かんばつ)や乾燥化による被害に加えて熱波の襲来もある。

多様な災害リスクに対しては単一作物の生産性をあげるという発想ではなく、一品種や一カ所が被災しても残りでカバーするという多様性の確保、そして災害に備えた保険の仕組みづくりや他地域との連携が重要になってきている。気候変化に対応できる種子を手に入れることはできるのか、耕作地は分散できるか、新しい収入源になるような多品種栽培は可能か、放牧地内に林や緑地を残せるか。こうしたことを念頭におき、また近隣の村落や集落との連携を促進するような、きめ細やかでなおかつ包括的な環境保全型の農牧業の展開と、そして防災を意識した住民ベースの新しい開発の形が求められているのだ。

(重冨恵子)

【参考文献】

UNDP *Mainstreaming Climate Change in Nicaragua: Screening for risks and opportunities*, 2010, Managua.

# 53

# 地域保健を担う保健医療スタッフと仕事ぶり

## ★すべての人びとの健康を目指す意志と誇り★

ニカラグアにおける健康と保健医療の取り組みについて語るとき、これらと政治体制との関係を無視することができない。1936年から79年までのソモサ政権、79年から90年までのサンディニスタ民族解放戦線（FSLN）によるサンディニスタ政権、90年からのチャモロ政権、アレマン政権、ボラーニョス政権、そして2007年には17年ぶりにFSLNのオルテガ政権となり、現在に至っている。めまぐるしく変わる政治体制は、ニカラグアの国民の健康にも大きな影響を与えてきた。

1970年代、ソモサ独裁政権の体制に対抗する運動から地域住民主体の保健活動が活発になり、地域保健プログラムのネットワークが全土に広がった。79年からのサンディニスタ時代には、保健に高い優先順位が与えられた。この政権は、健康にとって識字が重大な意味をもつことを認識し、若者のボランティアを動員し、全国識字キャンペーンを展開した。「保健の日」には、特定の健康問題に対する大規模なキャンペーンが展開された。乳幼児に対する予防接種の推進、蚊が媒介するデング熱やマラリアに関するプログラム、衛生状態やゴミ処理の改善などの啓発活動が広く行われた。ニカラグアが厳しい経済状

保健の日キャンペーン（提供：ニカラグア国グラナダ地域統合保健サービス強化プロジェクト）

況にありながらも、乳児死亡率や妊産婦死亡率などの保健指標が、同じ経済レベルの貧困国に比較して〝良い〟状態にあるのは、このような住民主体の地域保健活動の成果とされていた。

しかし、内戦、経済危機のために、社会は極度に混乱・疲弊し、１９９０年にチャモロ政権が発足した。この政権では、平和構築、民主化、経済自由化などの改革を行い成果を残したが、保健に関しては、貧富の格差は広がり、民営化された保健サービスを利用できない人びとが増加し、政府の保健活動への人びとの参加が低迷し、乳児死亡率や妊産婦死亡率は再び悪化を認めるようになった。

私は１９９８年にハリケーン・ミッチで甚大な被害をうけたニカラグアに派遣されたＪＩＣＡ国際緊急援助隊医療チームに医師として参加したことから、同国での地域保健プロジェクトの立ち上げに関わり、２００１年と06年に開始された二つのＪＩＣＡプロジェクト（各4年、前者は母子保健・感染症、後者は思春期保健がテーマ）に従事した。約8年間を現地に滞在し、ニカラグア人と一緒に現場をモニタリングしながら改善方法を議論し活動した。

ニカラグアの一次医療を担う保健医療施設には、保健センターと保健ポストがある。保健センターは医師が常駐するクリニックで有床の場合もある。保健ポストは都市部貧困地区や遠隔地の農村に設置され、常駐は看護師だが、医師も週2～3日診療するところが多い。一次保健医療施設の主な業務は、妊婦健診や乳幼児の健康管理、急性呼吸器感染症、下痢症、蚊が媒介する感染症などの初期対応やその予防活動である。過疎地に派遣される医師は卒後1年目の医師が多く、通常1～2年で異動になる。しかし、看護師は地元の人が多く、担当の地域をよく知っている。看護師の業務は保健医療施設内にとどまらず、週に2～3回は管轄地域の地域活動・家庭訪問をする。

私が２００１年に現地で最初にした仕事の一つは、地域保健を担う保健医療スタッフの仕事ぶりを知ることであった。まず、看護師の地域活動・家庭訪問に同行した。家庭訪問先で看護師は、保健センターや保健ポストで把握していない妊産婦や乳幼児がいないか、健診や予防接種を受けているかなどを丁寧に聞いて指導していた。また、地域の保健ボランティアから、発熱者や下痢の流行などの健康問題が生じていないか情報を得ていた。看護師と住民の会話を見て、看護師は地域住民に信頼されていることがわかった。サンディニスタ時代に展開されていた「保健の日」は、時代が変わっても年1回（2回実施された年もある）の全国予防接種週間として実施されている。乳幼児の予防接種１００％をめざして、全国の保健スタッフが都会・地方を問わず全戸を訪問する。医師、看護師、保健ボランティアの2～3人で一つのチームが構成される。四輪駆動のピックアップトラックの荷台に大勢のス

「保健の日」各地域でキャンペーンイベントを実施し、その後、都市部および農村部を保健チームが全戸訪問、通りすがりに出会った対象年齢者にも予防接種を施行する（提供：ニカラグア国グラナダ地域統合保健サービス強化プロジェクト）

タッフが乗りこみ、決められたポイントでチームごとに降り、各チームは約4～6時間かけてそれぞれのルートを歩き、終点で同じトラックが迎えにきてくれるのを待つ。私は山深い地域や散居の地域の予防接種活動に同行した。徒歩で移動するルートは困難極まる環境だった。保健スタッフは、先が見通せない木々や藪のなか、道なき道をどんどん分け入っていった。見渡すかぎり草がまばらにしかない平原で、あの方向に次に訪問する家があると指されても私には何も見えなかった。通常の地域活動で行くことが困難な地域では、保健スタッフは予防接種だけでなく、住民の健康状態の確認や衛生指導も行っていた。帰路の途中で日没になった日もあったが、夜空に無数の星がきらめき、水田に無数のホタルが舞う美しい光景とともに、暗闇のなかでも輝いて見えた彼らの達成感のみなぎる笑顔を忘れることができない。

ニカラグア人はいつも笑顔だ。看護師は、保健施設内で統計用の書類書きをしているときより、地域活動・家庭訪問やフィールド活動をしているときのほうが生き生きしている。理由を聞くと、地域の人に直接会って話しができるからだという。このように話す看護師から、自分たちの活動が住民の健康を支えているという誇りを感じることができた。保健ボランティアとして医師や看護師と一緒に活動している地域の若者たちも、自分たちの活動に誇りを感じていて、将来は医師や看護師になりたいと笑顔で話してくれた。

この国では、貧しくても意欲と学力があれば、医師や看護師になるための機会を得る制度やしくみがある。プロジェクトで積極的に活動していた医師の実家を訪問する機会があったが、過疎の貧しい農家であった。そこで彼が語ってくれた言葉から、ニカラグア人の保健スタッフが医療職を志す強い動機は、貧困であってもすべての人は健康を保障されるべきだという熱意からきているのかもしれないと思った。また、私がニカラグアで一緒に活動したニカラグア人の多くは30歳後半から40歳代であった。サンディニスタ時代に彼らが学生だったことも、健康に関する仕事に対する熱意と使命感に影響したかもしれない。他方、今ではサンディニスタ時代を知らない若い世代の割合が増えている。私は後半の4年間のプロジェクトで、思春期特有の保健問題に対して十代の若者自身が展開する健康活動を支援し、この若い世代の、仲間の健康のために行動を起こす熱意と積極さに頼もしさを感じることができた。

政府による保健プログラムだけでなく、すべての人びとの健康を目指す意志と、そのために働くことを誇りとする国民性や文化が、経済的に貧困な状態にあるにも関わらず、比較的〝良い〟健康指標を可能にしているのであろう。政治体制や世代は変わりゆくが、私は今でもニカラグアの未来に希望をもっている。

（高木史江）

［参考文献］

デイヴィッドワーナー・デイヴィッドサンダース著、池上義憲・若井晋監訳『いのち・開発・ＮＧＯ』新評論　１９９８年
日本国際保健医療学会編「第Ⅳ部　国際保健医療の現状と課題　12　ニカラグア」『国際保健医療学（第2版）』杏林書院　２００1年
若井晋監修『パルテーラとともに地域保健――ニカラグアの村落で33人の記録』ぱる出版　２００５年

# 54

# ドナーの保健医療支援と現場スタッフへの“影響”

★ただ翻弄されるままではない逞しさ★

ニカラグアでは、地方の県保健局や市保健課の保健スタッフも、管轄地域の人口や、主要な健康課題である母子保健や感染症に関連した保健指標やサービス指標を上手にプレゼンテーションする。なぜこれほど数値指標で健康や保健サービスの状況を評価する習慣が徹底しているのであろうか。これは、ドナーの保健医療支援とも深い関係がある。1990年に発足したチャモロ政権以降、ニカラグアは、内戦や自然災害で疲弊した経済の再建のため、経済安定化、構造調整、累積債務削減に重点を置く政策を講じた。これらの経済政策によって、保健医療政策や保健プログラムも大きな影響を受けることになった。国際金融機関や米国政府による大規模な支援は、これらの経済政策が前提となっていた。保健医療分野にも市場経済が導入され、保健医療サービスの民営化が進んだ。公的保健医療施設の数と人員が削減され、提供されるサービスにおいても合理化と効率性が求められた。こうして、業務実績も、その成果としての健康や保健の状況も、必要に応じていつでも数値指標でプレゼンテーションできることが、地方のレベルにまで求められたのである。

保健ポストの看護師と診察を受けている子ども（提供：ニカラグア国グラナダ地域統合保健サービス強化プロジェクト）

チャモロ政権以降、保健予算はサンディニスタ政権時代よりも一見潤沢となった。国内で調達できる資金だけでは十分な財源とならないため、各種ドナーによる外部からの資金提供は重要な財源である。しかし、ドナーは、ニカラグア国政府のガバナンス能力に懐疑的だったため、直接資金を投入する財政支援型の支援は敬遠され、目的に特化した医薬品や機材の供与や、直営プロジェクト型の支援が主流となった。プロジェクト型の支援では、研修、機材、報告・モニタリング・マネージメントのシステム構築などがパッケージで提供された。

一次保健医療サービスの質を保障するために大切な保健スタッフに対する研修も、ドナーの支援に依存していた。研修では、知識や技術に関する内容のみでなく、その健康課題のモニタリングや評価で使用される保健指標やサービス指標に関する報告フォームの記入や集計のトレーニングも含まれた。市保健課と県保健局の保健スタッフには、一次保健医療施設から報告されたデータの管理とモニタリング評価についての研修が実施された。プロジェクトで使用する機材として、データ管理に必要なパソコンや統計ソフトが供与された。パソコンの供与は、電算化が遅れていた保健省の施設には、非常にありがたい機会であったが、活用できる人材が常勤でいることやパソコンが盗難にあわないように管理されることなどの条件のため、供与は県保健局と市保健課に限定されていた。パソコンが配置されない一次保健医療施設でのデータ管理は手書きの紙の報告フォームと電卓である。

保健医療サービスの質の維持と向上ために研修は必須であるが、ジレンマが生じる。保健スタッフが研修に参加すると、勤務している保健施設は職員減となる。特に一人しか常勤がいない保健ポストの場合は休診になる。研修が何日も続くと地域への影響が大きい。また、異なるドナーが支援する複数の研修が、特定の時期に集中することがある。それぞれの研修は日程を調整しているものの、同じ保健スタッフが毎回受講すると、保健サービス停止状態の影響は、もともとサービス体制が脆弱な僻地や貧困地域ほど深刻になる。

また、ドナーからの要請で、性急に統計指標の提出を求められることも少なくない。定期的に報告している保健省の統計指標には含まれない保健サービス指標を求められることが少なくない。その場合は、一次保健医療施設の手書きのカルテや記録フォームからの数え直しが必要になる。これらのデータは市保健課をへて、県保健局で集計されるが、保健省への提出の締切り前夜は、県保健局の担当者は毎回深夜まで作業していた。

報告業務は増加する一方だが、ニカラグアの県保健局、市保健課、保健医療施設の保健スタッフは、ただいわれるままに指示された報告作業をしているのではない。保健省に毎月報告する統計について、県保健局と市保健課は毎月合同で検討会議をもっている。それぞれがプレゼンテーションし、改善のための方法を話しあう。話し合いの内容は議事録に残し、翌月の会議で実施状況を確認しあう。しかし、机上の数値の議論に終始しているのではない。登録レベルでのデータの信頼性に限界があることは、彼らも理解している。「統計指標は大切だが、現場が第一だ」とニカラグア人自身がいつも強調していた。

ドナー間で支援の調整が行われるようになり、現場レベルの負担は、いくらかは軽減していた。しかし、ニカラグア人は支援にネガティブな印象をもっているのではないかと不安に思った私は、県保健局や市保健課の保健スタッフに、ドナーの支援に関する思いをたずねたことがあった。「ドナーの支援でプログラムやプロジェクトを展開するのは大変な仕事だが、これらは自分たちに足りないものを得る貴重な機会だ。そして、これらを活用して、自国の人びとの健康を向上させることができるかどうかは自分たち次第だ」という回答が印象的であった。自国の文化では変化はゆったりしたペースでしか進まない現実を認めながらも、先進国のノウハウやツールを貪欲に自分たちのものにして活用していこうという気概をニカラグア人は有している。

（高木史江）

【参考文献】

デイヴィッドワーナー・デイヴィッドサンダース著、池上義憲・若井晋監訳『いのち・開発・ＮＧＯ』新評論　１９９８年
日本国際保健医療学会編『国際保健医療学（第３版）』杏林書院　２０１３年

# 55

# 青年海外協力隊

## ★私の経験したボランティア生活と活動★

青年海外協力隊（ＪＯＶＣ）は、１９６５年に日本政府の事業として発足し、第一次隊員26名が東南アジア4カ国（ラオス、カンボジア、フィリピン、マレーシア）へ派遣されたのにはじまり、今日では、アジア・中東・アフリカ・中南米など71カ国に派遣されており、累計派遣人数は4万名を超えている（２０１５年）。ニカラグアにおいては１９９１年より、ＪＯＶＣを受け入れている。計画・行政、公共・公益事業、農林水産、鉱工業、エネルギー、商業・観光、人的資源、保健・医療、社会福祉などの分野でボランティアが活動している。

私は、２０１３年7月から15年3月まで小学校教諭としてニカラグアに派遣された。

行く前には、ニカラグアについての知識がなかったので、ＪＩＣＡのホームページでニカラグア情報を見た。そこには、ニカラグアは中南米最貧国の一つであることや電気や水道のインフラがまだ十分ではないこと、低所得国、貧富の差があることが記されていた。

また、地球の歩き方には治安が悪いことやスリに注意することなどが書かれており、不安は募った。さらに、「世界の村で

鉄格子に囲まれた家

発見！こんなところに日本人」というテレビ番組でニカラグアの特集が放送されており、首都の地図に危険な地域を書き込む様子をみて、たくさんの危険地域があることにも恐怖を感じた。

しかし、派遣前には、約2カ月間派遣前訓練があり、語学の学習や体力づくり、青年海外協力隊の意義などについて学ぶ一方、ニカラグアで活動していた方の話を聞く機会や職種別の講義などあり、不安もある反面、早く現地に行きたいという気持ちが高まった。

２０１３年7月、ニカラグアに到着した。夜の蒸し暑い空港では、小学生くらいの少年が植物の葉でつくった飾りをもって「買わないか？」と声をかけてきた。その様子を見ていた空港の警備員がその子を連れて去っていった。子どもがこの時間に一人で商売をしていることや警備員が子どもを引っ張っていく様子に驚いた。ニカラグアでは鉄格子付きの窓や高い塀のある家を見たり、テレビでは治安の悪さを感じるニュースや事件を見たりして心配になった。しかし、危険地域に近づかないこと、夜は外出しないなどのルールを守っていけば、困ることはなく生活できた。語学にも生活にも慣れてきて、ニカラグアの人は困っている人に話しかけて助けようとしたり、小さなころから募金をしたりとやさしい人が多くいることがわかり安心した。

授業研究　身近な材料を使って

　派遣されている間は、ホームステイ先で生活をした。少し寒い地域だったので、家には電気式のホットシャワーがついている家だった。電気は夜になると止まることが多く、「キャー」という近所の子どもの叫び声とともに停電した。雨季になると断水で水道から水がしばらく出なくなってしまうという生活だった。雨季には雨が降りすぎて浄水が追い付かないという話を聞いた。電気や水の関係で風呂や洗濯をするタイミングに困ったが、そんなに不便ではない生活を送れた。

　道を歩いていると、よく「チナ」「チニータ」と声をかけられた。言葉の意味は、「中国人」だが、アジア系の人（ニカラグアの人にとって、色白で目が細い人）という意味でも使っていることを教えてもらった。しかし、中国人に対してよくないイメージを持っている人も中にはいて、「中国人は教会に入るな！」「中国人はねずみとゴキブリを食べるんだろ？」と言われたこともあった。そういうことがあってからは、「私は日本人、名前は〜」と名乗るようにしていった。あいさつや少し会話をすると知り合いが増えていって、毎日が楽しくなっていった。

　さて、小学校でのボランティア活動についてだが、「児童の学力向上」を目標にして取り組んだ。現地の小学校に9月に赴任して朝7時15分から授業が始まることや、午前・午後の二部制で、子どもも先生も変わること、学校でおやつを食べることなど日本の学校との違いに戸惑うことが多かった。「もっと、こうすればいいのに」と思うことがあっても言語の面や文化の違いからなかなか伝わらず、毎日頭を悩ます日々が続いた。赴任してからの1カ月間は観察をし、授業を見学させてもらってのお礼やよかったところについて辞書を片手にスペイン語で手紙を書いて先生に渡すことに努めた。10月と11月には九九の聞き取りをしたり、ニカラグアの算数隊員と協力して作成した学力テストを実施したりして子どもの学力についての把握を行った。12月で学校が終わり、翌年2月から新学期がスタートするので、その間にこれからの計画を立てた。また、私は隣の国ホンジュラスでの算数の広域研修会に参加し、中南米の算数プロジェクトやホンジュラスの取り組みについて理解を深め、活動のヒントを得ることができた。

学年で授業づくり

2014年からは、子どもへの支援とともに、先生たちへの支援もしていくことにし、①マス計算で九九をどの子も覚えられるようにすること、②月1回授業研究会を開くこと、③月1回のTEPCEという会で算数に関する研修会をすること、④簡単な材料でできる教材をつくって授業で使ってもらうことなどに取り組んだ。

マス計算は、子どもたちや先生たちからも好評だった。子どもたちは、正答数が増える喜びや時間を計っていくことで前回のタイムと比較することでやる気を高めていた。問題の印刷は不要で、マス目付きのノートがあれば、手軽にできること、数字の順番を入れ替えて子どもたちがあきない繰り返し学習ができることが先生たちからの支持を得た。ＴＥＰＣＥで紹介すると、「うちの学校でも、子どもたちに教えてほしい」といわれ、ほかの学校に行くこともあった。

しかし、すべての活動が順調にいくとは限らず、授業研究会には先生たちからかなりの抵抗があった。授業を見に行くための自習体制が組めないことやほかの人に授業を見てもらう経験がないための反対があった。1回目は私がすることで、授業をやってみたい・やってみようという先生がでてきて、授業者に賞状やよいところ新聞などをつくり、モチベーションを高めていった。また、事前の準備は私だけが手伝うのでなく、学年ごとにしていくことで先生たち同士が教材や子どもの様子について話し合う機会をつくることにつながり、校長・副校長も先生たちと積極的に授業づくりに取り組んでくれるようになっていた。

私は派遣されている間、日本の勤務先の小学生に向けて月に1回通信を送っていた。ニカラグア生活のことやボランティア活動のこと、小学校のことを中心にしていた。これは、ＪＩＣＡ関西のホームページ「世界で活躍！ボランティア現地レポート　Me gusta Nicaragua（メグスタニカラグア）」にも掲載されている。

（夏目泰子）

［参考文献］
「国際協力60周年」日本の得意分野を生かした教育支援――中米の算数プロジェクトを振り返る　ＪＩＣＡホームページより
「世界で活躍！ボランティア現地レポート　Me gusta Nicaragua」　ＪＩＣＡ関西ホームページより

# 参考文献案内

日本語で書かれたニカラグア関係の文献は非常に少ない。各章では、執筆の際に参照あるいは引用した文献を明記した。ここでは読者の利便を考慮して、日本語文献のみ紹介する(出版年順に記載)。『ラテンアメリカ・カリブ研究』(https://lacsweb.wordpress.com/)に掲載の「ラテンアメリカ・カリブ関連新刊図書リスト」などを参照した。遺漏のある場合もあるかと思われるが、その際はご寛恕願いたい。なおインターネットでニカラグアの情報を入手するには、テキサス大学ラテンアメリカ情報ネットワークセンターの開設しているウェブサイト(http://lanic.utexas.edu/)から入るのが便利である。

## 歴史関係


高橋均『サンディーノ戦記』弘文堂　1990年

寿里順平『中米＝干渉と分断の軌跡』東洋書店　1991年

トマス・ベルト／長澤純夫・大曾根静香訳『ニカラグアの博物学者』平凡社　1993年

増田義郎・山田睦男編『ラテンアメリカ史①　メキシコ・中央アメリカ・カリブ海』山川出版社　1999年

島崎博『中米の世界史』古今書院　2000年

二村久則・野田隆・牛田千鶴・志柿光浩『ラテンアメリカ現代史Ⅲ　メキシコ・中米・カリブ海地域』山川出版社　2006年

小澤卓也『先住民と国民国家——中央アメリカのグローバルヒストリー』有志舎　2007年

井上幸孝編『メソアメリカを知るための58章』明石書店　２０１４年

政治経済

Ａ・ヒーリーほか／ＬＡ研究センター編訳『革命のニカラグア』柘植書房　１９８０年
細野昭雄・遅野井茂雄・田中高『中米・カリブ危機の構図』有斐閣　１９８７年
加茂雄三・細野昭雄・原田金一郎編『転換期の中米地域』大村書店　１９９０年
石井章編『冷戦後の中米』アジア経済研究所　１９９６年
小池康弘編『現代中米・カリブを読む』山川出版社　２００８年

文学関係

フリオ・コルタサル／田村さと子訳『かくも激しく甘きニカラグア』晶文社　１９８９年
ルベン・ダリオ／渡邊尚人訳『ニカラグアへの旅』近代文藝社　１９９４年
Rubén Darío／渡邊尚人訳『青……アスール』文芸社　２００５年
セルヒオ・ラミレス／寺尾隆吉訳『ただ影だけ』水声社　２０１３年

ルポルタージュ（評論）・その他

吉田ルイ子『サンディーノのこどもたち』大月書店　１９８５年
宮内勝典『ニカラグア密航計画』教育社　１９８６年
野々山真輝帆『ニカラグア昨日・今日・明日』筑摩書房　１９８８年

村田信『ニカラグア賛歌――サンディニスタに栄光あれ』啓文社　１９９１年
オマル・カベサス／太田昌国・新川志保子訳『山は果てしなき緑の草原ではなく』現代企画室　１９９４年
サルマン・ラシュディ／飯島みどり訳『ジャガーの微笑　ニカラグアの旅』現代企画室　１９９５年
若井晋監修『パルテーラとともに地域保健――ニカラグアの村落で33人の記録』ぱる出版　２００５年
アーナンダ・クマーラ、牛田千鶴『国際協力における自立のための技術教育と起業家育成の可能性――スリランカとニカラグアの比較を中心に』現代図書　２００９年
加賀美充洋『貧困国への援助再考――ニカラグア草の根援助からの教訓』アジア経済研究所　２００９年
橋本謙『中米の知られざる風土病「シャーガス病」克服への道――貧困の村を襲う昆虫サシガメの駆除に挑んだ国際プロジェクト』ダイヤモンド社　２０１３年

（行路社　2012年）、『メキシコの女たちの声――メキシコ・フェミニズム運動資料集』（行路社　2002年）

森田実希（もりた　みき）［35, 36, コラム2, コラム3］
在ニカラグア日本大使館専門調査員

渡邉尚人（わたなべ　なおひと）［1, 38, 39, 40, 41］
外務省
主な著書：『葉巻を片手に中南米』（TASC双書　2015年）、訳書／『創造か死か』（オッペンハイマー著　明石書店　2016年）、『ラテンアメリカの教育戦略』（オッペンハイマー著　時事通信社　2014年）、『米州救出』（オッペンハイマー著　時事通信社　2011年）、『青…』（ルベン・ダリオ著　文芸社　2005年）

高木史江（たかぎ　ふみえ）［53, 54］
一関市国民健康保険藤沢病院　内科医
主な著書：「第Ⅳ部　国際保健医療の現状と課題　12　ニカラグア」日本国際保健医療学会編『国際保健医療学（第2版）』（杏林書院　2001年）

＊田中　高（たなか　たかし）［4, 5, 6, 10, 13, 14, 15, 16, 17, 18, 19, 20, 21, 22, 42, 48, 49, 50］
編著者紹介を参照

冨田　晃（とみた　あきら）［47］
弘前大学教育学部准教授　芸術教育
主な著書：『楽器は語る――スティールパンから津軽三味線まで』（千里文化財団　2015年）、『祝祭と暴力――スティールパンとカーニヴァルの文化政治』（二宮書店　2005年）

中川智彦（なかがわ　もとひこ）［46］
愛知県立大学ほか非常勤講師
主な著書：『世界地名大事典9　中南アメリカ』（山田睦男ほか編　朝倉書店　2014年）、『エルサルバドルを知るための55章』（細野昭雄ほか編　明石書店　2010年）、『開発途上国の政治的リーダーたち』（石井貫太郎編　ミネルヴァ書房　2006年）、『戦後世界の政治指導者50人』（大東文化大学戦後史研究会ほか編　自由国民社　2002年）

夏目泰子（なつめ　やすこ）［8, 55］
元青年海外協力隊

長谷川悦夫（はせがわ　えつお）［2］
埼玉大学教育機構非常勤講師、中米考古学
主な著書：「ニカラグア共和国チョンタレス地方における考古学調査」『古代アメリカ』第16号（2013年）、「中間領域の環境と文化」『朝倉世界地理講座14 ラテンアメリカ』（坂井正人ほか編　朝倉書店　2007年）、「7－8世紀の東南マヤ地域」『マヤとインカ―王権の成立と展開』（貞末尭司編　同成社　2005年）

松久玲子（まつひさ　れいこ）［12, 27, 28, 29, 30, 31, 32, 33］
同志社大学グローバル・スタディーズ研究科　グローバル地域文化学部教授　比較教育学・ジェンダー論
主な著書：「変貌するニカラグア」『ラテンアメリカ　21世紀の社会と女性』（国本伊代編　新評論　2015年）、『メキシコ近代公教育におけるジェンダー・ポリティクス』

執筆者紹介（＊は編者、［　］は担当章、50音順）

井上幸孝（いのうえ　ゆきたか）［2］
専修大学文学部教授　歴史学（メソアメリカ史・植民地時代史）
主な著書：『メソアメリカを知るための58章』（井上幸孝編　明石書店　2014年）、*Indios mestizos y españoles*: *Interculturalidad* e *historiografía en la Nueva España*（共著　Universidad Autónoma Metropolitana, México, 2007年）

加々美康彦（かがみ　やすひこ）［25］
中部大学国際関係学部准教授　国際法
主な著書：『海洋保全生態学』（加々美康彦ほか編　講談社　2012年）

小林かおり（こばやし　かおり）［34, コラム1］
琉球大学特命准教授、元国連開発計画プログラムオフィサー／専門家および国連人口基金プログラムオフィサー／プログラムリーダー
ラテンアメリカ勤務時に任国政府および国連機関をはじめとする組織で数多くの報告書、調査書を執筆。

小林志郎（こばやし　しろう）［23, 24］
元パナマ運河代替案調査委員会日本政府代表、コンサルタント
主な著書：『パナマ運河拡張メガプロジェクト』（文真堂　2007年）、『パナマを知るための55章』（小林志郎ほか編　明石書店　2004年）、『パナマ運河、百年の攻防と第二運河構想の検証』（近代文芸社　2000年）

サグラリオ・チャモロ・アンヘナル（Sagrario Chamorro A.）［37, 43, 44, 45］
画家、マナグア在住

佐々木　祐（ささき　たすく）［3, 7, 9, 11, 26］
神戸大学大学院人文学研究科准教授　社会学・中米社会論
主な著書：「『革命芸術』の齟齬――ニカラグア壁画運動のたどった途」『ポスト・ユートピアの人類学』（石塚道子ほか編　人文書院　2008年）

重冨恵子（しげとみ　けいこ）［51, 52］
都留文科大学ほか非常勤講師

〈編著者紹介〉

田中　高（たなか　たかし）
中部大学国際関係学部教授
1983年から85年、在ホンジュラス、エルサルバドル国連開発計画（UNDP）事務所プログラムオフィサー。85年から87年、在ニカラグア日本大使館専門調査員。2010年から11年、ハバナ大学キューバ経済研究所客員研究員。四日市大学を経て現職。
【主要著書・訳書】
『キューバ革命　勝利への道――フィデル・カストロ自伝』（共訳　明石書店　2014年）
『フィデル・カストロ自伝――勝利のための戦略』（共訳　明石書店　2012年）
『エルサルバドルを知るための55章』（共編　明石書店　2010年）
『日本紡績業の中米進出』（古今書院　1997年）

エリア・スタディーズ　146
ニカラグアを知るための55章

2016年6月15日　初版第1刷発行

編著者　田　中　　高
発行者　石　井　昭　男
発行所　株式会社　明石書店

〒101-0021 東京都千代田区外神田6-9-5
電 話　03（5818）1171
FAX　03（5818）1174
振 替　00100-7-24505
http://www.akashi.co.jp

組　版　有限会社秋耕社
装　丁　明石書店デザイン室
印刷・製本　モリモト印刷株式会社

（定価はカバーに表示してあります）　ISBN978-4-7503-4362-4

# エリア・スタディーズ

1 現代アメリカ社会を知るための60章
明石紀雄、川島浩平 編著

2 イタリアを知るための62章【第2版】
村上義和 編著

3 イギリスを旅する35章
辻野功 編著

4 モンゴルを知るための65章【第2版】
金岡秀郎 著

5 パリ・フランスを知るための44章
梅本洋一、大里俊晴、木下長宏 編著

6 現代韓国を知るための60章【第2版】
石坂浩一、福島みのり 編著

7 オーストラリアを知るための58章【第3版】
越智道雄 著

8 現代中国を知るための40章【第4版】
高井潔司、藤野彰、曽根康雄 編著

9 ネパールを知るための60章
日本ネパール協会 編

10 アメリカの歴史を知るための63章【第3版】
富田虎男、鵜月裕典、佐藤円 編著

11 現代フィリピンを知るための61章【第2版】
大野拓司、寺田勇文 編著

12 ポルトガルを知るための55章【第2版】
村上義和、池俊介 編著

13 北欧を知るための43章
武田龍夫 著

14 ブラジルを知るための56章【第2版】
アンジェロ・イシ 著

15 ドイツを知るための60章
早川東三、工藤幹巳 編著

16 ポーランドを知るための60章
渡辺克義 編著

17 シンガポールを知るための65章【第3版】
田村慶子 編著

18 現代ドイツを知るための62章【第2版】
浜本隆志、髙橋憲 編著

19 ウィーン・オーストリアを知るための57章【第2版】
広瀬佳一、今井顕 編著

20 ハンガリーを知るための47章 ドナウの宝石
羽場久美子 編著

21 現代ロシアを知るための60章【第2版】
下斗米伸夫、島田博 編著

22 21世紀アメリカ社会を知るための67章
明石紀雄 監修 赤尾千波、大類久恵、小塩和人、落合明子、川島浩平、高野泰 編

23 スペインを知るための60章
野々山真輝帆 著

24 キューバを知るための52章
後藤政子、樋口聡 編著

25 カナダを知るための60章
綾部恒雄、飯野正子 編著

26 中央アジアを知るための60章【第2版】
宇山智彦 編著

27 チェコとスロヴァキアを知るための56章【第2版】
薩摩秀登 編著

28 現代ドイツの社会・文化を知るための48章
田村光彰、村上和光、岩淵正明 編著

29 インドを知るための50章
重松伸司、三田昌彦 編著

30 タイを知るための72章【第2版】
綾部真雄 編著

# エリア・スタディーズ

31 パキスタンを知るための60章
広瀬崇子、山根聡、小田尚也 編著

32 バングラデシュを知るための60章【第2版】
大橋正明、村山真弓 編著

33 イギリスを知るための65章【第2版】
近藤久雄、細川祐子、阿部美春 編著

34 現代台湾を知るための60章【第2版】
亜洲奈みづほ 著

35 ペルーを知るための66章【第2版】
細谷広美 編著

36 マラウィを知るための45章【第2版】
栗田和明 著

37 コスタリカを知るための55章
国本伊代 編著

38 チベットを知るための50章
石濱裕美子 編著

39 現代ベトナムを知るための60章【第2版】
今井昭夫、岩井美佐紀 編著

40 インドネシアを知るための50章
村井吉敬、佐伯奈津子 編著

41 エルサルバドル、ホンジュラス、ニカラグアを知るための45章
田中高 編著

42 パナマを知るための55章
国本伊代、小林志郎、小澤卓也 著

43 イランを知るための65章
岡田恵美子、北原圭一、鈴木珠里 編著

44 アイルランドを知るための70章【第2版】
海老島均、山下理恵子 編著

45 メキシコを知るための60章
吉田栄人 編著

46 中国の暮らしと文化を知るための40章
東洋文化研究会 編

47 現代ブータンを知るための60章
平山修一 著

48 バルカンを知るための66章【第2版】
柴宜弘 編著

49 現代イタリアを知るための44章
村上義和 編著

50 アルゼンチンを知るための54章
アルベルト松本 著

51 ミクロネシアを知るための60章【第2版】
印東道子 編著

52 アメリカのヒスパニック＝ラティーノ社会を知るための55章
大泉光一、牛島万 編著

53 北朝鮮を知るための51章
石坂浩一 編著

54 ボリビアを知るための73章【第2版】
真鍋周三 編著

55 コーカサスを知るための60章
北川誠一、前田弘毅、廣瀬陽子、吉村貴之 編著

56 カンボジアを知るための62章【第2版】
上田広美、岡田知子 編著

57 エクアドルを知るための60章【第2版】
新木秀和 編著

58 タンザニアを知るための60章【第2版】
栗田和明、根本利通 編著

59 リビアを知るための60章
塩尻和子 著

60 東ティモールを知るための50章
山田満 編著

# エリア・スタディーズ

61 グアテマラを知るための65章
桜井三枝子 編著

62 オランダを知るための60章
長坂寿久 著

63 モロッコを知るための65章
私市正年、佐藤健太郎 編著

64 サウジアラビアを知るための63章【第2版】
中村覚 編著

65 韓国の歴史を知るための66章
金両基 編著

66 ルーマニアを知るための60章
六鹿茂夫 編著

67 現代インドを知るための60章
広瀬崇子、近藤正規、井上恭子、南埜猛 編著

68 エチオピアを知るための50章
岡倉登志 編著

69 フィンランドを知るための44章
百瀬宏、石野裕子 編著

70 ニュージーランドを知るための63章
青柳まちこ 編著

71 ベルギーを知るための52章
小川秀樹 編著

72 ケベックを知るための54章
小畑精和、竹中豊 編著

73 アルジェリアを知るための62章
私市正年 編著

74 アルメニアを知るための65章
中島偉晴、メラニア・バグダサリヤン 編著

75 スウェーデンを知るための60章
村井誠人 編著

76 デンマークを知るための68章
村井誠人 編著

77 最新ドイツ事情を知るための50章
浜本隆志、柳原初樹 著

78 セネガルとカーボベルデを知るための60章
小川了 編著

79 南アフリカを知るための60章
峯陽一 編著

80 エルサルバドルを知るための55章
細野昭雄、田中高 編著

81 チュニジアを知るための60章
鷹木恵子 編著

82 南太平洋を知るための58章 メラネシア ポリネシア
吉岡政德、石森大知 編著

83 現代カナダを知るための57章
飯野正子、竹中豊 編著

84 現代フランス社会を知るための62章
三浦信孝、西山教行 編著

85 ラオスを知るための60章
菊池陽子、鈴木玲子、阿部健一 編著

86 パラグアイを知るための50章
田島久歳、武田和久 編著

87 中国の歴史を知るための60章
並木頼壽、杉山文彦 編著

88 スペインのガリシアを知るための50章
坂東省次、桑原真夫、浅香武和 編著

89 アラブ首長国連邦（UAE）を知るための60章
細井長 編著

90 コロンビアを知るための60章
二村久則 編著

# エリア・スタディーズ

91 現代メキシコを知るための60章
国本伊代 編著

92 ガーナを知るための47章
高根務、山田肖子 編著

93 ウガンダを知るための53章
吉田昌夫、白石壮一郎 編著

94 ケルトを旅する52章 イギリス・アイルランド
永田喜文 著

95 トルコを知るための53章
大村幸弘、永田雄三、内藤正典 編著

96 イタリアを旅する24章
内田俊秀 編著

97 大統領選からアメリカを知るための57章
越智道雄 著

98 現代バスクを知るための50章
萩尾生、吉田浩美 編著

99 ボツワナを知るための52章
池谷和信 編著

100 ロンドンを旅する60章
川成洋、石原孝哉 編著

101 ケニアを知るための55章
松田素二、津田みわ 編著

102 ニューヨークからアメリカを知るための76章
越智道雄 著

103 カリフォルニアからアメリカを知るための54章
越智道雄 著

104 イスラエルを知るための60章
立山良司 編著

105 グアム・サイパン・マリアナ諸島を知るための54章
中山京子 編著

106 中国のムスリムを知るための60章
中国ムスリム研究会 編

107 現代エジプトを知るための60章
鈴木恵美 編著

108 カーストから現代インドを知るための30章
金基淑 編著

109 カナダを旅する37章
飯野正子、竹中豊 編著

110 アンダルシアを知るための53章
立石博高、塩見千加子 編著

111 エストニアを知るための59章
小森宏美 編著

112 韓国の暮らしと文化を知るための70章
舘野晳 編著

113 現代インドネシアを知るための60章
村井吉敬、佐伯奈津子、間瀬朋子 編著

114 ハワイを知るための60章
山本真鳥、山田亨 編著

115 現代イラクを知るための60章
酒井啓子、吉岡明子、山尾大 編著

116 現代スペインを知るための60章
坂東省次 編著

117 スリランカを知るための58章
杉本良男、高桑史子、鈴木晋介 編著

118 マダガスカルを知るための62章
飯田卓、深澤秀夫、森山工 編著

119 新時代アメリカ社会を知るための60章
明石紀雄 監修 大類久恵、落合明子、赤尾千波 編著

120 現代アラブを知るための56章
松本弘 編著

# エリア・スタディーズ

121 クロアチアを知るための60章
柴宜弘、石田信一 編著

122 ドミニカ共和国を知るための60章
国本伊代 編著

123 シリア・レバノンを知るための64章
黒木英充 編著

124 EU（欧州連合）を知るための63章
羽場久美子 編著

125 ミャンマーを知るための60章
田村克己、松田正彦 編著

126 カタルーニャを知るための50章
立石博高、奥野良知 編著

127 ホンジュラスを知るための60章
桜井三枝子、中原篤史 編著

128 スイスを知るための60章
スイス文学研究会 編

129 東南アジアを知るための50章
今井昭夫 編集代表 東京外国語大学東南アジア課程 編

130 メソアメリカを知るための58章
井上幸孝 編著

131 カマドリードとカスティーリャを知るための60章
川成洋、下山静香 編著

132 ノルウェーを知るための60章
大島美穂、岡本健志 編著

133 現代モンゴルを知るための50章
小長谷有紀、前川愛 編著

134 カザフスタンを知るための60章
宇山智彦、藤本透子 編著

135 内モンゴルを知るための60章
ボルジギン・ブレンサイン 編著 赤坂恒明 編集協力

136 スコットランドを知るための65章
木村正俊 編著

137 セルビアを知るための60章
柴宜弘、山崎信一 編著

138 マリを知るための58章
竹沢尚一郎 編著

139 ASEANを知るための50章
黒柳米司、金子芳樹、吉野文雄 編著

140 アイスランド・グリーンランド・北極を知るための65章
小澤実、中丸禎子、高橋美野梨 編著

141 ナミビアを知るための53章
水野一晴、永原陽子 編著

142 香港を知るための60章
吉川雅之、倉田徹 編著

143 タスマニアを旅する60章
宮本忠 著

144 パレスチナを知るための60章
臼杵陽、鈴木啓之 編著

145 ラトヴィアを知るための47章
志摩園子 編著

146 ニカラグアを知るための55章
田中高 編著

——以下続刊

◎各巻2000円
（一部1800円）

〈価格は本体価格です〉